현장 선교학
FIELD MISSIOLOGY

현장 선교학

FIELD MISSIOLOGY

예영세계선교신서 20

현장선교학

초판 1쇄 찍은 날 · 2012년 8월 20일 | 초판 1쇄 펴낸 날 · 2012년 8월 25일

지은이 · 김학관 | 펴낸이 · 김승태

등록번호 · 제2-1349호(1992. 3. 31) | 펴낸 곳 · 예영커뮤니케이션

주소 · (136-825) 서울시 성북구 성북1동 179-56 | 홈페이지 www.jeyoung.com

출판사업부 · T. (02)766-8931 F. (02)766-8934 e-mail: edit1@jeyoung.com

출판유통사업부 · T. (02)766-7912 F. (02)766-8934 e-mail: sales@jeyoung.com

ISBN 978-89-8350-811-9 (04230)
ISBN 978-89-8350-542-2(세트)

Copyright © 2012 김학관

값 12,000원

예영세계선교신서 20

선교사는 천국 가이드이다

현장 선교학

FIELD MISSIOLOGY

김학관 지음

예영커뮤니케이션

선교사들에게는
하나님의 일하심을 볼 수 있는
영적 통찰력이 필요하며,
또한
자신의 선교 현장에서
날마다 경험하는 하나님과 그의 일하심을
해석해낼 수 있어야 한다.
곧 바른 신학에 기초한 살아 있는 영성과 역사관
그리고 현장에 대한 충분한 안목을 가져야 한다.

선교사는 천국 가이드(Heavenly Guide)이다. 온 세계에서 복음을 전파하는 주의 종들은 이 땅 위의 사람들을 하나님 나라로 인도하는 천국의 안내자요 또한 천국 백성들을 섬기는 사랑의 가이드이다.

하나님은 선교의 주인이시다. 선교는 하나님의 사랑에서 시작되었으며, 이 사랑은 예수 그리스도의 십자가로 확증되었고, 장차 주님이 다시 오셔서 그 택하신 백성을 그의 영원한 천국어 들이심으로 완성될 것이다.

선교란 삼위일체 하나님이 선하시고 완전하신 지혜와 전능하심으로 구원을 계획하시고 완성하시는 거룩한 사역이다. 그래서 하나님은 이 거룩한 일을 위해 그리스도 안에서 우리를 택하사 구원하시고, 지금도 천국의 일꾼이요 복음의 증인으로 온 세상에 보내시고 계신다.

이 책은 오늘날 선교 현장에서 역사하시는 하나님과 성경에 근거하여 21세기 선교학의 새로운 전환을 지향한다. 기는 인류학적 사고나 세속적인 방법 혹은 인간적인 경험에 바탕을 둔 선교 이론이 아니라, 성경에 기초한 살아 있는 선교학 즉 '현장 선교학(Field Missiology)'이다.

이 새로운 '현장 선교학'은 선교학자가 현장의 시각에서 쓰는 선교학이요, 동시에 선교사가 그의 삶으로 고백하는 선교학이다. 즉 선교를 주관하시는 하나님에 대한 인식과 성경에 근거한 바른 선교에 대한 해석이다.

현장 선교학은 성경의 기초 위에 세워지며, 다음의 세 가지 주제들로 구성되어진다. 제1부 선교의 기초, 제2부 선교 사역의 실제, 제3부 선교사의 삶. 그래서 이 책은 먼저 현장 선교의 기초가 되는 핵심적인 요소들을 소개하고, 다음으로 선교 사역의 실제적인 가치들과 사역 방법에 대하여 다루었으며, 마지막으로 선교사의 필수적인 자질들에 대하여 다루고 있다.

또한 각 부의 내용은 '선교의 주 되신 하나님'이라는 관점에서 여러 선교 주제들에 대하여 네 가지 영역으로 구분하여 전개하고 있다. 즉 이해하기, 선교 현장, 돌아보기 및 적용하기로 나누어 다루고 있다.

첫째, 이해하기. 하나님이 계시하신 말씀을 통해 선교 주제에 대한 성경적 이해들을 살펴보고, 현장 선교의 토대가 되는 신학적 안목들을 정리해 보았다.

둘째, 선교 현장. 선교 현장에서 일하시는 하나님과 성경적 선교학의 안목들을 현장 선교의 시각에서 조명하고자 하였다. 또한 선교 현장에서 직접 경험하고 목도하였던 사역의 실례들을 소개함으로 이해를 돕고자 하였다.

셋째, 돌아보기. 선교사의 생애 속에 직접 역사하시며 인도하시는 하나님을 살펴보고, 선교 이론과 현장 선교의 경험을 기초로 선교사로서의 삶을 반성적으로 고찰해 보았다.

넷째, 적용하기. 현장 선교사가 성경적 선교 이론에 비추어 자신의 선교 사역과 선교사로서의 삶을 실제적으로 점검하고 적용할 수 있도록 몇 가지 질문들을 제시하였다.

앞으로 현장 선교학은 성경의 기초 위에서 선교 현장의 실제적인 경험을 가지고 선교를 연구함으로써 신학과 선교 현장의 가교 역할을 할 수 있어야 한다.

그래서 선교 현장에서 일어나는 일들이 신학 교육에서 다루어지도록 현장을 신학화하고, 신학이 선교 현장에서 실천될 수 있도록 신학을 현장화하는 일에 힘써야 한다.

나아가 선교학은 이 시대의 기독교에 지속적인 생명력을 불어넣으며, 교회가 예배공동체인 동시에 선교 공동체로서 종말적 사명을 바로 감당할 수 있도록 인도해야 한다.

한편 선교사들에게는 하나님의 일하심을 볼 수 있는 영적 통찰력이 필요하며, 또한 자신의 선교 현장에서 날마다 경험하는 하나님과 그의 일하심을 해석해낼 수 있어야 한다. 곧 바른 신학에 기초한 살아 있는 영성과 역사관 그리고 현장에 대한 충분한 안목을 가져야 한다.

이 책은 아직 부족하고 미흡하지만 현장에서 사역하는 선교사들에게 자신의 선교 사역을 스스로 점검하여 보다 효과적으로 사역할 수 있도록 돕고자 한다.

지금도 천국 가이드가 되기 위해 준비하고 있는 선교 후보생들에게는 성경적인 선교의 관점에서 선교 사역의 전 과정을 이해하게 함으로 실제적인 현장 선교 지침서로 활용될 수 있기를 바란다.

21세기의 선교 현장에서 역사하시는 하나님과 그의 일하심에 대한 새로운 인식과 연구들이 아직은 작은 겨자씨와 같으나 점점 자라나서 신학과 교회의 갱신 그리고 세계 복음화에 크게 기여할 수 있기를 기도한다.

긍휼이 풍성하신 하나님께서 이 미천한 자를 복음의 일꾼으로 부르시고 지금까지 나의 생애와 선교 현장에서 베푸신 측량할 수 없는 사랑과 은혜를 인하여, 살아 계신 하나님께 모든 감사와 영광을 올려드린다.

천국 가이드로서 한없이 부족한 종의 복음 여정에 사랑과 기도로 함께 해 주시는 교회들과 성도들에게도 진심으로 감사한다.

제1부
선교의 기초

참된 선교는
구원과 선교에 있어서
하나님의 절대 주권을 인정하며
하나님의 말씀과
영원한 계획에 겸손하게 헌신하는 것이다.
선교사가 할 수 있는 것은
날마다 하나님을 온전히 신뢰하고,
하나님의 구원의 큰 뜻과
그 부르심에
기쁨으로 순종하며
전심으로 남은 복음의 경주를 다하는 것이다.

01

하나님: 선교의 주인

@ 말씀 : 로마서 11장 36절

이는 만물이 주에게서 나오고 주로 말미암고 주에게로 돌아감이라. 영광이 그에게 세세에 있으리로다. 아멘.

------

1. 선교의 주인 : 삼위일체 하나님
2. 선교의 목적 : 하나님의 영광

A. 이해하기

하나님은 역사와 만물의 창조자요 주재자시며 완성자이시다. 또한 성경은 하나님께서 그리스도 안에서 택하신 자들을 구원하시어 천국으로 인도하시는 선교적 계시이다.

전능하신 하나님은 창세전에 그의 선하심과 완전하신 지혜로 영원한 뜻을 작정하셨으며, 그 뜻대로 만물을 창조하시고 섭리하시며 그 영원한 목적을 완성하신다.

선교는 삼위일체 하나님께서 교회를 통하여 복음을 전파함으로 죄인을 구원하시는 거룩한 사역이다. 그러므로 바른 선교관은 하나님이 직접 선교를 계획하시고 실행하시며 완성하신다는 데에서 시작한다.

또한 선교의 원인은 하나님이시며, 그 근거는 하나님의 사랑이다. 이 사랑은 하나님의 크신 은혜에서 흘러나와 우리를 구원하시고 영화롭게 하심으로 열매를 맺는다.

성경은 하나님이 타락한 피조물들의 죄악을 심판하시는 공의의 하나님이요 동시에 죄와 사망의 종노릇하는 자기백성들을 찾아 구원하시는 사랑의 하나님이라고 소개한다.

하나님은 선악과를 먹고 죄를 범하여 숨은 아담과 하와를 찾아오셨고, 온 인류에 대한 홍수심판 가운데서도 노아의 가족들에게 특별한 은혜를 베푸셨으며, 바벨탑 사건 이후에 흩어져 소망 없이 살아가던 인류 가운데 믿음의 조상 아브람을, 애굽에서 430년간 노예살이 하던 이스라엘의 절망적인 상황에서 지도자 모세를 부르셨다.

하나님께서는 이처럼 타락한 인류의 죄악 된 역사 가운데 친히 개입하시어 직접 자기를 나타내시며, 또한 택하신 종들을 통하여 인류를 죄악과 사망에서 구원하실 메시야를 계시하셨다.

때가 차매 하나님은 예수 그리스도를 보내심으로 자신을 온전히 계시하셨으며, 주님은 자신을 비우시고 이 세상에 오셔서 죄인을 대신하여 십자가에 죽으시고 부활하심으로 구속사역을 성취하셨으며, 그 택한 백성들에게 구원과 영생을 선물로 주고 계신다.

하늘과 땅의 모든 권세를 가지신 주 예수 그리스도께서는 그를 따르는 제자들에게 '너희는 가서 모든 족속으로 제자를 삼으라'고 명령하셨으며, 또한 복음의 증인 된 그들에게 '내가 세상 끝 날까지 너희와 항상 함께 있으리라'고 약속하셨다(마 28:18-20).

그러므로 선교의 기초는 하나님의 계획과 그의 거룩한 부르심에 있다. 지금도 선교의 주 되신 하나님은 모든 역사 가운데 그 시대의 사명자들을 부르시고 그들에게 온 세계를 향한 복음 전파를 명하신다.

선교란 하나님께서 자기 백성의 구원을 계획하시고 완성하시는 특별한 사역이다. 그 일은 사람의 지혜나 능력 혹은 계획으로 시작되고 완성할 수 있는 일이 아니다.

참된 선교는 구원과 선교에 있어서 하나님의 절대 주권을 인정하며 하나님의 말씀과 영원한 계획에 겸손하게 헌신하는 것이다. 선교사가 할 수 있는 것은 날마다 하나님을 온전히 신뢰하고, 하나님의 구원의 큰 뜻과 그 부르심에 기쁨으로 순종하며 전심으로 남은 복음의 경주를 다하는 것이다.

한편 선교의 목적은 하나님께 영광을 돌리는 데 있다. 본래 하나님은 우리를 하나님의 형상을 따라 창조하셨으며, 또한 우리의 존재로서 하나님께 영광이 되도록 목적하셨다. 그래서 하나님은 죄를 범하여 하나님의 형상을 잃어버린 우리를 구원하사 천국에 들이시고 하나님 앞에 영원한 영광의 찬송이 되도록 역사하신다(엡 1:3-14).

기독교 신앙의 목적은 복음을 전파하여 죄인을 구원함으로 그치는 것이 아니라 궁극적으로 하나님께 영광을 돌리는 데 있다. 즉 사람의 참된 삶이란 창조주이신 생명의 하나님을 바로 알고 그를 영화롭게 하는 데 있다.

선교는 하나님의 일하심이며, 주께서 세우신 교회의 거룩한 소명이요, 또한 선교사는 하나님의 영광을 위해 특별한 부름을 받고 온 세상의 죄인들을 하나님께 올려드리는 복음의 제사장이다.

'내 이름으로 불려지는 모든 자 곧 내가 내 영광을 위하여 창조한 자를 오게 하라. 그를 내가 지었고 만들었느니라(사 43:7).'

B. 선교 현장

위대한 선교의 역사는 하나님의 선하신 지혜와 창세전에 세우신 뜻을 따라 진행되고 있으며, 또한 모든 시대 가운데 하나님께서 친히 그의 권능과 은혜로우심으로 그 아름다운 뜻을 이루어 가고 계신다.

우리와 교회가 할 일은 하나님의 마음과 그분의 뜻을 바로 알고 그대로 순종하며 행하는 일이다. 언제나 역사의 주관자이신 하나님은 우리보다 앞서서 행하시며, 우리를 그 길로 따라오라고 부르신다.

하나님이 역사를 변화시키시거나 선교의 문을 열지 아니하시면, 우리도 어찌할 방법이 없다. 단지 하나님이 긍휼을 베푸시기만을 간절히 기도하며 그때를 기다릴 뿐이다.

중국 선교의 역사는 1807년에 런던선교회(London Missionary Society)에서 파송한 선교사 모리슨(Robert Morrison)이 광동성의 광주에 도착하면서 시작되었다. 당시 중국의 청나라는 아편전쟁과 열강의 침략을 받아 대격변기를 지나게 되었는데, 하나님은 이 세속사의 변화를 통하여 중국 민족을 향한 숨겨진 뜻을 이루고 계셨다.

역사의 주관자이신 하나님은 지난 4000여 년 동안 우상숭배에 빠져 있던 중국 민족을 향한 복음의 문을 여심으로 원대한 구원의 역사를 시작하신 것이었다.

중국 현대사를 돌아보면, 1949년 10월 중국 공산당이 국공전쟁의 승리로 중화인민공화국을 성립한 후에 중국 교회는 핍박과 절망의 터널을 지나가야만 했다.

특히 1966년부터 1976년까지 약 10년 동안 전개된 문화대혁명의 큰 재앙은 중국 교회와 신자들을 용광로의 블 속에서 단련하는 것과 같은 믿음의 큰 시험이었다.

그 후 1978년 12월에 이르러 중국 정부가 개혁 개방 정책을 선포하자 파괴된 교회당이 다시 재건되고, 어둠 속에 숨어있던 많은 교회들이 일어서기 시작했다. 그런데 이 시기에 정말 놀라운 사실은 이전에 수십만에 불과했던 중국 교회의 성도들이 수천만의 군대로 일어난 것이다. 이는 역사의 주관자이신 하나님께서 현대 중국의 암흑기 속에서도 친히 선택하신 남은 자들을 통하여 일하시고 역사하신 결과다.

그리고 1992년 2월에는 전면적인 사회주의 시장 경제 체제가 시행됨으로 해외 교회로부터의 중국 선교가 본격적으로 진행되었고, 그 후 약 20여 년에 걸쳐 중국 교회는 큰 내적 성장과 새로운 부흥을 경험하고 있다.

한편 오늘날의 선교 현장에는 여러 가지 선교 운동들이 진행되고 있다. 그 중에는 '10-40Window', '미전도종족입양운동(AAP)', 'AD2000', 'MT2030,' 'BAM(비즈니스선교),' '디아스포라미션(Diaspora-Mission)'등을 들 수 있다. 이러한 선교 운동들이 복음 전파를 보다 신속하고 효과적으로 진행하도록 돕는 것은 사실이다. 그러나 아무리 좋은 선교 전략들이라 하더라도 반드시 각 지역과 다양하고 급변하는 선교 현장에 맞도록 시행되어야 한다.

도리어 일부 지도자들이나 어떤 선교 단체들이 자신들의 선교 목표나 특정 선교 전략을 지나치게 강조하다 보면, 선교의 주 되신 하나님의 뜻과 일하심을 쉽게 간과하고 선교 현장의 혼란을 가중하는 오류를 범하게 된다.

이와 같은 선교 운동들은 선교 전략적인 방법에 치중하여, 그러한 전략을 성취하기 위해서는 많은 선교사를 동원해야 하고 엄청난 선교비가 필요한 것으로 이해한다.

우리가 좀 더 많은 사람을 해외로 보내고 더 많은 돈을 지원함으로써 조속히 선교적 목적을 달성할 수 있다고 생각한다면, 이러한 선교 운동은 인본주의적으로 흐르기 쉽다. 우리의 선교 활동이나 투자 여하에 따라 구원받는 자의 수가 증가하거나 복음화가 속히 완성될 것이라는 생각은 잘못된 사고이다.

이 시대의 참된 선교는 이 일에 대한 하나님의 절대 주권을 인정하고 구원의 큰 뜻을 이루기 위해 겸손한 자세와 전적인 순종 그리고 온전한 헌신으로 나아가는 것이다.

오늘날 중국 교회 안에도 비성경적인 선교 운동들이 진행되고 있다. 그 중 가장 대표적인 예가 중국의 대표적인 이단인 중생파에 의해 주도되고 있으며, 우리에게 잘 알려진 '백 투 예루살렘 운동(Back to Jerusalem)'이다. 이 운동을 주도하는 사람들은 중국 교회의 일꾼들을 동원하여 이슬람권과 이스라엘에 파송한다는 명목 하에 전 세계 교회들을 미혹하고 있다.

마지막 시대의 선교는 '백 투 지저스(Back to Jesus)' 혹은 '백 투 더 바이블(Back to the Bible)'과 같은 보다 전 세계적인 선교 운동과 지상교회의 개혁운동으로 나아가야 한다.

나아가 세계의 모든 교회는 성령의 특별한 인도하심을 받아 아시아와 세계 복음화를 성취하기 위한 범세계적이고 전략적인 선교를 추진해야 할 것이다.

* 현장 1 - 불속에서의 부르심

1997년 가을에 A지역의 농촌 지역에는 S형제가 단란한 신혼가정을 이루어, 이제 갓 두 살이 된 아기와 함께 살고 있었다. 당시 그들은 아직 예수 그리스도를 알지 못한 상황이었다.

어느 날, 그 가정에 뜻밖의 재난이 찾아왔다. S형제는 퇴근 후에 집 앞에 나와 있었고, 아내와 아기는 집 안에서 잠을 자고 있었다. 그런데 갑자기 자기 집과 맞붙어 있는 이웃집에서 가스통이 폭발하면서 불이 났다. S형제가 돌이켜 보니 자기 집으로 불이 옮겨 붙어 활활 타고 있었다. 그래서 황급히 불 속으로 뛰어 들어가서 아내와 아기를 구조하고 보니, 그들은 이미 불에 까맣게 화상을 입은 처절한 상태였다. 그는 급히 구급차를 불러 이들을 싣고 인근병원의 응급실로 향했다. 다행히 생명에는 지장이 없었지만, 두 사람의 육신은 이미 흉측한 모습으로 변해 있었다. 정말 생각하지도 못한 기가 막힌 일이 순식간에 벌어졌던 것이다.

가난한 형편이었던 그는 응급처치를 마친 아내와 아기를 병원에 둔 채 백방으로 도움을 요청해 보았지만 별 소용이 없었다. 그 불을 낸 그 집도 아주 가난한 터라 다른 방도가 없었고, 병원이나 관공서에서도 간단한 치료 외에는 더 이상 지원을 해 줄 수 없다는 것이었다.

얼마 후 그는 얼굴이 일그러지고 괴상하게 변한 아내와 검게 그을린 아이를 천으로 덮은 채 무작정 대도시인 P시로 올라왔다. 거기서 여러 기관에 손을 내밀어 보았지만 소용이 없었으며, 사회의 냉대는 이루 말할 수도 없었다.

그 해 겨울, 그 세 사람은 P시의 한 다리 밑에서 비닐하우스를 치고 주워 온 거죽대기로 겨울을 지나야만 했다. 매일 그 형제는 두 사람을 놓아두고, 이곳저곳 거리를 헤매며 동냥도 하고 때로는 폐품도 수집하여 그렇게 하루하루를 보내고 있었다. 당시 20대 후반이었던 S형제에게 이 시련은 정말 견디기 힘든 고통의 시간들이었다. 그래서 그는 '이렇게 사느니 차라리 모두 다 같이 죽어버리는 것이 낫겠지'하고 자살을 시도한 것이 한두 번이 아니었다.

그런데 어느 날, 그 지역을 지나던 J자매가 거리에서 동냥하고 있는 이들을 보고 말을 건넸다. 그 자매는 대학을 나와 복음을 위해 헌신하였으며, 무엇보다 전도와 기도에 특별한 열심을 가진 전도인이었다.

J자매는 이들에게 복음을 전하는 한편 눈물로 그들을 위해 간절히 기도해 주었다. 그리하여 그들은 절망 속에서 예수 그리스도를 알게 되었으며, 그 다음 주일부터 J자매가 출석하고 있던 한 지역 교회에 나가게 되었다.

하나님은 그곳에서 그들을 기다리고 계셨다. J자매의 인도로 교회에 처음 나온 이들은 모든 것이 새로워 보였다. 하지만 흉측한 모습을 가진 그들을 바라보는 교인들의 시각은 정말 더욱 견디기 어려운 것이었다.

그러던 중 J자매가 개인적으로 교제하고 있던 한 외국인을 만나게 되었으며, 그 외국인의 도움을 통하여 이들을 위한 치료의 길이 열리게 되었다.

결국 하나님의 은혜로 정부의 간섭과 방해에도 불구하고 해외로 나가 치료를 받게 되었으며, 기독교인들과 자선단체의 사랑과 지원으로 여덟 차례의 큰 수술을 받게 되었다.

실로 이들의 수술에는 막대한 비용(매달 한화 약 1,000만 원 이상)이 들었지만, 해외 교회와 기독교의사들의 사랑과 헌신으로 전문병원에 입원하여 좋은 수술을 하게 되었다.

이 가족은 이러한 과정을 통하여 하나님의 은혜와 큰 사랑을 체험하게 되었고, 수차례의 수술과 어려운 고통의 순간을 지나면서 더욱 강한 믿음을 갖게 되었다.

그 후 해외병원에서 퇴원한 S형제는 가족들을 데리고 그곳의 여러 교회를 순회하며 그들에게 역사하신 살아 계신 하나님의 은혜와 사랑을 간증하게 되었다.

하나님은 고난당한 이들의 믿음과 삶의 간증을 통해 집회에 참석한 이들에게 큰 감동과 위로를 주셨다. 특히 아내는 병상에서 환상 중에 천국을 몇 번이나 다녀왔다고 간증하였고, 그 아이는 예수님을 만났다고도 말하였다.

당시 의료진들이 가장 걱정한 것은 두 살짜리 아이였다고 한다. 그 어머니는 수술을 하더라도 큰 장애가 없을 것으로 보았지만, 이미 새카맣게 화상을 입은 아기는 수술이 성공하더라도 정신 지체장애자나 비정상적인 아이로 자랄 수밖에 없다고 진단했다는 것이었다.

그런데 정말 놀라운 일이 일어났다. 그동안 이 아기를 지속적으로 치료해온 의사들은 그 아이가 보통아이보다 훨씬 총명하고 정상적인 어린아이라는 사실을 목도하게 된 것이었다.

수술 후 그의 외모는 아직도 흉한 모습이 남아 있지만, 한번 본 성경구절을 줄줄 외우고, 수학 문제들도 쉽게 풀어내는 우수한 능력을 보여주었다. 게다가 어린 그가 경험한 신비스런 신앙 체험과 믿음의 간증들은 부모님과 어른들을 놀라게 하는 일이 빈번하게 일어나기도 했다.

그 후 하나님의 은혜로 무사히 가족들의 수술을 마친 S 형제는 현지에서 신학 공부를 하고 들어가라는 여러 목회자들의 권유를 마다하고, 다시 가족들을 데리고 P시로 돌아왔다.

당시 S형제의 가족들은 해외에서 얻은 이 하나님의 크신 은혜와 사랑을 가지고 고국으로 돌아가서, 이제는 남은 평생을 하나님의 은혜와 사랑을 간증하며 전도자로 살겠다고 헌신하였던 것이었다.

귀국 후 S형제는 이곳저곳에 다니며 그와 그 가정에 임하신 하나님의 사랑과 은혜를 간증하였다. 그의 간증은 고난과 가난 가운데 지쳐 있던 가정 교회의 형제자매들에게 큰 위로와 도전이 되었다.

또한 그는 집회를 열어 불신자들을 초청하여 복음을 전함으로 생명을 구원하는 사역을 전개하였으며, 그리하여 그의 집에서 새로운 가정 교회를 개척하기에 이르렀다.

한편 그는 가정 교회를 개척한 후, 몇 달 동안 자신과 가족들이 체험한 간증과 그동안 들었던 설교 말씀들을 요약해서 목회를 감당했다. 그러나 시간이 갈수록 그의 설교와 목양에 대한 부담이 커져만 갔다. 이제는 더 이상 간증만으로는 목회가 불가능한 상황이 된 것이다. 그래서 그는 현지에서 신학 수업에 대한 필요를 절실히 깨닫고 기도하던 중, 처음 그들에게 복음을 전하였고 해외에서 수술을 받도록 도와준 J자매를 찾아가 도움을 요청하게 되었다. 당시 J자매는 우리 신학교에 입학하여 신학 수업을 받으며 가정 교회를 목양하고 있었는데, 대학가 근처에서 전도와 제자 훈련 사역에 헌신하고 있었다.

J자매는 S형제의 소식을 접하고, 곧 바로 내게 연락하여 그 형제를 만나 우리 신학교에 신학생으로 입학할 수 있도록 면접하기를 요청해 왔다. 그래서 나는 이 S형제와 가족들을 만날 수 있었다. 처음 그들을 만났을 때, 그 아내와 그 아이는 아직도 흉한 모습이 역력한 얼굴들이었다. 그리고 내가 그 아내와 여덟 살이 된 아이의 손을 잡았을 때, 나는 그들의 손에 손가락이 몇 개 남아 있지 않은 것을 느낄 수 있었다.

잠시 후 그 형제는 오래된 사진첩을 꺼내어 내게 보여 주었는데, 그것은 화재가 나기 전 신혼 초에 찍은 단란한 가정의 모습과 화재 후에 겪은 참상과 수술기간의 여정들이 담긴 사진들이었다. 그 가족에게 이런 엄청난 사고가 있기 전, 그의 아내는 아름다웠고 그 아이도 정말 건강하고

귀여운 아이였음을 보면서 눈시울이 뜨거워졌다.

실로 절망적인 환경에서 그들을 지금까지 인도하신 구원의 하나님께 감사하며, 그 가족을 위해 축복기도를 해 주었다. 그리고 그의 아름다운 간증과 신학 교육에 대한 간절한 마음과 소명을 확인한 후 신학생으로 받았다.

그 후 S형제는 신학 교육을 잘 마치고 목회자로서 여러 교회를 잘 목양하고 있으며, 전국을 순회하며 하나님의 사랑과 은혜를 간증하고 있다.

최근 하나님께서는 그들의 아픔과 상처를 온전히 치유해 주시어, 이들 부부에게 정말 건강하고 잘생긴 둘째 아들과 예쁜 셋째 딸을 선물로 주셨다. 하나님은 지금도 그 형제와 가족들의 살아 있는 간증을 통해 어둠의 땅에서 가난과 핍박 가운데 믿음으로 사는 이 땅의 가정 교회와 성도들에게 큰 위로를 주고 계신다.

* 현장2 - 어둠에서 빛으로

하나님의 한 영혼을 향한 구원사역은 참으로 경이롭고 놀랍다. 그 중 우리 신학교를 졸업하여 목회를 하고 있는 W전도사가 바로 유력한 증인이다.

W형제는 본래 T국인으로서 사이비종교를 믿는 가정에서 태어났다. 그리고 대학을 졸업한 후, 그는 이 종교단체의 선교사로 파송을 받아 중국에 왔다.

그 후 그는 한 대학에서 연수하면서, 대륙의 젊은이들에게 포교를 준비하고 있었다. 그런데 그는 한국인 전도자를 만나게 되었고, 이 전도자는 그에게 복음을 소개하였다. 그래서 W형제는 한국형제의 인도로 가정 교회에 여러 번 참석하기도 하였지만, 기독교에 대한 확실한 이해나 믿음이 생기질 않았다. 또한 과거에 갖고 있던 사교의 가르침들로 인해 영적인 혼란을 겪고 있었다.

한번은 W형제가 신앙문제로 고민하던 중 한국 선교사가 인도하는 신비스런 영성 집회에 참석하였는데, 그곳에서는 귀신들린 자들에 대한 영 분별이나 축귀를 행하고, 참석자들에게 지속적인 방언 기도와 직접 계시와 예언을 촉구하기도 하였다. 결국 이 집회에서 W형제는 기독교에 대한 바른 이해와 신앙을 얻기보다는 도리어 심각한 회의와 함께 더욱 큰 영적인 혼란에 빠지게 되었다.

그러던 어느 날, 나는 그를 개인적으로 도와주던 한국인 전도자의 소개로 W형제를 만나게 되었고, 그와 교제하면서 복음과 기독교 신앙에 대한 올바른 지도와 함께 간절한 마음으로 그를 위해 기도해 주었다.

그 후 W형제는 예수 그리스도를 구주로 영접하고 세례를 받게 되었으며, 점차 가정 교회와 학생선교 단체 안에서 제자 훈련을 받으며 믿음이 성장하게 되었다. 하지만 여전히 그의 사고를 지배하고 있던 이전의 헛된 가르침들과 잘못된 신앙적 경험들이 끊임없이 그의 성장을 방해하고 있었다.

몇 년 뒤, 하나님의 은혜로 W형제는 본국의 사교단체와 단절하고, 기독교를 바르게 알고자 우리 신학교에 입학하기를 소원하였다. 물론 기독교 신앙에 대한 체계적인 이해와 전도자로서의 분명한 소명을 갖지 못한 상태였다.

그래서 그는 많은 신앙적 고민을 안고 신학 공부에 임하게 되었는데, 점차 신학 수업이 진행되면서 성경적인 가르침과 상담을 통하여 이러한 문제들이 해결되어갔다.

하나님의 크신 은혜로 그 형제는 과거의 어두움들을 완전히 벗어버리고 복음 전도자가 되어 이제는 이 땅의 영혼들을 그리스도께 인도하는 좋은 사역자가 되었다.

지금 그는 K지역에서 대학생 선교와 지역 복음화의 열망을 가지고 학원가 근처에 가정 교회를 개척하여 열심히 사역하고 있다. 이제는 사교의 선교사가 아니라 하나님의 종으로 생명의 복음과 빛 된 진리를 전파하고 있다.

하나님은 참으로 놀라운 분이시다. W형제가 비록 사교를 포교하는 전도자로 파송되었지만, 그의 인생의 배후에는 그를 향한 하나님의 놀라운 구원의 계획과 섭리가 있었던 것이었다.

우리 사랑의 하나님은 그를 온전히 변화시키시고, 또한 그를 복음과 진리를 전파하여 많은 생명을 구원하는 그리스도의 종으로 세우셨다.

C. 돌아보기

하나님은 측량치 못할 만큼 크신 은혜로 나를 구원하셨다. 어린 시절에 나는 전통적인 유가사상과 불교에 빠진 가정에서 태어나 어려서부터 부모의 요구를 따라 제사를 드려왔으며, 때마다 사찰들을 따라 다니며 복을 구했다.

그러나 비록 어린 나이였지만, 나의 영혼 깊은 곳에서는 이 모든 것들을 점차 거부하게 되었으며, 간절하게도 진리와 참 신앙을 향한 열망이 커져만 갔다.

한편 가정 형편과 경제상황은 갈수록 어려워져갔다. 아버지의 사업은 실패하고, 어머니는 병약하여 앓게 되었다. 그래서 청소년기에 나의 미래는 캄캄하기만 했다.

1981년 가을, 하나님은 이런 절망적인 상황에서 나를 부르셨다. 당시에 나는 집 근처의 교회에 다니던 주변의 친구들을 보면서, 하나님과 교회에 대한 막연한 동경과 호기심이 있었을 뿐이었다.

어느 날 하나님은 내 심령에 교회에 나가야만 한다는 강한 열망과 갈급한 소원을 심어주셨다. 그래서 그 다음주일에 이웃에 사는 친구와 함께 처음으로 집 근처의 교회에 나가게 되었다.

그 날 나는 정말 놀라운 경험을 했다. 이른 아침 C교회의 앞마당에 들어서는 순간 온유하고도 엄숙하며 경건한 기운이 나를 감싸고 있었다. 마치 내가 있어야 할 그 자리에 들어온 것만 같은 평안함과 엄숙함이 가득 찼다.

사랑의 주님이 나를 그곳에서 기다리고 계셨으며, 주님은 인자하신 얼굴로 두 팔을 펼치시고 그의 사랑의 품으로 미천한 나를 안아주셨다.

그 후로 나의 신앙 생활은 오랫동안 조상숭배와 유가사상에 빠진 가족들과 친척들로부터 반대와 적잖은 어려움을 받기도 하였지만, 심령은 참으로 평안했다.

그리고 교회에 출석한 지 1년 뒤에는 학습과 세례를 받았고, 학생부의 형제자매들과 함께 교회의 성가대와 여러 봉사 활동에 참여하게 되었다.

나는 하나님의 크신 은혜로 인하여 늘 마음에 감사와 기쁨이 충만했다. 또한 주께서 미천한 나를 붙들어 주심으로 극심한 가난과 어려움 속에서도 소망을 잃지 않고 성실히 공부하게 되었고, 무엇보다 교회의 모든 예배와 새벽기도에도 열심히 참석하면서 내 생애를 주께 맡겨드리는 간절한 기도를 올리게 되었다.

하나님의 한 죄인을 향한 사랑과 세밀하신 인도하심과 진리의 가르침 그리고 고난 가운데 친히 베푸신 놀라운 은혜와 삶의 이적들을 경험하면서 믿음이 점차 자라게 되었으며, 장차 주님과 복음을 위해 나의 일생을 온전히 드리는 자리에까지 나아가게 되었다.

지금도 하나님께서는 크신 은총과 긍휼로 불 속에서라도 한 생명 한 생명을 구원하고 계신다. 또한 그들을 변화시키시고 일꾼으로 부르셔서, 그들로 그 큰 사랑의 증인들이 되게 하신다.

D. 적용하기

1. 선교의 주인은 누구이신가?

2. 선교의 목적은 무엇인가?

3. 성경을 통해 하나님께서 역사 가운데 어떻게 친히 인류를 구원하시는 선교를 실행하셨는지를 말해 보시오.

4. 오늘날 하나님께서 어떻게 한 영혼을 구원하고 계신지를 실제의 사역 경험을 바탕으로 말해 보시오.

5. 하나님께서 자신의 생애 가운데 행하신 가장 큰 일은 무엇인지를 살펴 보고, 또한 지금까지 나의 삶을 어떻게 인도해 오셨는지를 정리해 보

시오.

*** 하나님께서는 만물이 '하나님의 영광'을 드러내도록 창조하셨으며, 만물은 오직 그의 영광을 위해 존재한다. 그러므로 선교는 하나님께서 우리를 보내사 그리스도를 전파하게 하심으로 만물 가운데 창조주 하나님의 영광을 회복하시는 일이다.

02

교회 : 선교의 목표

@ 말씀 : 마태복음 16장 18절

내가 이 반석 위에 내 교회를 세우리니 음부의 권세가 이기지 못하리라.

---

1. 선교의 목표 : 그리스도의 몸된 교회의 설립
2. 선교의 통로 : 하나님 나라의 확장

A. 이해하기

선교의 목표는 예수 그리스도를 머리로 하는 참된 교회의 설립이다. 이는 성령께서 그의 보내신 종들을 통하여 천국 복음을 전파하심으로 사망 가운데 놓인 죄인들이 예수 그리스도를 믿어 영생을 받는 것이며, 그들로 그리스도와 연합된 한 몸을 이루게 하시는 일이다.

성경은 교회를 가리켜 하나님의 집, 그리스도의 몸, 성령의 전이라고 가르친다. 이 교회는 영적으로는 머리되신 예수 그리스도와 연합된 신비적 공동체이고, 지리적으로는 전 세계에서 택함 받아 구원을 얻은 신자들의 연합체이다.

또한 교회는 역사적으로 인류의 시조 아담에서부터 지금 우리들 그리고 장차 구원받을 후손들을 포함한 모든 하나님의 자녀들이요 장차 천국에서 완성될 영광스런 하나님 나라의 백성들의 총회를 말한다.

역사는 지나가도 교회는 항존한다. 비록 사탄과 악한 세력들이 지속적으로 교회를 핍박하고 미혹하나 주의 교회는 영원하다. 이는 만유의 주되시고 교회의 왕되신 예수 그리스도께서 친히 그 몸된 교회를 붙드심이다.

하나님의 교회는 만유의 주되신 주 예수 그리스도의 거룩하고 신령한 몸이며, 이 영광스런 교회의 지체된 모든 그리스도인들은 천국시민이요 하나님의 사람들이다.

비록 우리가 아직은 이 땅 위에서 죄인들과 함께 우거하고 있지만 우리는 이 세상에 속한 사람들이 아니며, 또한 이 땅에 소망을 두고 사는 사람들이 아니다.

우리 그리스도인은 이 땅 위에서 그리스도와 연합된 몸으로서 그분을 배우고 닮아가며, 세상의 빛과 소금으로서 이 세상에서 주님을 증거하여 그분의 아름다운 뜻을 이루도록 부름 받은 자들이다.

기독교 선교는 성경적인 참 교회를 설립하는 것을 목표로 한다. 이 교회는 인간의 생각이나 경험에 의해서 세워지는 것이 아니다.

오직 성경만이 교회의 기둥과 터이다. 즉 교회는 성경의 토대 위에서 하나님이 허락하신 원리와 규범을 따라 직분과 제도가 세워져야 하며, 또한 예배와 의식들 그리고 모든 활동들이 규모 있고 질서 있게 진행되어야 한다.

그러므로 교회는 순전하고 참된 진리의 토대 위에서 하나님의 권위를 위임받은 목회자와 성경적인 원리로 제정된 교회질서와 교회체제를 따라 세워져야 한다.

나아가 참된 교회는 성령 안에서 하나 됨을 추구하는 교회다. 이는 한 하나님, 한 구주, 한 성령 안에서 하나님을 아는 것과 믿는 것과 행하는 것에 일치된 교회를 추구한다는 말이다. 즉 목사와 장로와 집사 그리고 모든 신자들이 바른 진리 안에서 하나 됨을 힘써야 한다는 말이다.

한편 예수 그리스도의 구속사역의 목표는 이 세상 가운데 몸된 교회를 세우는 일이었으며, 그 궁극적인 목적은 하나님 나라를 완성하는 것이다.

초대 교회는 성령의 권능을 받은 사도들의 복음 전파를 통하여 설립되었는데, 사도들은 '만민에게 복음을 전파하라'는 주님의 명령을 따라 세계 선교에 헌신하였다.

주의 교회는 처음부터 선교를 통해 설립되었고, 선교를 위해 존재한다고 말할 수 있다. 그러므로 지상교회는 지상에서 하나님을 예배하고 알아가는 곳이기도 하지만 동시에 이 죄악된 온 세상에 나아가 천국 복음을 전파하여 하나님의 택한 백성들을 구원함으로 하나님 나라를 확장하는 유일한 기관이기도 하다.

21세기 종말의 시대를 사는 모든 교회는 항상 진리 안에서 개혁하는 교회, 진리 안에서 하나 됨을 힘쓰는 참 교회의 모습을 회복하여야 하며, 나아가 선교하는 공동체로서의 본질적인 사명을 자각함으로 세계 복음화의 사명을 헌신적으로 감당해야 한다.

그리고 현장 선교사는 참 복음과 진리를 전파하여 하나님의 영광스런 교회를 세우고, 하나님 나라를 확장하는 고귀한 부르심 앞에 생명을 바쳐 충성하여야 할 것이다.

"내가 이제 너희를 위하여 받는 괴로움을 기뻐하고 그리스도의 남은 고난을 그의 몸된 교회를 위하여 내 육체에 채우노라(골 1:24)."

B. 선교 현장

중국 교회는 혼란한 근현대사를 지나면서 다양한 교회의 모습을 형성하게 되었다. 1840년대에 이르러 서양 선교사들은 중국의 연해지구에 들어와 선교 사역을 시작하였으며, 1860년대에 들어와서 내륙지역으로 다니면서 복음 사역을 활발히 전개하게 되었다.

그리하여 19세기 후반에 이르러서 중국에서는 많은 서양 선교사들이 각자의 신학과 소속된 단체의 특성에 따라 여러 교파와 교단의 교회들을 세웠다.

20세기 초에는 '의화단운동' 등이 전개되는 급변하는 시대적 상황 속에서 선교사들이 초교파적으로 연합하여 신학교나 대학을 세워 사역하기도 했다.

당시 중국은 청일전쟁이나 신해혁명 그리고 지속된 국공전쟁 등의 많은 격변기를 지나게 되는데, 이러한 혼란한 상황을 틈타 많은 이단교회들이 등장하기도 했다.

그 후 중국 교회는 1920년대의 자립 교회운동과 1930년대의 토착화운동을 경험하면서, 시대적 격변기를 헤쳐 나가기 위해 하나로 연합된 '중화기독교'를 형성하여 복음사명을 수행하며 당분간 그 명맥을 유지할 수 있었다.

하지만 1949년 10월 공산당이 세운 중화인민공화국어 들어서면서 중국 교회는 핍박과 고난의 암흑기를 지나게 되었다. 이때부터 중국에는 기존의 역사적이고 전통적인 교회와는 전혀 새로운 교회형태들이 존재하게 되었다.

그래서 종교국에서 관리하는 형태의 '삼자교회'와 정부로부터 불법종교모임으로 간주되어 온갖 핍박과 통제를 받고 있는 전통적인 '가정 교회'가 생겨나게 되었다.

오늘날 '삼자교회' 안에는 다양한 교회형태들이 존재하고 있으며, 그동안 핍박과 종교 활동의 제한을 받아온 지하의 '가정 교회'에도 지역적 신앙적 특성을 따라 여러 단체와 다양한 조직들이 존재하고 있다.

1990년대 이후에는 해외 교회의 중국 선교가 본격적으로 진행되면서 대도시를 중심으로 새롭게 세워지고 있는 다양한 독립교회들이 존재하고 있다.

아울러 2000년대에는 선교사들과 여러 선교 단체들이 자신의 신학과 종교적 경험에 기초한 여러 형태의 신학기관들과 교회들을 설립해나가고 있기도 하다.

현재 중국에는 실로 다양한 교회들과 교회형태가 존재하고 있다. 선교사나 교회형태가 다양한 만큼 그들의 신학이나 신앙 형태 혹은 추가하는 신앙의 목표까지 천차만별이라고 할 수 있다.

성경에서 주님은 참된 예배가 사라지고 강도의 굴혈과 성전에서 매매를 일삼는 장사꾼처럼 되어버린 거짓 교회를 척결하셨다.

참된 교회는 주되신 예수 그리스도를 머리로 하여 성경과 바른 진리에 기초하여 세워져야 하며, 나아가 온갖 거짓복음과 세상적 가르침들을 대적할 수 있어야 한다.

바라기는 하나님의 은혜로 중국 사회가 점차 개방화와 세계화로 나아갈수록 중국 교회도 성경적이고 역사적인 참 교회의 모습으로 다시 굳건히 세워질 수 있기를 기도한다.

그러므로 현장 선교사는 자신이 먼저 바른 교회관을 갖고 있어야 하며, 나아가 현지 교회의 지도자들이 바른 신학의 기초 위에 바른 교회를 세워나갈 수 있도록 올바른 신학 교육과 건강한 목회자 양성에 힘써야 할 것이다.

* 현장1 – 전화위복

2002년 봄, A지역의 대도시에서 하나님의 역사로 아름다운 교회를 설립하게 된 이야기다. 당시 그 지역에는 한국인이 해외공장을 설립하면서 약 300여 명의 한국인들이 살고 있었으며, 중국의 조선족들도 이곳으로 옮겨와 수백여 명이 거주하고 있었다.

나는 그곳에서 목회와 선교를 감당하고 있는 K목사의 초청으로 H시를 처음 방문하게 되었다. 그리고 말씀시간을 통하여 하나님께서 은혜로 함께하신 현장 사역에 대한 보고와 기도 제목들을 나눔으로 성도들에게 선교와 믿음에 대한 도전을 주고자 하였다.

주일날 아침, K목사님과 함께 그가 인도하는 한인 교회로 갔다. 그런데 그 날 교회입구에는 다음과 같은 안내지가 붙어 있었다.

'이 종교 활동은 외국인만이 참여할 수 있습니다. 내국인은 절대 참여하지 마십시오.'

중국에서는 모든 외국인 종교모임이 이러한 요구를 받고 있다. 이는 이 나라의 종교법이 외국인이 내국인에게 포교할 수 없도록 되어 있으며,

내국인과 외국인이 한 장소에서 예배를 드릴 수 없도록 규정하고 있기 때문이다. 사실상 내국인과 외국인이 함께 예배를 드리는 것은 불법으로 취급받고 있다.

나는 K목사를 통해 최근 교회에 있었던 상황에 대해 자세히 듣게 되었다.

"몇 주 전부터 종교경찰이 찾아와 한인 교회의 예배상황과 교인실태를 조사해 갔습니다. 그레서 우리 교회에서는 처음으로 이러한 공식적인 안내지를 붙였습니다. 우리 교회에는 조선족 동포 몇 가정이 참석하고 있었습니다. 이제부터 우리 교회의 주일 예바에 참석하지 못하게 될 그 성도들이 걱정이 됩니다. 그 중에 가장 열심히 있던 여자 집사님의 가정은 남편이 이제 갓 예수를 믿고 신앙 생활을 시작했는데, 이렇게 예배를 참석하지 못하게 되어 안타깝습니다."

한편 그 부부는 아내가 먼저 예수를 믿었으며, 남편도 부인의 권유로 교회에 출석하게 되었다고 한다. 당시 그 남편은 L지역의 고위층 당 간부였는데, 승진기회에서 누락된 후 정치에 대한 회의를 느끼던 중 부인의 전도로 늦게 기독교를 믿게 되었다. 비록 그는 늦게나마 예수를 믿었으나, 참으로 진실하게 믿고자 하는 마음이 있었다는 것이다.

나는 이러한 상황이 오히려 이 지역에 조선족 동포들만을 위한 새로운 가정 교회를 개척할 수 있는 좋은 기회라고 여기고, K목사에게 나의 생각을 나누었다.

"K목사님. 오늘 주일 예배를 드린 후에, 오후에 그 가정에 가서 개척 예배를 드립시다."

이 말을 들은 K목사님은 흔쾌히 내 의견에 동의하였고, 그 가정에 미리 연락을 해 두었다.

나와 K목사님은 주일 예배를 마친 후, 교회에서 성경과 찬송가 몇 권을 준비해서 그 동포부부의 집으로 향하였다. 우리가 집에 도착하였을 때, 그곳에는 이미 본래 한인 교회에 출석하던 두 가정 외에도 몇 사람이 더 와서 기쁜 마음으로 우리를 기다리고 있었다.

이윽고 준비된 칠판에 예배식순을 적어놓고, 가지고 간 성경과 찬송가를 나누어 준 후에 그들과 함께 개척예배를 겸한 주일 예배를 드렸다.

첫 예배는 비록 잘 준비되지 못한 발걸음이었지만 정말 감격스러운 시간이었다. 그 날 예배를 마친 후, 우리는 준비한 다과를 들면서 대화를 나누었다.

나는 그들의 사랑과 믿음을 격려하며 그 부부에게 앞으로 주일예배를 드리기 위한 방법을 권유하였다.

"다음 주부터는 예배순서에 따라 스스로 예배를 인도하십시오. 당분간 설교자가 없으므로 설교 시간에는 성경 말씀을 읽거나 목사님이 지난 주에 전하신 설교문을 대독하거나 혹은 설교 테이프를 듣는 방식으로 시작해 보십시오. 교회가 초기에는 자신의 집을 교회로 내놓은 소수의 헌신된 사람들의 사랑과 희생적인 섬김을 통해서 세워집니다. 자신이 부족함을 깨달으면 깨달을수록 더욱 하나님과 사람 앞에 겸손히 기도하면서, 한인 교회 목사님의 지도 아래 굳건하게 이 교회를 세워나가십시오."

또한 그곳에 있는 동포들과의 유대관계를 강화시킴으로 그들에게 천국 복음을 전하고 교회로 인도하기 위한 구체적인 방안을 부탁하였다. 그것은 이 교회에서 자원하여 동포들을 위한 친목모임을 만들고, 적극적으로 매년 1-2회 정도 운동회나 바자회 등을 개최하여 전도의 기회를 삼도록 한 것이었다.

당시 그들은 비록 나이가 많고 늦게 예수를 믿은 부부들이었지만, 주님 보시기에 정말 어린아이처럼 순수하고 사랑스러운 분들이었다.

나는 정말 하나님께 감사드렸다. 하나님은 이미 그들의 심령을 예비하심으로 그 가정에서 이렇게 아름다운 교회가 세워질 수 있었던 것이다.

그 후 만 1년이 지난 어느 날, 그곳의 K목사님으로부터 나에게 다시 반가운 전화가 왔다. 나는 한인 교회에서 다시 설교를 요청한 줄로 생각했는데, 그것이 아니었다.

"작년에 우리가 함께 설립을 도왔던 동포교회에서 목사님을 초청했습니다. 그 교회가 그 동안 많이 성장했습니다. 그동안 예수를 새로이 믿게 된 일곱 명의 교인들에게 세례를 주고자 하는데, 목사님께서 오셔서 그 교회의 세례식과 성찬식을 집례해달라고 합니다."

나는 기쁘고 감사한 마음으로 흔쾌히 초청에 응하였다. 다시 그곳에 가는 감회가 정말 새로웠다. 그동안 그 교희에 어떠한 하나님의 역사가 있었는지 궁금하기도 하고, 그 교회의 발전된 모습이 기대되었다.

얼마 후 그 지역을 다시 방문했고, 주일날에 예배가 있는 그 부부의 집으로 갔다. 그 집 앞에 이르러, 그 집의 문을 연 순간 정말 놀라운 일이 벌어졌다. 작년에 4-5명에 불과하던 신자들이 이제는 30여 명이 넘는 성도로 성장하였으며, 그 중 젊은이들이 절반이나 되었다. 이제는 제법 규모가 있는 교회가 되어 있었다. 실로 놀라운 일이었다. 정말 살아 계시고 사랑이 풍성하신 하나님께 영광을 돌렸다.

나는 말씀을 통해 그들에게 오직 예수님을 따라 생명의 길, 진리의 길, 십자가의 길을 갈 것을 전하고, 그들과 함께 처음으로 세례식과 성찬식을 집례했다.

그리고 예배가 끝나고 성도들과 함께 오찬과 교제의 시간을 가지면서, 하나님의 크신 은혜와 참으로 귀한 이 부부의 헌신과 섬김에 감격하였다.

점심식사를 마친 후, 이 교회를 지도하는 그 부부 집사님과 청년회의 임원들은 이후의 교회운영과 사역 방향에 대해 더 알기를 원했다.

그래서 나는 교회의 연간 사역계획을 수립하도록 지도하였는데, 즉 연 2회 이상 불신자 초청집회도 갖고, 체육대회나 바자회 혹은 건전한 클럽모임 등을 만들어 복음 전도의 기회를 많이 가질 것, 그리고 제자 훈련반이나 성경 공부반을 개설하여 영적인 성장을 도모할 것 등을 부탁하였다.

그 날 오후에 성도들 중 대부분이 남아 있었는데, 그 이유인즉 내게 안수기도를 해달라는 것이었다. 왜냐하면 그들은 대다수가 초신자들이고, 객지에서 힘든 일로 인해 정신적 육체적 질병을 앓고 있었다.

그래서 나는 간절한 마음으로 일일이 각 사람의 머리에 손을 얹고 안수기도를 해 주었다. 그들의 연약하고 불쌍한 심령을 바라보면서, 그 순간 긍휼의 마음으로 교회를 세우시고 친히 붙드시는 주님에 대한 마음이 가득하였다.

최근에 접한 감사한 소식은 현지인 전도사가 그 교회에 와서 사역하게 된 일이었다. 이제부터는 전도사가 그 부부와 함께 좋은 동역자가 되어 교회를 말씀과 기도로 힘 있게 세워나가게 된 것이다.

우리 하나님은 교회의 주인이시다. 그분은 지금도 연약하고 상처 입은 죄인들을 구원하시고, 그들의 믿음 위에 은혜와 사랑을 부으심으로 친히 교회를 세우신다.

하나님은 일꾼을 세우사 양떼들을 목양하게 하시고, 그들과 몸 된 교회를 축복의 통로로 사용하사 수많은 영혼들을 구원하시고 계신다. 우리와 교회 가운데 이 모든 일을 행하시는 하나님께 영광과 찬송을 올려드린다.

* 현장2 – 사장님과 전도사

2004년 가을, 외국계 회사를 경영하고 있는 미국화교인 사업가 L사장과 그가 세운 교회에서 관리자로 봉사하던 Z형제의 이야기다.

이 L사장은 미국에서 한 중국인 회중교회를 섬기던 장로로 중국에 들어와 사업을 경영하면서, 중국 선교를 위해 자신이 운영하는 회사의 수익의 일부를 헌신하여 이미 여러 가정 교회를 세워 선교 사역을 하고 있었다.

당시 L사장의 교회개척의 방법은 회사의 회의실이나 호텔의 회의실 혹은 사원들이 거주하는 아파트 지역에 집회를 위한 공간들을 마련하고, 자신의 회사에서 일하는 직원들이나 주변의 대학생들을 불러 주일 집회에 참석하게 하는 것이었다.

그러나 그가 설립한 교회에는 설교나 믐양을 전담할 목회자가 없었으므로, 각 교회마다 집회를 담당하는 관리자를 내세우고 매번 주변교회의 전도자들이나 다양한 설교자들을 초빙하여 설교를 하도록 하였다.

물론 L사장은 각 모임장소마다 주일에 설교하러 온 초청설교자에게는 비교적 많은 교통비와 사례비를 지불하도록 하였다.

이 교회에서 가장 특이한 점은 현지인들의 집회에도 참석하지 않는 L사장 개인이 각 교회의 리더로서 사역방침을 세우고 운영이나 헌금 등을 관리한다는 사실이다.

사실 이 교회는 평신도인 L사장 외에 따로 목회를 전담하거나 전체 교인들을 가르치고 지도하는 영적인 지도자나 목회자가 없었다. 그가 평신도로서 현지인 목회자를 양육하는 능력도 없음은 물론이거니와, 본래 성경적 교회관이 박약한 회중교회 출신으로서 현지인들을 세워서 그들로 자립 교회를 세워나가도록 하는 일에도 전혀 이해가 없었다.

한편 Z형제는 L사장이 처음 설립한 X교회에서 집회의 임시관리자로 섬기고 있었다. 당시 Z형제는 6개 교회들 중에 한 교회의 관리를 책임지던 사람으로서 여러 해 동안 집회관리와 초청설교자를 연결하는 일을 담당했다.

더욱이 Z형제는 단지 주일에 열리는 집회의 임시관리자요 평신도라는 이유로 어떠한 급료도 받지 않고 있었으므로, 주중에는 생계를 위해 힘든 일을 하면서도 수년간 그 집회를 성실히 돌보고 있었다.

그러던 어느 날 Z형제는 목회에 대한 소명을 받아 우리 신학교 졸업생인 X자매의 소개로 우리 신학교의 문을 두드리게 되었는데, 나는 Z형제를 통해 L사장과 그가 세운 교회들의 실제상황에 대해 자세히 알게 되었다.

나는 Z형제와의 면접을 통해 그의 목회에 대한 소명과 신학 수업에 대한 결심을 확인한 후 몇 가지 조건을 요구하였다. 그것은 그가 신학교에 입학하기 전에 L사장으로부터 추천서와 신학생이자 사역자로서 학비와 일정한 생활비에 대한 후원약정서와 교회 사역동의서를 받아올 것을 조건으로 입학을 허락하였다.

내가 이렇게 조치한 이유는 이 교회가 장래에 하나님과 진리에 의해 바로 세워지도록 하기 위한 방편이었다. 특히 이 교회가 목회에 대한 분명한 소명과 건전한 목회적 소양을 구비한 목회자에 의해 운영되기를 바라는 마음에서 나온 것이었다.

그 결과 하나님의 은혜로 Z형제는 L사장의 동의와 추천을 받아 입학하게 되었으며, 또한 L사장은 그에게 일정액의 생활비를 지원하였다.

그리고 나는 신학생인 Z형제에게 전임 사역자로서 교회의 설교와 목회를 감당하도록 지도하였고, 매주 성도들 가운데 말씀에 갈급한 몇 사람을 모아 제자 훈련을 실시하여 장차 교회의 일꾼으로 세울 것을 권면하였다.

그리하여 Z전도사는 신학 훈련과 함께 그 교회에서 전도사로서 목회를 잘 감당하였으며, 후에는 그곳을 나와 새로운 가정 교회를 개척하여 단독으로 목양 사역을 감당하게 되었다.

그는 L사장이 개척한 6개 교회들 가운데 처음으로 신학교를 졸업하고 교역자가 된 사람이다. 이제 몇 년 후에는 목사안수를 받고 성경적이고 아름다운 교회를 세울 것으로 믿는다.

나는 선교 현장의 많은 교회들이 성경과 참 진리에 기초한 바른 신앙과 교회체제를 세우기를 진심으로 기도하며, 장차 이 교회들이 더욱 많은 신실한 복음의 일꾼들과 기독 인재들을 배출할 수 있기를 바란다.

C. 돌아보기

1980년대 초반, 내가 세례를 받았던 충청도의 C교회는 지역 복음화와 사회 참여에 균형을 이룬 곳이었다. 1980년대 초반 C교회는 총동원 집회를 통하여 지역 사회의 영혼을 구원하는 일에 힘쓰고, 또한 교회도서관과 기독중고등학교를 운영하여 교육 선고에도 활발한 사역을 하고 있었다. 또한 신자들이 신용협동조합을 운영하여 그 지역 서민들의 생활에 큰 도움을 주기도 하였다.

지금으로부터 약 30여 년 전의 상황이었음에도 불구하고, 그 교회의 전도 사역과 대사회적 참여와 활동은 지역 복음화와 교회 성장에 큰 역할을 하였다.

그 후 내가 대학 시절에 출석한 서울의 B교회는 제자 훈련과 세계 선교를 강조하는 교회였다. 이 교회는 가정 사역, 청년 복음화, 제자 훈련 그리고 세계 선교에 대한 분명한 목표와 프로그램을 가지고 신자들을 훈련하였다.

당시 이 교회는 복음의 실제화와 신앙의 사회화를 실천하는 영향력 있는 교회였다. 그래서 많은 가정이 신앙 안에서 회복되었으며, 수많은 대학생들과 청년들이 헌신하여 목회자가 되기고 하고 선교사로 나아갔다.

한편 1980년대 후반에 군대를 다녀와서 출석하게 된 서울의 S교회는 대각성 운동과 평신도를 대상으로 하는 제자 훈련으로 지금까지도 한국 교회에 큰 영향력을 주고 있는 교회였다. 특히 담임목사의 강해 설교는 시대를 일깨우는 영성에 기초한 능력 있는 설교였다.

S교회의 말씀 중심과 제자 훈련 중심의 목회는 신자들을 진리의 정병으로 무장시켜 한국 교회의 신앙 성숙에 기여하였으며, 현재는 성령 안에서의 기도 운동을 통한 균형 잡힌 영성으로 한국 교회의 영적 각성을 주도해 나가고 있다.

마지막으로 1990년대에 내가 목회자로 섬겼던 H교회는 한국 교회를 하나님 중심과 성경 중심의 신학으로 인도했던 한 신학자의 신학과 신앙에 기초를 둔 교회였다. 한 마디로 말씀에 뿌리 깊은 신앙의 저력이 있는 성숙한 신자들이 있는 교회였다.

이 교회는 성경적이고 역사적인 신앙 정신의 토대 위에서 보수신앙을 지킴과 아울러 전도와 구제, 선교와 사회 참여의 균형 잡힌 역할을 감당하였다. 지금도 한국 교회의 바른 신앙의 보수와 전파에 좋은 영향력을 미치고 있다.

오늘날 현대 교회의 많은 목회자들이 강단에서는 주님의 재림이 가까웠다고 외치고 있지만, 실제로는 귀중한 헌금으로 이 땅 위에 바벨탑과 같은 거대한 예배당과 종교 시설을 건축하는 데에 열을 올리는 것은 참으로 안타깝다.

　일부 대형교회는 예배당을 짓기 위해 은행에 너무 많은 빚을 져서 더이상 선교를 감당할 수 없다고 말하기도 하고, 또한 어떤 작은 교회들도 앞으로 더 큰 성전을 짓기 위해 건축 헌금을 모으고 있기 때문에 지금은 선교를 할 수 없다고도 말한다.

　지금은 교회들이 세속화되어 빛과 소금의 사명을 감당치 못하고 도리어 세상의 지탄의 대상이 되어가는 부끄러운 현실과 이 사회의 죄악들을 안고 참회하여야 할 때다.

　21세기의 교회는 진리 안에서 성경적이고 역사적인 참된 신앙의 길로 돌아가야만 한다. 먼저 자신이 갱신되어야 비로소 이웃과 세상을 복음과 진리로 돌이키는 개혁과 선교의 사명을 바로 감당할 수 있을 것이다.

D. 적용하기

1. 선교의 목표는 무엇인가?

2. 선교의 사명은 무엇인가?

3. 성경을 통해 하나님께서 우리에게 알려주신 교회의 모습에 대해 말해 보시오.

4. 오늘날 자신의 선교 현장에 있는 교회들의 모습과 상황을 살펴보고, 하나님께서 친히 일하심으로 현지 교회나 신앙모임이 세워졌던 사례들을 말해 보시오.

5. 지금까지 자신이 경험한 교회들에 대해서 평가해 보고, 하나님께서 이러한 교회와 사역의 경험들을 통해 어떻게 자신을 훈련시켜 오셨는지를 말해 보시오.

*** 하나님의 교회는 이 땅에서 하나님을 경배하는 예배공동체요 또한 이 세상 속에서 땅 끝까지 천국 복음을 전파하여 하나님의 나라를 회복하는 증인 공동체이다. 나아가 장차 도래할 천국에서 영원히 하나님께 영광을 돌리도록 택함 받은 백성들의 거룩한 찬미 공동체이다.

03

선교사 : 선교의 일꾼

@ 말씀 : 사도행전 20장 22-24절

보라 이제 나는 성령에 매여 예루살렘으로 가는데 저기서 무슨 일을 당할는지 알지 못하노라. 오직 성령이 각 성에서 내게 증언하여 결박과 환난이 나를 기다린다 하시나, 내가 달려갈 길과 주 예수께 받은 사명 곧 하나님의 은혜의 복음을 증언하는 일을 마치려 함에는 나의 생명조차 조금도 귀한 것으로 여기지 아니하노라.

----

1. 선교의 소명 : 하나님의 특별한 부름
2. 선교의 일꾼 : 하나님의 보냄 받은 종들

A. 이해하기

선교사는 하나님께서 친히 그의 영광스런 복음 사역과 하나님 나라의 건설의 아름다운 뜻을 성취하시기 위해 택하시고 부르셔서 보낸 사람들이다.

선교의 주인 되신 하나님은 이 복음 전파의 사명을 교회에 명하셨는데, 이는 먼저 특별히 구별하여 세운 사역자들에게 복음 전도와 말씀을 위탁하신 것이며, 또한 세상의 빛과 소금으로 부름 받은 모든 신자들에게도 주어진 사명이다.

구약성경에서 하나님은 아브람을 부르시고 그에게 약속하시기를, '땅의 모든 족속이 너로 말미암아 복을 얻을 것이라(창 12:3)'고 말씀하셨다. 이는 하나님께서 그를 만민의 구원을 위한 축복의 통로가 되게 하시겠다는 뜻이다. 이 약속은 바로 장차 아브라함의 후손으로 오실 구주 예수 그리스도를 통하여 온 천하의 만민이 구원을 받게 될 것을 계시하신 것이다.

그 후 하나님은 이스라엘의 역사 속에서 구원의 큰 뜻을 이루시기 위하여 많은 종들과 선지자들을 부르셨으며, 그들을 각 시대마다 세상 가운데 살아 계신 하나님과 말씀을 증언하는 사역자들로 사용하셨다.

신약 성경에서 예수 그리스도는 공생애 사역을 시작하시면서 베드로를 비롯한 열두 제자들을 불러 세우셨다. 또한 그들에게 '내가 너희를 사람을 낚는 어부가 되게 하리라(마 4:19)'고 말씀하시고, 그들과 함께 이스라엘 온 동네를 다니며 천국 복음을 전파하셨다.

그리고 부활하신 주님은 승천하시기 전에 제자들에게 '너희가 성령의 권능을 받고 땅 끝까지 이르러 내 증인이 되리라(행 1:8)'고 약속하셨다.

또한 주님께서는 바울에게 '이 사람은 내 이름을 이방인과 임금들과 이스라엘 자손들에게 전하기 위해 택한 나의 그릇이라(행 9:15)'고 약속하셨으며, 실로 그를 통하여 복음이 이방인들과 땅 끝까지 전파되도록.역사하셨다.

아울러 각 시대마다 하나님의 부름을 받은 종들은 그들의 전 생애와 삶을 통하여 진리의 말씀을 증거하다가 순교에 이르기까지 헌신하였다.

오늘날 우리 선교사들도 이 마지막 시대에 주님께서 맡기신 영광스런 복음 전파의 사명을 감당하기 위하여 자신의 전 인격과 전 생애를 다해 헌신해야 할 것이다.

한편 하나님의 종이요 선교사로 부름 받은 우리가 분명히 알아야 할 것이 있다. 우리는 이 일의 주인이 아니라는 것이다. 단지 우리는 주인의 손에 들린 나팔일 뿐이다.

우리가 하나님의 특별한 부름을 받아 하나님의 종 된 것은 다만 하나님의 크신 은혜와 긍휼로 말미암은 것이며, 하나님의 만민을 구원하시기 위한 영원하신 계획을 따라 된 일이다.

우리는 주의 거룩한 사역을 수종들기에 아무런 자격을 갖지 못한 참으로 무익한 진토와 같은 존재들이다. 또한 우리는 스스로의 자격과 인간 조건으로 구원받을 수도 없고, 나아가 다른 이들을 구원할 수도 없는 참으로 무능한 죄인들이었던 자들이다.

실로 죄인의 생명을 구원하는 일은 오직 하나님께 달려 있다. 그러므로 우리는 날마다 겸손함과 순종함의 자세를 가지고 기도와 간구로 성령의 능력을 힘입어 맡기신 복음 사역에 충성하여야 한다.

비록 하나님이 부르신 종들에게는 많은 고난과 어려움들이 있지만, 그들의 삶과 사역 속에는 전능하시고 은혜르우신 하나님의 특별한 은총과 보호하심이 함께한다.

하나님께서 주님의 영광스런 사역에 부족한 우리를 종으로 부르신 것이 크신 축복인줄 알고, 우리의 모든 것으로 주님께 온전한 감사와 헌신을 돌려야 할 것이다.

'이와 같이 너희도 명령 받은 것을 다 행한 후에 이르기를 우리는 무익한 종이라 우리가 하여야 할 일을 한 것뿐이라 할지니라(눅 17:10).'

B. 선교 현장

1807년 9월 최초의 중국 선교사인 영국인 모리슨이 중국에 들어와 선교 사역을 시작하였다. 그 후 19세기 중후반에는 허드슨 테일러나 리처드 디모데를 비롯한 많은 선교사들이 들어와 복음을 위해 헌신하였다.

20세기 초반의 통계에 의하면, 매년 약 6000여 명의 선교사들이 중국 전역에서 사역한 것을 알 수 있다. 실로 많은 선교사들이 복음의 열정과 십자가의 사랑에 매여 열악한 환경과 역경을 뛰어넘어 헌신한 것을 알 수 있다.

하나님은 사랑과 은혜로 이들의 희생과 헌신에 기름 부으사 귀한 제물들로 열납하시고, 중국 교회에 큰 부흥을 허락하셨다. 그래서 오늘날 이 중국 대륙에 수천만 명의 그리스도인들이 하나님을 믿고 있다.

현대 중국 교회는 긴 어둠의 긴 터널을 지나면서 믿음의 강한 연단을 받아 점점 생명력 있는 교회로 변모하게 되었으며, 이제는 마지막 시대에 아시아와 세계 복음화를 완성할 주력으로 성장하고 있다.

한편 1992년부터 중국이 사회주의 시장 경제 체제의 선언으로 전면적인 개방을 선언하자, 한국을 비롯한 많은 해외 선교사들이 중국에 들어와 사역하기 시작하였다.

그동안 한국 선교사들은 역경을 지나온 중국 교회를 위로하며 진리와 사랑으로 교회를 견고히 세우는 일에 힘썼으며, 그 결과 가시적인 많은 성과와 열매를 거두었다.

하지만 이러한 해외 선교의 외적인 부흥과 성과에도 불구하고 중국 교회에 많은 문제점과 적잖은 상처들을 남기고 있기도 하다.

중국 선교의 문은 열렸지만, 그동안 제대로 훈련받고 준비되지 못한 선교사들이 선교 현장에 들어와 자신의 사고와 방식대로 사역하다 보니 많은 문제를 낳게 되었다.

실제로 대부분의 선교사들이 중국인과 중국 민족, 중국사와 중국 문화에 대한 바른 이해와 현실적 감각을 얻기란 매우 어려운 형편이었으며, 더욱이 중국 교회사나 중국 선교학에 대한 자료나 강의를 들어본 적이 거의 없었다.

오늘날 중국 교회의 지도자들은 한국 선교사들에 대해 고마움을 말하면서도 향후 선교 사역에 대해 매우 염려스런 평가를 하고 있다.

먼저는 지난 20여 년 동안 한국 선교사들의 선교 사역을 볼 때, 한국 선교사들에게서 참다운 성과와 좋은 열매를 거의 본 적이 없다고 말한다.

또한 한국 선교사와의 협력 사역에 있어서 처음에는 열정과 기대를 갖고 시작하였다가 대부분 오래가지 못하여 중단한 경우가 많다고 말한다. 그래서 지금은 선교사들과 협력하기를 주저하고 있다고 한다. 그들은 이러한 문제들의 근본적인 원인이 바로 중국과 중국인에 대한 무지와 사고와 문화의 차이 그리고 언어적 사역적 자질의 부족에서 비롯되었다고 보고 있다.

선교사로서 과거 100여 년 전 낯선 중국 대륙에 들어와 이름도 없이 빛도 없이 사역하다가 사라진 많은 서양 선교사들과 비교해볼 때, 한없이 부족한 우리를 발견하게 된다.

우리의 작은 헌신과 희생은 주님의 십자가 앞에 결코 아무것도 아님을 고백하며, 주님의 거룩한 부르심과 현지의 많은 영혼들에게 온전히 자신을 드리지 못함을 날마다 회개한다.

* 현장1 - 내 마음 알아주는 친구

2001년 겨울밤, 나는 야간열차를 타고 먼 길을 떠나야 했다. 저녁을 일찍 먹고 아침에 싸놓은 가방과 강의 자료들을 다시 정리하며 집을 떠날 채비를 했다.

중국에서는 늘 사역에 대한 긴장감이 있기는 하지만 무엇보다 걱정되는 것은 건강이다. 왜냐하면 추운 겨울날씨에 난방이 전혀 되지 않은 곳에서 현지인들과 함께 먹고 지내면서 1주일을 꼬박 강의해야 하기 때문이다.

어두운 밤길을 나서기 전, 주의 돌보심을 간구하는 간절한 기도를 마친 후 아내와 딸에게 인사를 하고 먼 길을 떠났다. 비록 가슴에는 뜨거운 사명감과 사랑을 가지고 기꺼이 떠나는 길이기는 하지만, 과연 무사하게 그곳에 도착해서 맡겨진 사역을 잘 마치고 건강한 모습으로 다시 잘 돌아올 수 있을까 하는 염려를 남기면서 말이다.

이윽고 칠흑같이 어두운 밤이 되어 눈까지 보슬보슬 내리는 기차역에 도착했다. 기차역 검색대 앞에서 경찰들이 서서 승객들의 짐과 신분증을 검사하고 있는 것이 보였다.

이제부터 하나님께 나의 신변과 사역일정의 모든 것을 맡겨야 한다. 이 순간부터 나의 온 신경은 검색대와 내가 들고 있는 가방에 쏠린다.

만일 내 가방에 들어 있는 성경과 교육 자료들이 발각되고 내가 외국인인 것과 선교사라는 것이 드러나면 상황은 심각해지고, 이번 사역은 물론 나의 선교여정은 이것으로 끝나게 될 것이기 때문이다. 실로 이 소중한 사역을 허망하게 여기서 접을 수는 없다는 절박함과 긴장감에 가슴이 떨려왔다.

하나님의 돌보심을 구하는 짧은 기도를 하고 검색대를 지나갔다. 실로 주의 크신 은혜로 오늘도 검색대를 무사히 통과한 후, 언제나 수많은 인파로 가득 찬 분주한 열차대합실에 들어섰다.

그제야 마음이 놓였다. 잠시 동안의 긴장된 마음을 풀고 자리를 찾아 앉았다. 기차역 대합실에는 대낮과 같이 많은 이들이 웅성이며 기차를 기다리며 밤을 지새운다.

나도 대합실의 한 구석에 앉아서, 많은 현지인들 틈에서 너무나도 가련하고 불쌍한 그들을 바라보며 많은 생각을 했다. 이들이 언제나 자유롭게 복음을 듣고 참된 행복과 위로를 얻고 살아갈 지, 나는 이곳에서 이 수많은 영혼들을 위해 과연 무엇을 도와줄 수 있을지 생각하며 그들과 함께 밤기차를 기다렸다.

이제 곧 떠날 시간이 되었다. 그리고 늦은 밤 나의 무사한 출장을 위해 기도하고 있을 선교의 동역자 된 아내에게 전화를 했다. 그녀는 내가 출장을 간 기간 동안 항상 기도로 동역해왔다. 어쩌면 나보다도 더 긴장과 염려로 밤잠을 지새우고, 내가 돌아오는 날까지 간절한 기도를 올렸을 것이다.

"기차역에 잘 도착했어, 이제 곧 출발하게 될 거야."

잠시 후 나의 사역지로 향하는 기차가 왔다. 열차 안 풍경은 참 진풍경이다. 꼭 작은 세상과도 같다. 아니면 어느 시장이나 백화점의 내부처럼 다양한 사람들이 다양한 모습으로 겨울밤을 지새운다.

일반적으로 야간열차의 보통 침대칸은 양옆에 3층으로 서로 마주보도록 되어 있다. 그래서 한 칸에 6명이 승차하게 된다. 나도 열차에 승차한 후 검표원으로부터 표 검사를 마친 후 자리에 들었다.

다행히도 3층의 열차칸 중에서 아래 칸의 좋은 좌석을 차지하면 신문도 보고 컵라면으로 배를 채우기도 하며, 내일을 위해 기도하고 편안한 잠을 취한다.

그러나 기차표가 없어서 위의 2층이나 3층의 칸에서 시간을 보내야 한다면, 잠시라도 좁은 칸의 답답함을 잊기 위해 열차 복도의자에서 시간을 보낸 후 위로 올라가 긴 잠을 청한다.

얼마 후 기차가 출발하고, 나는 열차 안에서 창밖을 내다보며 열차 밖의 흑암과 간혹 보이는 도시의 불빛들을 주시하면서 많은 생각에 잠긴다. 현지에 도착하면 나를 마중 나와 있을 사람들과 그곳에 가서 해야 할 일들, 그리고 이런 저런 생각들을 하며 열차 밖의 어둠을 응시해 본다.

어느덧 한국의 밤을 밝히는 수많은 빨간 십자가가 그리워진다. 그리고 언젠가는 어두운 이 땅의 밤하늘에도 십자가의 불빛이 환히 밝혀지는 날이 오길 기도해 본다.

몇 시간을 조금 더 달리니, 날이 차츰 밝아오고 있었다. 그리고 이제 곧 도착할 시간이다. 잠에서 깨어 흩어진 짐을 정리하며 다시금 심호흡을 한다. 기차역 앞에서 새벽에 마중 나온 현지인들을 만나서 그들과 함께 그곳에서 차를 타고 사역 현장으로 달려가야 하기 때문이다.

오늘은 어디로 갈 것인지, 그곳에서 무슨 일이 있을 것인 지 혹은 어떤 사람들과 함께 어떤 은혜를 체험하게 될 것인가라고 기대에 섞인 생각을 하며, 간절히 기도한다.

"하나님 도와주십시오. 이제 도착했습니다. 하나님이 함께 하시는 은혜롭고 감동 있는 집회와 강의가 되도록 도와주십시오. 그리고 저의 건강과 집회의 안전을 주님께 맡깁니다. 이번 여정을 축복하소서."

잠시 후 상기되고 반가운 모습으로 기차역 앞에서 마중 나온 형제자매들을 만난 후 목적지를 향해 길을 떠난다. 다시금 차가운 새벽기운을 가르며 몇 시간을 달린 후 어느 마을에 도착했다. 그리고 거기서 또 다시 걷고 걸어서 찾아간다.

이윽고 모임이 있는 집의 대문을 열자 이미 도착하여 기다리던 많은 형제자매들이 웃으며 인사를 한다. 어느덧 서로간의 어색함과 긴장감이 사라지고 마음엔 정말 그리스도로 인한 사랑과 감사와 기쁨이 충만해진다. 그들 속에서 풍겨 나오는 말씀에 대한 갈급함과 은혜를 사모하는 마음들이 그대로 내 가슴 속 깊이 전해졌다.

얼마 후 집회가 시작되었다. 그들에게 물었다. 가장 좋아하는 찬송이 무엇이냐고 묻자 그들은 이구동성으로 '주님 당신은 내 마음 가장 잘 알아주는 친구'라고 말한다. 그래서 나는 그들과 함께 이 찬양을 부른 후 오늘 집회를 위해 통성 기도하자고 했다.

그런데 이 찬송을 부르자마자, 여기저기서 눈물과 흐느낌의 소리가 흘러나온다.

주님 당신은 나의 가장 좋은 친구입니다.
당신은 나의 사랑하는 반려자입니다.
내 마음은 당신 얼굴을 뵈올 때까지
항상 당신을 갈망합니다.
내 평생 나는 당신을 따를 것입니다.
이 마음은 영원토록 변치 않을 거예요.

나도 모르게 눈물을 주르륵 흘린다. 고난 속에서 주님만을 바라고 달려온 이들을 바라보면서, 나 역시 주님의 은혜와 이들의 헌신에 진한 감동이 솟구치는 것이다. 실로 현장에서 선교 사역을 경험해 본 사람이라면 누구나 동감하는 것이다.

　오직 주님만이 이들의 참된 위로자요 진정한 친구요, 생의 전부다. 이 은혜로운 찬송의 시간이 끝난 후 함께 통성 기도를 드림으로 집회가 시작되었다. 비록 두꺼운 솜바지를 입고 강의를 해야 할 정도로 추운 방이었지만, 신앙의 열기만은 뜨거웠다.

　첫째 날에는 성령께 집회의 안전을 의뢰하는 기도가 절로 나왔지만, 강의가 지속되면서 어느 덧 염려는 사라지고 열심히 기도하며 찬송하였다. 이번에도 추운 방과 날씨 탓에 1주일을 감기와 기침 그리고 위장병과 싸우면서도 하나님의 은혜로 무사히 강의를 마쳤다.

　마지막 날 저녁에 애찬을 겸한 성찬식을 하면서, 다시금 사랑의 대화를 나누며 그들과 그 지역 교회들을 향한 축복을 기원하고, 사랑하는 형제자매들과 다음 집회를 기약하며 작별의 인사를 나누었다. 주 안에서 평안하기를.

　나는 다시 그 밤에 인도자와 밤길을 떠나 집으로 돌아올 기차역으로 향했다. 그와의 작별인사를 마친 후 다시 야간열차에 승차했다.

　비록 지치고 피곤한 몸이지만 다음에는 좀 더 강건하고 영적으로 준비되고 겸비한 모습으로 그곳의 형제자매들 앞에 서리라 다짐하며 단잠을 청했다.

　"주님 감사합니다. 저와 동행해주시며 보호하시고 붙잡아 주셔서 감사합니다. 저들을 축복하소서, 그리고 이 땅의 교회들과 영혼들을 축복하소서."

* 현장2 – 내 잔이 넘치나이다

2005년 봄, 최근에 만난 모 선교사가 전해 준 여러 지역에서 발생한 불길한 소식에 출근하는 마음이 도무지 편하지 않았다.

그날 아침은 정말 날씨가 음산하고 공기가 찼다. 전날 밤에는 감기로 몸살을 앓아서 잠을 뒤척인 탓에 몸도 많이 쇠약해진 상태였다. 이런 날은 신학교에 가서 강의하기보다는 쉬고 싶은 생각이 간절하다.

Y지역에서는 경찰이 급습하여 신학 수업을 하고 있는 한 선교사와 학생들을 모두 잡아들였는데, 경찰당국은 그 선교사에게 한국의 파송교회와 파송단체로 연락하여 무려 1000만 원이 넘은 벌금을 물고 추방되었다고 하며, 또한 그와 관련된 자들을 지속적으로 수사하여 다른 선교사들도 추방하고 있다는 것이었다.

B지역에서 한 선교사가 평소처럼 신학 수업을 진행하기 위해 한 아파트의 강의실 문 앞에 도착하였는데, 이미 경찰이 그곳에서 그를 기다리다가 그 선교사를 붙잡고, 다시 그와 함께 문을 열고 들어가 그곳에 있는 모든 종교서적들을 압수하고 현장에 있던 현지인 신학생들이 모두 붙잡혔다는 것이었다.

T지역에서는 한 선교사가 아파트의 강의실에서 신학생들에게 수업을 진행하던 중에 황급히 도망하다가 다리가 부러지는 일을 당하였다고 한다. 당시에 그 지역 아파트를 순회하면서 주민들의 거주현황을 조사하던 경찰들이 신학 공부를 하고 있던 아파트의 대문을 두드렸는데, 그 선교사는 창문에서 황급히 뛰어내려 도망하였으나, 그 안에 있던 학생들은 모두 붙잡혀 고난을 당하고 있다고 전했다.

2006년에는 S지역에서 회사를 운영하던 한 한국인 사장이 평소 알고 지내던 선교사와 함께 현지 기독교인의 결혼식에 참석한 일이 있었다.

그 기독교인 사업가는 농촌 지역의 가정 교회에서 거행하는 현지인 형제의 기독교식 혼례식에서 비디오카메라를 들고 그 은혜스러운 장면들을 촬영하고 있었다. 이때 그 지역 경찰들이 들이닥쳐 그 집회를 해산하고, 그 집회를 거행하던 지도자들을 체포하였으며, 그때 이 한국인 집사도 종교 행사에 참석했다는 명목으로 카메라를 압수당하고 감금당하였다. 그 후 경찰들은 여러 일이 지나도록 그를 풀어주지 아니하였고, 그에게 무거운 벌금을 물리는 한편 그의 회사를 수색하고 다시는 사업을 할 수 없을 정도로 제제하기까지 하였다. 그래서 이 한국인 집사는 대사관이나 상공회에 호소하기도 하였지만, 오히려 이 사건 처리에 악영향을 주게 되었으며, 결국은 한국으로 추방당하고 말았다고 한다.

때때로 이와 같은 소식들을 접하면서 나는 스스로 염려 섞인 푸념을 할 때도 있다.

'왜 우리는 이런 일을 지속적으로 당하고 있어야 하는지, 오늘도 나는 무사히 집으로 돌아올 수 있을까?'

하지만 이윽고 나는 스스로 안휘하며 마음을 가다듬는다.

'하나님이 허락하신다면, 이 고난도 달게 받아야지. 만일 오늘이 이 땅을 떠날 바로 그 날이라면 그렇게 순종하리라.'

이런 생각을 하고 신학교를 향한 2시간여가 걸리는 만원버스에 올라탔다.

한편 신학교에서는 여느 때와 마찬가지로 은혜와 긴장감이 어우러진 시간을 보낸다. 지하신학교의 하루는 경건회로 하루일정이 시작되면, 그 날을 하나님께 맡기고 기쁨과 감사함으로 수업 시간에 전념한다.

그러다가 혹이나 누가 문을 두드리면, 다 같이 숨을 죽이고 무언의 기도를 하면서 사태를 살핀다. 그날도 아무 일없이 이렇게 하루가 지나간다.

여기서 항상 체험하는 것은 내가 무슨 능력이나 자격이 있어서 선교를 하는 것이 아니라, 하나님이 나를 저들을 위한 축복과 은혜의 통로로 사용하고 있다는 것이다. 특히 이 모든 사역이 하나님의 나를 향한 큰 축복이요, 감춰진 은혜였음을 고백한다.

그 날 저녁 나는 집으로 돌아오는 버스 안에서 생각한다. '오늘도 주님의 은혜와 긍휼로 인해 풍성한 하루를 보냈다.'

이윽고 버스에서 내려 집으로 걸어오는 어두운 밤길에서 하늘을 바라보며 다시금 질문한다.

"하나님 나는 날마다 이렇게 연약한데 왜 매순간 내가 예비하지도 생각지도 못한 넘치는 큰 은혜와 감사를 주시는지요."

그러자 주께서는 항상 내게 부드러운 음성으로 대답하신다.

'그것은 저희를 향한 나의 사랑과 나의 긍휼이 너의 연약함과 죄성보다 더 크기 때문이라고.'

지금도 나는 시편 23편의 말씀으로 종종 큰 위안을 얻는다.

"여호와는 나의 목자시니 내게 부족함이 없으리로다……. 내 잔이 넘치나이다."

그렇다. 나는 날마다 절망하나 그분으로 인해 날마다 승리한다.

C. 돌아보기

1985년에 여름, 나는 해외 선교회(OMF)가 제작한 선교사 '허드슨 테일러의 생애'라는 영화를 보면서, 그야말로 하나님만을 온전히 의지하며 살아간 참 그리스도인이라고 생각했다. 또한 성령께서는 나에게도 그와 같은 믿음의 사람이 되고자 하는 소원과 감동을 주셨다.

그 해 겨울, 나는 한국대학생 선교회(CCC)에서 주관하는 EXPLO'85 대회에 참석하게 되었다. 나는 그곳에서는 전 세계의 기독인들과 함께 'AMAZING GRACE'를 부르며 하나님이 온 인류와 만유의 주되심을 경험했다. 또한 아직도 복음을 듣지 못한 수많은 나라와 민족들을 향한 사랑의 기도를 올렸다.

그 후 나는 생의 비전과 진로를 놓고 하나님께 간절히 기도하게 되었다. 그리고 하나님은 내게 신앙의 자유도 없으며 교회도 없는 나라, 지상에서 영육 간에 가장 가난한 나라를 향한 선교의 열망을 심어주셨다.

그리고 이러한 선교의 열정을 구체화하기 위해서 하나님께 내가 가야 할 선교지를 놓고 더욱 간절히 기도하게 되었다. 또한 여러 선교 단체와 가야 할 나라에 대한 자료들을 수집하여 연구하며, 하나님의 구체적인 인도하심을 구하게 되었다.

그러던 중 하나님은 나에게 중국에 대한 소명과 불타는 감동을 주셨다. 당시 이 나라는 종교를 핍박하는 나라였다. 또한 정치적 자유도 인권의 보장도 없는 나라였다.

더욱이 경제적으로는 국민 1인당 소득이 200불이 채 못 미치던 최극빈국 중 하나였다. 국민의 90% 이상이 극심한 가난에 빠져 있으며, 한 해에 낙태아가 100만 명을 넘고, 직업을 찾아 떠도는 이가 1억여 명을 헤아리는 실로 비참한 나라였다.

중국을 위해 기도할 때마다 가슴이 미어지는 긍휼과 아픔이 심령에 사무치곤 하였다. 이 나라를 생각하면 할수록 지옥으로 달려가는 수많은 영혼들이 떠올랐다.

또한 복음을 자유롭게 전할 수도 없는 그 나라에 천국 복음이 속히 전해지도록 주께서 전도자들을 보내 주시기를 간절히 기도했다.

그때까지 이 나라는 아직 한국과 수교된 상태가 아니었기 때문에, 무엇보다 개방이 되어 선교사들이 속히 들어갈 수 있는 날이 오기를 기도했다.

그런데 실로 놀라운 일이 일어났다. 하나님의 은혜로 중국 선교를 준비하던 여러 동역자들을 만나 매주 정기모임을 갖기도 하고, 그때마다 중국과 중국 민족을 위해 간절한 기도를 시작한 지 4년이 못되어 중국을 향한 복음의 문이 열린 것이다.

1992년 8월에 우리나라와 중국과의 역사적인 수교가 이루어지고, 이제는 한국인이 그 땅에 자유롭게 들어갈 수 있게 된 것이다. 그리하여 나도 1994년 여름에 마음으로 간절히 울며 사랑하며 기도하던 그 땅에 첫발을 디딜 수 있었다.

역사를 주관하시는 하나님께서 중국 민족을 향해 크신 긍휼과 은혜를 베푸심에 진심으로 감사드리며, 또한 지금도 속히 중국에 신앙과 선교의 자유가 하루속히 선포되기를 간절히 기도한다.

D. 적용하기

1. 선교사는 누구인가?

2. 선교에의 부름이란 무엇인가?

3. 자신의 선교지의 교회사 혹은 선교역사를 살펴보시고, 그 가운데 특별히 기억될 만한 선교사가 있다면 그에 대하여 말해 보시오.

4. 오늘날 자신의 사역 현장의 경험을 돌아보고, 선교사란 어떤 사람이
   어야 하는가를 말해 보시오.

5. 하나님께서 자신을 어떻게 선교사로 부르시고 선교지에 보내셨으며,
   또한 지금까지 선교를 감당하도록 인도하셨는지를 말해 보시오.

*** 선교사의 삶이란 범사에 전능하신 하나님의 주되심을 인정하고 하
   나님의 신실하심에 대한 절대적인 믿음을 갖는 것이며, 날마다 오직
   겸손한 무릎과 인내로 충성스럽게 복음의 사명을 감당하는 것이다.

04

세상 : 선교의 무대

@ 말씀 : 에베소서 6장 12절

우리의 씨름은 혈과 육에 대한 것이 아니요 통치자들과 권세들과 이 어둠의 세상 주관자들과 하늘에 있는 악의 영들을 상대함이라.

---

1. 선교의 무대 : 하나님이 창조하시고 섭리하시는 세상
2. 선교의 현장 : 진리를 대적하는 악한 영들과 죄인들

A. 이해하기

선교사는 성경에 기초한 하나님에 대한 참 지식과 구원의 참된 도리를 확실히 배우고 알아야 한다. 그래야만 선교지의 영혼들에게 바른 복음

과 진리를 전파하고 가르쳐 건강한 교회를 세울 수 있다.

아울러 이 세상의 영적 현실을 바로 알아야 한다. 이 세상은 아담의 타락으로 인하여 죄가 들어오게 되었으며, 마귀가 지배하는 악한 세상이 되어버렸다.

그러므로 선교사는 자신이 가야 할 선교지의 사상과 문화를 지배하고 있는 것들에 대해서도 분명히 알아야 한다. 즉 사단과 악한 영적 세력들, 온갖 우상과 헛된 사상들, 불의한 정부와 권력자들의 사고와 행동 그리고 그들의 문화를 알아야 한다.

이 세상은 바로 영적 전투의 현장이다. 그러므로 모든 신자와 주의 일꾼들은 영적인 분별력을 지닌 지혜로운 일꾼이 되어야 한다. 비둘기처럼 순결하고 뱀처럼 지혜로운 자들이 되어야 한다.

그런데 이 영적 전쟁의 핵심은 바로 진리전쟁이다. 마귀는 역사 이래로 하나님의 말씀을 대적하여 거짓 표준과 거짓 진리로 타락한 인류를 지배해 왔다. 지금도 거짓 종교와 헛된 철학과 사상들을 일으켜 이 세상을 통치하고 있다.

창세기에서 악의 뿌리요 거짓의 아비인 마귀는 에덴동산에 거하는 처음 사람 아담과 하와에게 다가와서, '너희가 결코 죽지 아니하리라. 너희가 그것을 먹는 날에는 너희 눈이 밝아져 하나님과 같이 되리라(창 3:4-5)'고 하나님의 말씀을 변질시켜 그들이 범죄하고 타락하도록 미혹하였다.

또한 마귀는 예수 그리스도가 공생애의 초기에 광야에 나아가 사십 일을 밤낮으로 금식하여 주리신 때에도 찾아와 '만일 네가 하나님의 아들이거든' 혹은 '기록되었으되'라고 신앙과 진리를 수단으로 미혹하고 시험하기까지 하였다. 그러나 주님은 '사탄아 물러가라 기록되었으되 주 너의 하나님께 경배하고 다만 그를 섬기라 하였느니라(마 4:10)'고 마귀를 대적하시고 승리하셨다.

하나님은 지금도 우리에게 '근신하라. 깨어라. 너희 대적 마귀가 우는 사자같이 두루 다니며 삼킬 자를 찾나니 너희는 믿음을 굳건하게 하여 그를 대적하라(벧전 5:8-9)'고 말씀하고 계신다.

오늘날 이 세상은 죄악의 영향으로 인본주의적이고 세속적인 철학과 가치관이 모든 학문과 삶의 모든 구조에 스며들어 부패하고 타락한 문화를 유지하고 있다.

종말적으로 이 세상은 침몰하는 배와 같이 죄악의 바다 속으로 가라앉고 있다. 실로 이 시대는 노아시대와 방불하고, 소돔과 고모라와 같은 세상에 예수 그리스도밖에 다른 소망이 없다.

우리 그리스도인들은 성경과 참 교회의 신앙 고백들을 배우고 익혀서 하나님과 자신을 바로 알아야 한다. 그래서 이 진리로 하나님을 대적하는 모든 사상과 거짓 진리를 대적할 수 있어야 한다.

현장 선교사는 이 미혹의 시대, 위험한 말세를 당하여 이 세상에서 진리의 순수성과 삶의 거룩함은 유지하되, 마귀의 전략과 계교를 대항하여 죄인들에게 지혜롭게 복음과 사랑을 전해 줄 수 있어야 한다.

이를 위해서는 성령의 전신갑주를 입어야 한다. 무엇보다 참된 진리로 무장하고, 무시로 깨어 기도함으로 성령의 도우심과 권능을 받아 복음 사역에 임하여야 할 것이다.

'우리의 싸우는 무기는 육체에 속한 것이 아니요, 오직 어떤 견고한 진도 무너뜨리는 하나님의 능력이라. 모든 이론을 무너뜨리며, 하나님 아는 것을 대적하여 높아진 것을 다 무너뜨리고, 모든 생각을 사로잡아 그리스도에게 복종하게 하니(고후 10:4-5).'

B. 선교 현장

중화인민공화국은 우리가 주지하는 대로 중국 공산당이 통치하는 공산주의 혹은 사회주의국가이다. 이들의 통치사상은 '마르크스 레닌주의'를 기초로 형성되었다.

1921년 7월에 성립된 중국 공산당은 91년을 지나고 있으며, 1949년 10월 중국 공산당이 세운 신중국은 이제 63주년을 맞이하고 있다. 중국 공산당은 '마르크스 레닌주의'를 근간으로 하면서, 각 시대에 따라 사상적인 변화와 발전을 거듭해 왔다. 그래서 지금은 '모택동 사상', '등소평 이론', '삼개대표', '조화로운 사회 건설' 그리고 '과학발전관' 등을 핵심 사상과 통치 이념으로 표방하고 있다.

공산주의 사상은 인간의 이성에 기초한 인본주의와 유물주의 철학 그리고 변증법적 역사발전론에 뿌리를 두고 있으며, 실제로는 산업화 이후에 발생한 경제의 불평등 문제에서 출발하여 계급 투쟁을 통해 세계적 공산혁명을 완성하는 것을 목표로 하고 있다.

19세기 중엽에 등장한 공산주의 이론의 창시자들인 마르크스와 엥겔스가 말하는 유물주의적 역사 발전의 가장 큰 장애물은 종교이며 바로 기독교였다. 그래서 이들은 직접적으로 하나님의 절대 주권과 성경만이 유일한 진리임을 표방하는 신본주의적 기독교야말로 사회주의 혁명의 가장 큰 적이며, 또한 오직 그리스도를 믿음으로 얻는 영생과 내세의 천국을 신앙하는 기독교인들이야말로 가장 비이성적이고 비과학적이며 무지한 사람들로 보고 있다.

오늘날 중국 공산당도 여전히 종교와 기독교에 대해서 동일한 시각을 가지고 있다. 그래서 그들은 종교란 가난하고 무지한 사람들이 현세의 고통을 달래고 위안을 얻기 위해 의지하는 도구로 보고 있다.

그러므로 공산주의자들이 무지한 인민들에게 공산주의 사상을 가르쳐야 하며, 이 공산주의 사상으로 개조된 소위 새사람은 비로소 이성과 과학에 눈을 뜨게 되어 종교적 환상과 미신으로부터 떠나게 된다고 주장한다. 그들은 예견하기를 역사가 진보하고 발전하여 공산 혁명이 실현된 이상 사회가 실현되면 자연히 모든 종교가 소멸될 것으로 믿고 있다.

한편 이러한 사고는 공산당의 종교 정책에도 그대로 반영되어 있다. 즉 국가가 사회주의 건설의 큰 그림 안에서 법과 종교 정책을 통해 종교를 효과적으로 통제하되 시기와 매 상황을 보아서 적절히 대처해야 한다는 것이다. 그래서 중국의 삼자교회는 공산당의 하부기구인 종교국에서 효율적으로 감독하며 지도하되, 불법으로 낙인한 가정 교회에 대해서는 법과 공권력으로 통제하고 있다.

오늘날 중국은 소위 종교 법제화라는 우장된 명목 아래 더욱 기독교를 핍박하고 있다. 또한 이들은 이전보다 더욱 간교한 방법으로 종교 군중들을 실체적으로 인정하는 척하면서 통제를 강화하고 있다.

중국 공산당은 각종 매체를 통해 종교에 대한 유화적이고 포용적인 입장을 표방하는 척하지만, 결국에는 교회와 성도들을 기만하여 그들의 권력 아래 통제하고 흡수하고자 하는 사탄의 전술에 불과하다고 할 수 있다.

* 현장1 – 크레파스(CRAYON)와 공항 경찰

1998년 여름, 나와 P교회 청년들은 H지역에 있는 농촌 교회에 단기 선교 사역을 떠나게 되었다. 이것은 내가 처음으로 실시하였던 현장 사역이었다고 할 수 있다.

나는 14명의 청년들을 인솔하여 H지역의 교회에서 성례식과 성경
캠프를 인도하러 선교 사역을 떠났다. 이번 선교여행을 떠나는 청년들의
가방에는 성찬집기와 현지인들에게 나눠 줄 수십 권의 성경책들 그리고
성경학교용 교재들과 그들에게 선물로 줄 크레파스와 스케치북들로 가득
차 있었다. 만일 우리가 단체로 공항에서 걸리기라도 한다면, 그야말로
대형사고가 터질 만한 상황이었다.

마침내 우리는 비행기를 타고 목적지로 가서, 다소 상기된 모습으로
H지역의 모 공항에 내렸다. 저녁시간이라 비교적 한가한 상황이었지만,
공항검색대를 통과하기까지 긴장을 놓을 수 없었다. 우리 팀원들 중 대부
분은 선교여행을 처음 경험하는 청년들이었으며, 현지어가 가능한 사람
도 나밖에는 없는 상황이었다.

벌써 공항 밖에는 우리를 마중 나온 현지인 지도자와 그들이 빌려온
낡은 버스가 멀리서 보였다. 이번 선교 사역의 인솔자인 나와 청년회장인
한 형제가 먼저 검색대를 일찍이 빠져나와 출입구 근처에서 팀원들을 기
다리고 있었다.

그런데 갑자기 공항 비상벨이 울리기 시작했다. 그러더니 순식간에
여기저기서 총으로 무장한 경찰들이 우리가 방금 지나 온 검색대 근처로
모여들기 시작하였다. 우리 팀원들이 아직 그 검색대를 통과하지 않은 상
태였기에, 나는 긴장하지 않을 수 없었다.

이윽고 경찰들이 출입구로 나와서 나와 한 형제를 잡고 들어갔다. 나
는 순간 '큰 일이 났구나'하는 마음과 함께 내심으로 하나님께 기도를 올
렸다.

그리고 현장에 가 보니, 뒤에 나오던 팀원들이 모든 붙잡혀 있었다.
그런데 경찰이 그들을 심문할 수가 없어서, 우리 형제자매들이 이 단체의
인솔자이자 현지어가 가능한 나를 부른 것이다.

나는 도대체 무슨 일인가 물어보니 경찰대장이 공항검색대의 X-RAY에 찍힌 사진을 보라는 것이었다. 그래서 자세히 들여다보니, 각 학생들의 가방에 10상자씩 넣은 크레파스가 문제였다.

사실상 공항에 비상이 울린 것은 검색대를 지켜보던 검색원이 지나가던 10여 개의 가방에서 각기 10개씩 쌓아올린 크레파스가 지내가는 것을 보고, 그것을 기관총 탄알을 넣은 탄약상자인 줄 오해해서 벌어진 일이었다.

잠시 후 사건이 일단락되는 듯하더니, 다시 더 심각한 문제가 터졌다. 그것은 이 많은 크레파스를 왜 무슨 목적을 가지고 들어온 것이며, 누구에게 줄 것이냐는 것이었다. 참으로 난감한 일이었다. 만일 우리가 사실대로 말한다면 여기서 모든 사역이 일단락되고, 우리를 기다리고 있을 많은 현지 교회의 성도들과 어린이들을 외면하고 우리는 여기서 철수해야 할지도 모르는 상황이었다.

순간 나는 하나님께 기도를 했다. 그때 나는 아마 내가 현지어로 대답을 하니까 계속 심문을 하는가보다 생각하고, 갑자기 영어로 바꿔 말하고자 마음먹었다. 경험에 의하면, 경찰들이 영어에 익숙하지 않으므로 영어를 사용하는 외국인들을 쉽게 풀어 준 사실이 생각났기 때문이었다.

당시 나는 그들과 대화하면서 일부러 다는 말도 서투르게 대답하고 있었기에 가능한 방법이었다. 그래서 용기를 내어 큰 소리로 대답하였다.

"I will give this crayon to my student(나는 이 크레파스를 나의 학생들에게 줄려고 합니다)."

과연 심문하던 공항경비대의 대장을 비롯한 둘러싼 30여 명의 경찰들이 몹시 당황하는 표정이 역력했다. 그들은 서로 무슨 말인가 하며 웅성웅성하는 분위기였다.

잠시 후 그 대장은 부하들에게 지시하기를, 공항에서 영어를 가장 잘 하는 사람을 데려와서 심문을 계속하라고 지시했다. 나는 순간 가슴이 철렁했다.

"정말 큰일이다. 만일 진짜 영어를 잘하는 사람이 오면 어떡하지."

이윽고 영어를 잘 하는 여자직원 하나가 끌려오고 있었다. 그런데 얼굴을 보니 아주 긴장되고 굳은 표정이었다. 아무리 자신이 있어도 많은 사람들 앞에서 통역한다는 것은 결코 쉬운 일이 아닐 것이다.

나는 속으로 '이제 영어를 무조건 빨리하자. 그리고 끝머리를 대충 신속하게 마무리하자'라고 생각했다. 그녀가 다가와서 내게 물었다.

"무슨 일이시죠? 무엇에 쓰려고 이것들을 가져왔지요?"

그녀의 영어실력은 상당한 수준이었다. 나는 다소 긴장감이 있었지만, 정말 빠르고 신속하게 방금 전과 같은 말로 대답하였다.

"I will give this crayon to my stu..(나는 이 크레파스를 나의 00들에게 줄려고 합니다)."

그런데 그녀가 내 말이 너무 빠른 연유로 잘못 알아들은 것이다. 다급해진 그녀는 계속해서 내게 다시 말해주기를 요청했다.

"I beg your pardon."

그래서 나는 할 수 없이 다시 한 번 동일한 말로 조금 전보다 더 빠른 속도로 대답했다. 하지만 그녀는 여전히 못 알아들은 눈치였다. 특히 끝부분을 내가 '스튜(stu..)'라고 얼버무렸으니 알 리가 만무하다. 이제 긴장한 그녀는 반드시 통역해야만 한다. 그런데 고개를 저으며, 연속해서 '스튜(stu..),' '스튜(stu..)'만 반복하였다. 그러자 주변에 있던 경찰들도 '스튜(stu..),' '스튜(stu..)'라고 되뇌었다.

그때 갑자기 경찰대장이 그녀를 크게 나무라며, 뺨을 한 대 때리고 '다시는 영어하지 마라'는 호통과 함께 그녀를 돌아가라고 했다. 그 광경을 지켜보니 나와 우리 팀원들 역시 가슴이 조마조마했다.

나도 그녀가 뺨을 맞을 때에는 정말 미안한 마음이 들기도 했다. 그 동안 사태를 지켜본 대장은 아마도 이 여자의 영어실력이 부족해서 통역을 못하는 줄 안 모양이다.

한 시간여의 우여곡절 끝에 경찰대장은 심문의 한계를 느끼고 우리를 풀어주었다. 그래서 우리 일행은 그날 밤 예정 시간보다 두 시간 늦은 시간에 공항을 빠져나와 다시 대기하던 버스를 타고 밤길을 달려 사역지로 향했다.

그날 밤 우리는 너무 늦게 나와서 저녁도 굶고, 오랜 시간 밤길을 달려 사역지에 도착하게 되었다. 하지만 무엇보다 감사한 것은 크레파스 문제로 인해서 가방 밑에 감춰진 많은 성경책들과 성찬집기들 그리고 성경 학교를 위해 준비한 성경 교재들이 하나도 들춰지지 않고 그대로 통과할 수 있었다는 것이다.

나는 하나님의 이처럼 세밀하신 돌보심에 깊은 감사를 드렸다. 그리하여 우리는 H지역의 S마을에서 며칠을 머물며 선교 사역을 시작하게 되었다.

나는 그곳에서 사역하던 현지인 지도자를 통해 초신자들의 세례 문답을 한 후 그 다음날 집회에서 7명에게 세례식을 베풀고, 성도들과 함께 성찬식을 가졌다.

한편 낮에는 60여 명의 동네 어린이들이 성경 캠프에 참석하여 좋은 시간을 가졌다. 또한 저녁 시간에는 주변의 원근각지에서 달려온 교회 전도자들을 위한 단기 신학반을 개설하여 목회와 설교에 대한 특강을 하기도 하였다.

밤하늘의 별빛이 유난히도 초롱초롱한 그곳에서 우리는 정말 많은 것을 배웠다. 깊은 산속에 있는 한 농촌 교회에서 처음으로 열린 성경 캠프에서 예배와 찬양 그리고 성경 공부와 그림그리기, 운동회, 촌극대회 등을 참여하면서 활짝 웃고 있는 어린 영혼들을 바라보면서 많은 기쁨과 감사가 있었다.

그곳에서는 전혀 찾아볼 수 없었던 한국인 목사를 통해 직접 세례를 받고 감격하는 신도들 그리고 간절한 사모함으로 밤길을 달려와 새벽 2시가 넘도록 나의 간증과 강의를 듣고 다시 자전거를 타고 먼 사역지로 떠나는 가난하지만 순수한 전도자들을 보내면서 진한 감동을 느꼈다.

실로 오래 전의 이야기라 생각할 때마다 웃음도 나고 감사가 저절로 생각난다. 그리고 시골의 맑고 인정 많은 성도들의 모습과 말씀을 듣고 흥분하던 아이들과 밤길의 전도자들의 모습이 아른아른 떠오르곤 한다.

* 현장2 - 주님 당신밖에는

2005년 겨울, 이 날은 마지막 수업이 있는 날이었다. 그래서 우리는 새로 이사한 장소에서 신학생들의 졸업 면접을 겸한 조촐한 파티를 열기로 했다.

한 학기를 마무리하는 시간이지만 여전히 긴장된 분위기가 지속되고 있었다. 그 날 나와 학생들은 수업을 마친 후, 2년 동안 건강하고 안전하게 공부를 마치게 해 주신 하나님께 감사와 영광을 돌렸다.

우리는 한 해 혹은 한 학기의 수업이 마치면, 재빨리 신학교를 다른 지역으로 옮긴다. 지난 3-4년 동안만 해도 무려 여덟 차례나 집을 옮겼다. 왜냐하면 그동안 우리의 출입을 주시해 온 동네사람들과 혹시나 모를 감시원들이 있기 때문이다. 이렇게 하는 것은 우리의 신변 안전과 앞으로의 장기적인 사역을 위한 현실적인 방안이자 지혜이기도 하다.

　　마지막 수업이 끝나고, 새로 이사한 곳에서 졸업 면접과 종강파티를 겸해서 모임을 가졌다. 그런데 마땅히 있어야 할 N형제가 아침부터 보이지 않았다. 그 형제는 우리가 아침 예배와 기도를 마친 후에야 조용히 새로 이사한 장소로 들어왔다. 그는 본래 이전에 사용하던 장소를 자신의 이름으로 임대하여 관리하고, 신학생들의 점심식사를 준비하며 섬긴 형제였다.

　　잠시 후, N형제는 상기된 표정으로 우리에게 귀한 간증을 나누었다. 그는 방금 전에 지난 번 우리가 수업하던 집의 주인을 만나 계약금과 남은 물건들을 정리하고 오는 길이었다고 하며, 그 집주인이 한 말을 전해 주었다.

　　나는 그동안 그 집주인이 우리가 강의하던 그 집에서 먼 지역에 사는 사람이라 우리 상황을 잘 알지 못하고, 그저 사람이 좋고 성실한 사람으로 보고 있었다.

　　오늘 집주인은 N형제를 만나서 뜻밖의 이야기를 하였다고 한다. 집주인은 그에게 이렇게 물었다는 것이다.

　　"그동안 아무 일 없었소? 내가 지금에서야 하는 말인데, 지난 1년 동안 경찰서에서 당신에게 임대한 그 집에 수상한 사람들이 드나든다는 정보를 입수하고 서너 차례나 조사하러 갔었는데 별 일 없었소? 언제는 나에게 집 열쇠를 받아서 찾아간 적도 있었는데, 혹시 무슨 일이 있던 것은 아니요? 당신 거기서 이상한 짓을 한 것은 아니지요? 아마 이웃의 신고가 들어가고 이를 접수한 경찰이 당신의 집을 수색하러 나간 것으로 아는데……."

　　결국 그 집주인의 말을 정리해 보면, 지난 한 해 동안 경찰이 우리를 잡으러 네 차례나 왔었다는 이야기가 된다. 그런데 우리는 비록 여러 차례의 징조와 긴장감은 지속적으로 있어 왔지만, 경찰이 문을 열었거나 아무런 안전사고 없이 평안히 모든 일정을 마쳤다.

우리가 수련회나 야유회를 다녀오는 기간이나 혹은 특별한 일로 인해서 다른 장소에서 신학 수업을 했던 시간에 그들이 들이닥친 것이라고 생각되었다. 필경 경찰들은 그 많은 날 중에 우리가 그곳에서 강의를 하지 않았던 날만 골라서 온 것이었다.

지금도 살아 계셔서 우리를 지켜 주신 하나님의 크신 은혜와 돌보심을 인해 영광과 찬송을 올려드린다.

'내가 산을 향하여 눈을 들리라. 나의 도움이 어디서 올까. 나의 도움은 천지를 지으신 여호와에게서로다(시 121:1).'

하나님은 우리보다 앞서 행하시는 분이시다. 우리는 우리 스스로를 지킬 능력도 없고, 한치 앞도 내다볼 줄 모르는 무지한 인간이다. 살아 계신 하나님은 졸지도 주무시지도 아니하시고 세밀하게 우리의 출입을 지키시고 계신 것이었다.

나는 진실로 고백한다.

"내가 아무리 나를 지킨다 해도 하나님이 보호하시지 않으시면 나를 지킬 수 없으며, 또한 하나님이 허락하지 아니하시면 세상의 어떤 자라도 나를 잡아갈 수도 없다."

우리는 이 일로 인해 우리보다 가까이 계셔서 보살피시는 아버지 하나님을 더욱 신뢰하는 법을 배우게 되었다.

'내가 주를 의뢰하고 적군을 향해 달리며, 내 하나님을 의지하고 담을 뛰어넘나이다(시 18:29).'

지금까지도 사랑과 긍휼이 풍성하신 우리 하나님은 그의 크신 팔과 능력으로 우리를 지키셨고, 앞으로도 우리와 동행하시며 인도하실 것을 확신한다.

우리는 이 순간 신학교의 주제가인 '주님 당신 밖에는'이라는 찬송을 다함께 부르며 하나님께 큰 감사와 영광을 돌렸다.

'하늘에서는 주 외에 누가 내게 있으리요, 땅에서는 주밖에 내가 사모할 이 없나이다. 내 육체와 마음은 쇠약하나, 하나님은 내 마음의 반석이시오 영원한 분깃이시라(시 73:25-26).'

C. 돌아보기

1980년대 중반에 중국 선교를 위해 기도하며 준비하는 단체가 희소한 상황에서, 서울의 C선교 단체는 그 나라의 교회를 연구하고 기도하는 소중한 모임이었다.

나는 그 단체의 모임에 참여하면서, 선교에 대한 기본적인 이해와 안목을 얻을 수 있었다. 또한 중국인 화교 교회에 참석하면서 점차 현장 사역에 가까이 나아가게 되었다.

당시에는 그 나라가 우리나라와 수교가 이루어지지 않은 상황이었으므로, 나는 직장인의 신분으로 들어가고자 여러 회사에 문을 두드린 적이 있었다.

그러나 점차 중국에 대한 연구와 선교를 준비하면서, 그 지역에 필요한 선교사는 숨겨진 가정 교회의 지도자들을 훈련하는 전임 사역자임을 알게 되었으며, 그러한 시대적 필요와 부르심에 순종하여 신학교에 입학하게 되었다.

중국의 문이 열리자 비로소 선교지에 들어가게 되었는데, 나는 사역보다도 먼저 그 나라와 민족에 대해 좀 더 정확히 알고 싶은 열정이 있었다. 1990년대 후반에 중국에 온 나는 그 나라의 역사나 문화 혹은 교회사에 대한 바른 안목이 없이는 어떤 사역도 시작할 자신이 없었다. 왜냐하면 사역하게 그 나라와 교회를 모르니 당연히 현재를 모르고, 또한 나의 선교 사역에 대한 전반적인 안목이나 구체적인 방향이 서지 않았던 것이다. 그래서 역사와 문화에 대한 연구를 시작하였으며, 점차 선교지에 대한 총체적이고 전반적인 안목을 얻게 되었다. 또한 기독교사에 대한 연구를 통해 현지 교회의 신학 사상과 교회의 현실에 대한 이해를 갖게 되었다.

하나님은 이러한 나의 작은 노력에 축복하셔서, 현장 선교사들과 선교 후보생들에게 나의 지식과 안목들을 나눌 수 있는 여러 차례의 기회를 주셨다. 또한 현지 교회의 지도자들과 성도들에게도 중국 교회사에 대한 성경적이고 역사적인 바른 이해와 중국 선교의 과제와 전망을 소개하기도 하였다.

오늘날 선교는 믿음과 지혜가 필요하다. 비록 핍박과 긴장이 있지만 오직 하나님의 돌보심과 은혜를 믿고 선교 현장에 임하여야 할 것이며, 또한 우리가 사랑하고 섬기는 선교지와 그 민족에 대한 지속적인 기도와 연구를 병행하여야 한다.

우리는 복음과 진리를 대적하는 선교지의 문화 및 역사 그리고 선교지 사람들의 전통사상과 현대철학에 대해서 이해하여야 한다. 왜냐하면 복음은 이 적대적인 세상 위에 떨어지며, 주님의 교회는 이 척박하고 악한 토양에서 세워지는 것이기 때문이다.

D. 적용하기

1. 선교의 무대는 어디인가?

2. 선교의 현장은 어떤 상황인가?

3. 선교사는 선교 현장에서 어떤 사람으로 서 있어야 하며, 또한 선교사
   는 어떤 자세와 태도를 가지고 현장 사역에 임해야 하는지를 말해 보
   시오.

4. 오늘날 자신의 사역 현장의 영적 상황을 설명하고, 자신이 그동안 선
   교 사역에서 경험한 영적 전투의 실제 사례를 말해 보시오.

5. 하나님께서 자신을 선교사로 부르신 후에, 그동안 자신이 가고자 하
   는 그 선교지에 대해 연구하고 배운 과정과 그 내용들을 말해 보시오.

*** 영적 전쟁은 하나님과 진리에 대한 전쟁이다. 복음은 이 세상 안에
   서 하나님을 대적하여 높아진 죄악된 인간의 모든 거짓 종교와 철학
   들 그리고 타락한 문화 속에 숨어 있는 악한 권세를 부수는 강한 능
   력이다.

05

언어 : 선교의 매체

@ 말씀 : 창세기 11장 9절

그러므로 그 이름을 바벨이라 하니 이는 여호와께서 거기서 온 땅의 언어를 혼잡하게 하셨음이니라. 여호와께서 거기서 그들을 온 지면에 흩으셨더라.

---

1. 선교의 원리 : 하나님은 말씀으로 만물을 창조하심
2. 선교의 매체 : 땅 끝까지 전파되어야 할 복음

A. 이해하기

하나님은 태초에 말씀으로 천지만물을 창조하셨다. 특히 인간은 하

나님의 형상을 따라 창조되었는데, 그들에게는 하나님을 아는 참 지식과 거룩함과 의로움이 있었다.

지혜의 근원이신 하나님은 선하신 뜻을 따라 사람으로 하여금 그를 알게 하시고, 사람에게 언어를 주사 그들이 온전한 마음과 입술로서 하나님의 아버지 되심과 주되심을 고백하며 영원한 찬송과 영광을 돌리게 하셨다.

우리 아버지이신 하나님은 실로 생명과 진리 안에서 사람과 교제하기를 원하셨다. 그런데 인류의 조상은 마귀의 유혹을 받아 하나님의 말씀에 불순종하여 죄를 범함으로 하나님과의 관계가 단절되었으며, 생명의 하나님과 교제할 수 있는 길을 잃어버리게 되었다.

아담의 후손들은 죄악의 본성을 따라 점점 짐승과 같은 존재들이 되어 온 세상에 죄악이 관영한 사회를 만들게 되었으며, 드디어 하나님은 사람 지으심을 한탄하시고 타락한 인류를 홍수로 진멸하기로 작정하셨다.

긍휼의 하나님은 홍수심판 가운데에서도 구원의 큰 뜻을 이루시기 위하여 노아와 그의 가족들에게 은총을 베푸사 방주를 지어 그들의 생명을 보존하셨다.

그러나 노아의 후손들도 뿌리 깊은 죄악을 인하여 인본주의 왕국과 우상의 신전과 같은 교만한 바벨탑을 세워 하나님을 대적하게 되었다.

그 결과 하나님은 다시 타락하고 죄를 범한 인류를 심판하셨다. 그리하여 하나님의 저주로 언어가 혼란하게 되었으며, 또한 인류는 열방으로 흩어져 여러 족속들과 방언들을 이루며 살게 되었다.

이 바벨탑 사건은 하나님을 부인하는 인본주의 왕국과 교만한 인류를 향한 하나님의 심판인 동시에 장차 열방에 흩어진 자기 백성들을 여자의 후손 즉 예수 그리스도를 통하여 복음으로 구원하사 모으고자 하시는 영원한 지혜와 사랑에서 나온 특별한 은혜였다.

바벨탑 사건 이후 전 세계로 흩어진 인류는 기나긴 역사를 지나면서 다양한 민족과 언어 그리고 문화를 이루며 내려왔다. 또한 각 민족들의 언어 속에는 독특한 문화와 사상과 민족의식이 깊이 자리 잡게 되었다.

그 후 사랑의 하나님은 예수 그리스도를 보내심으로 구속을 완성하셨으며, 온 세계에 주의 종들을 보내시어 각 민족의 언어로 복음을 전파하게 함으로 열방 가운데서 택한 자들을 구원하고 계신다.

21세기 현장 선교사는 사역자로서 무엇보다 현지어를 익히는 일에 최선을 다해야 한다. 왜냐하면 선교사가 현지어를 제대로 구사하는 일은 복음을 바르고 효과 있게 전파하기 위한 가장 중요한 수단이기 때문이다.

우리가 비록 현지인처럼 완전한 언어를 구사할 수는 없지만, 영혼을 살리고 그들을 양육하는 일이 소중한 만큼 현지어를 터득하고 연마하는 일에 최선을 다하여야 한다. 그리고 선교사는 사람의 언어로 복음의 내용이 분명하게 전달되도록 무엇보다 바른 신학과 확고한 신앙 그리고 성숙한 그리스도의 인격을 소유해야 할 것이다.

'하나님의 지혜에 있어서는 이 세상이 자기 지혜로 하나님을 알지 못하므로 하나님께서 전도의 미련한 것으로 믿는 자들을 구원하시기를 기뻐하셨도다(고전 1:21).'

하나님은 전도를 통하여 죄인들을 구원하시기를 기뻐하신다고 말씀하신다. 죄악된 인간은 스스로 자신을 구원할 수 없는 무능력한 존재이며, 이 세상의 지혜와 노력으로는 구원받을 자가 하나도 없기 때문이다.

실상 영적으로 죽은 죄인이 새 생명으로 거듭나는 것은 성령의 절대적인 도움이 없이는 불가능한 일이다. 이는 오직 하나님의 말씀과 성령의 능력으로만 가능하다.

'성령으로 아니하고는 누구든지 예수를 주시라 할 수 없느니라(고전 12:3).'

B. 선교 현장

21세기의 세계 복음화의 성취를 위해서 미전도 종족들에게 가서 그 부족의 문자를 만들어 주고 다시 성경을 번역하여 복음을 전파하는 것은 매우 중대한 과제다.

언어는 선교사들에게 반드시 뛰어넘어야 할 가장 큰 도전이자 가장 큰 장애물이기도 하다. 그러므로 언어를 능통하게 하는 일은 사역의 사활을 좌우하는 중요한 일이다.

지난 4000여 년 동안 동양의 철학과 역사를 주도해 온 중국어도 세상에서 배우기 어려운 언어들 중의 으뜸이라고 할 수 있다.

중국어는 실제로 글자 수가 10만 자가 넘고, 일반적으로 상용되는 단어만도 3천여 개가 넘는다. 과거 한국에서는 '천자문'만을 외워도 대단하다는 소리를 듣는데, 여기서는 그 정도는 입문에 불과하다고 말할 수 있다.

오늘날 중국교육부에서 정한 한어 표준 단어를 보면, 대학생 수준에서 8천여 단어, 석사수준에서는 1만 3천여 단어, 박사 수준에서는 3만여 단어를 알아야 학문이나 연구를 진행할 수 있다고 한다.

일반적으로 선교사는 현지 대학의 언어반에서 약 2년간 중국어를 배운다. 그런데 이 정도로는 아주 부족하다. 앞으로 최소한 2-3년을 더 공부해야 기본 실력을 갖추게 된다.

그 다음에는 중국어로 성경을 설교하고 가르칠 수 있도록 사역 중국어를 습득하는 것이 관건이다. 이것도 최소한 1-2년 정도의 시간이 필요하다. 이 단계에서는 성경 읽기와 성경 암송을 병행하며, 또한 중국어로 기도하고 설교하는 훈련을 철저히 해야 한다.

이것이 끝이 아니다. 본격적인 선교 사역을 하기 위해서는 자신이 직접 제자 훈련이나 신학 교육의 교재와 강의안을 만들어서, 현지인들에게 가르칠 수 있어야 한다.

이를 위해서는 또 다시 1-2년 정도에 걸쳐 성경에 나오는 인명과 지명은 물론 신앙 용어와 신학 전문 단어들을 암기해야 한다. 이렇게 선교사는 현지에서 6-9년이 지나야 비로소 장기로 사역할 준비가 된다.

실상 한 선교사가 낯선 타국에 가서 현지어를 배워 현지인들을 가르치고 현지 지도자를 배양하여 현지 교회를 세운다는 것은 참으로 어려운 과정이다.

만일 선교사가 신학부 과정 혹은 목사를 배출하는 신학대학원 과정을 운영하여 미래의 좋은 지도자를 배양하고자 한다면, 반드시 현지 대학에서 다시 2-3년 이상 석박사 과정에서 전문적인 공부를 해야 할 것이다.

그래야 그 선교사가 현지 대학생들이나 지식인들의 수준에 걸맞는 역사와 철학 그리고 현지 문화에 대한 바른 이해를 가질 수 있고, 또한 그들을 가르칠 수 있는 더 높은 수준의 언어 구사력과 교육 능력을 갖출 수 있다고 생각한다.

선교 현장에서 시간이 지나면 지날수록 고백하는 것이 언어의 한계다. 정말 우리 힘으로도 능으로도 안 되는 것이 언어이다. 왜냐하면 현지인들의 언어에는 우리 낯선 이방인들이 결코 체득할 수 없는 그들만의 사상과 문화와 깊은 정서가 깃들어져 있기 때문이다.

지난 사역을 돌아보면서 놀랍도록 감사한 적이 많았다. 그것은 긍휼이 풍성하신 하나님께서 우리의 어눌하고 부족한 입술에 기름 부으사 말씀을 전파하게 하시고, 그 듣는 자들을 구원하시어 교회를 세우도록 역사하신 일이다.

* 현장1 - 람보식 선교

2003년 여름, 한 선교사가 세운 신학교를 졸업하고 그와 협력하여 오랫동안 성실하게 사역해 왔던 현지인 X형제를 만났다. 당시에 그는 가정 교회의 지도자로서 믿음이 좋고 소명감이 투철한 전도사였다.

나는 사석에서 그에게 아주 기쁜 마음으로 자신의 선생인 L선교사에 대한 평가를 부탁했다. 왜냐하면 L선교사는 일찍이 현지에 들어와서 언어를 익히고 전도와 지도자훈련 사역을 해 온 아주 실력 있고 유명한 선교사로 모두에게 알려진 사람이었기 때문이었다.

지금까지도 중국 선교사들에게 L선교사는 가장 초창기에 현지에 들어와 사역해온 대표적인 시니어 선교사로 알려져 있으며, 해외 교회들에게도 학문적으로도 대단하고 현지에서도 성공적인 선교 사역을 하고 있는 선교 영웅처럼 여겨지고 있다.

그런데 X형제의 대답은 정말 의외였다.

"그 선교사님이 설립한 신학교의 교수 방법은 대부분의 과정을 한국이나 외국에서 외부 강사를 초청하여 교육을 하고 있습니다. 그런데 그 선교사님은 무엇보다 신학 지식이 깊지 못하고, 실제적으로 언어 실력도 강의할 수준이 되지 못합니다. 무엇보다 현지인들의 신앙 생활이나 현지 교회의 목양에는 별로 관심이 없습니다."

나는 그의 대답에 놀라면서 물었다.

"그렇다면 그 선교사님이 이 신학교의 교육 사역과 현지인 교회와 관련하여 주로 하는 일은 무엇이이고, 평소에 어떤 일을 하고 계십니까?"

그러자 그 형제는 다시 대답했다.

"일반적으로 선생님은 외국에서 강사가 오시면 공항에서 영접하여 호텔로 모시고 가고, 다시 호텔에서 교육장소로 보내는 일을 하시며, 주로 그들을 접대하는 일을 합니다. 물론 평상시에는 사업을 하고 해외 출장 등을 다닙니다. 그분은 사무실에서 대부분의 시간을 보냅니다.”

나는 현대 선교의 오류들과 그릇된 사고는 소위 ‘람보식 선교’에서 나왔다고 생각한다. 이는 마치 미국 영화에서 나오는 것처럼 국방성에서 국방장관과 군수뇌부들이 모여서 단기간에 적국을 괴멸시키고 그들의 원수를 제거하기 위한 치밀한 전투 전략을 세워놓고, 잘 훈련된 특수 부대나 전능한 특수 요원을 파견하는 것과 같다.

영화의 주인공인 람보와 같은 특수 요원은 교묘하게 적진에 들어가 일시에 수많은 적군을 사살하고 적국의 원수를 납치하거나 살해하여 영광스럽게 귀환한다. 그러면 미국 대통령이 백악관에서 그를 영웅으로 치하하면서 훈장을 수여함으로 끝난다.

오늘날 기독교계에서는 이렇게 선교사를 ‘람보’처럼 이해하거나, 선교를 람보 영화에서 나오는 어떤 프로젝트나 영웅적인 사업처럼 이해하는 사람들이 적지 않다. 또한 그런 선교 방식과 선교 영웅들에게 길들여진 교회와 선교사들이 존재하기도 한다.

그런데 선교지에서는 이러한 ‘람보식 선교’가 현지 교회를 더욱 병들게 만들고 있다. 선교사들은 소영웅이 되려는 교만한 마음을 버려야 한다. 또한 자신의 선교 사역을 통하여 화려한 세속적 바벨탑을 쌓으려는 헛된 망상을 버릴 수 있어야 한다.

* 현장2 – 미션 비즈니스

2001년 가을이었다. 나는 한 가정 교회 지도자들의 모임에 초대를 받아 특강을 하러 갔다. 이 모임에 참석한 지도자들 대부분은 나이가 많은 목회자들이었으며, 또한 학력도 전문대졸 이상의 비교적 높은 학력을 지닌 소위 엘리트 지도자들이었다.

당시 이들은 W지역에서 S선교사가 운영하는 지역 신학교를 마치고 여러 곳에서 다양한 모습으로 사역을 하고 있던 귀한 전도자들이었다.

나는 강의를 시작하기 전에 그들에게 몇 가지 질문을 했다. 특히 신학 교육을 담당하고 있는 한 사람으로서 다른 선교사가 세운 신학교의 교수 방법에 관심을 갖고 있었으며, 그날 참석한 목회자들의 신학 사상과 목회관에 대해 듣고 싶었다.

그래서 그들에게 각자가 신학 교육을 통해 무엇을 배웠는가, 그리고 그들이 받은 신학 수업이 졸업 이후의 목회에 어떠한 영향을 주었는지를 물었다.

그런데 그들은 전혀 예상치 못한 대답을 하였다. 그들은 대체로 1년 간 합숙하면서 신학 교육의 전반적인 교과 과정을 마쳤지만, 실제로 신학 교육이 목회 사역에 별다른 도움이 되지 못하고 있다는 것이었다.

그 주된 원인은 대부분의 강의가 현지어를 통한 강의가 아닌 방문 강사에 의한 통역 강의에 의존하여 진행되었기 때문이었다. 그래서 많은 신학 과목을 듣기는 하였지만, 충분한 이해를 얻지 못했다고 말했다. 또한 기회가 된다면, 다음에 다시 신학 공부를 제대로 하고 싶다고 대답하였다.

나는 종종 현지에 진출하여 사업하고 있는 몇몇 대기업의 초청을 받아 '중국의 역사와 비즈니스'에 대하여 특강을 한 적이 있었다. 또한 강연의 서두에서 이와 같이 강조했다.

"사장님의 현지어 실력이 회사의 성패를 좌우합니다."

이는 세상에서 비즈니스를 해도 성공을 위해서는 먼저 현지어와 현지의 역사나 문화에 대하여 전문적인 실력이나 철저한 준비가 있어야 한다는 말이다.

한편 중국에서는 지방의 젊은이들을 도시로 불러다가 합숙하면서 교육하는 것이 보편화되어 있다. 일부 선교사들은 자신이 교육하기보다는 해외교수진을 불러서 통역 강의를 실시하고 있다. 이러한 교육 방법은 많은 한계와 부작용을 낳고 있다. 무엇보다 통역자의 신학적 지식과 영성 혹은 언어 실력에 의해 크게 좌우되고 있다는 점이다.

실상 강의도 짧은 일정으로 진행되어 충분한 이해를 얻지 못하고, 또한 현장 사역과 격리되어 있으므로 제대로 된 신학적 안목의 습득은 물론 현장에서의 목회적 활용을 크게 기대할 수 없다.

향후의 신학 교육은 현지어로 교육되어야 하며, 이론과 실천의 균형 잡힌 교육을 실시함으로 현지인들의 목회 사역에 도움을 주는 방향으로 전개되어야 할 것이다.

오늘날 현지 교회는 성경을 바로 해석하여 설교를 준비하도록 도와주는 좋은 주석서나 주해서 혹은 참고 자료들이 부족하고, 또한 체계적이고 건전한 신학 교육이 부재함으로 인해 많은 어려움을 겪고 있다.

지금 현지 교회의 지도자들이 현장 목회를 경험하면서, 더욱 절실히 깨닫는 것은 어떤 물질적인 지원보다는 견실한 신학 교육이라는 것이다.

C. 돌아보기

나는 선교에 헌신한 후, 중국의 역사와 문화 그리고 현지 교회를 이해하는 일에 힘쓰는 한편 중국어학원에 등록하여 현지어를 배우는 일에 힘썼다.

몇 년이 지난 후, 나는 단지 일반적인 회화 훈련이나 교과서적인 언어 학습으로는 현지 사역에 대한 효율적이고 실제적인 준비가 되지 않음을 깨달았다.

그래서 전도나 제자 양육을 위해 사용할 성경 언어와 신학 용어 등을 훈련하기를 기도하던 중 중국 선교 단체에 참석하게 되었으며, 그곳에서 현지어로 전도와 양육 그리고 기도 사역과 찬양 사역을 섬기면서 선교를 준비할 수 있었다.

그 후 선교지에 들어가 언어를 배우고 적응해 가면서, 나는 다시 현지어의 중요성과 선교 사역을 위한 전문적인 언어 훈련의 필요성을 더욱 절감하게 되었다.

특히 현지의 목회자와 지도자들을 훈련시키기 위해서는, 상당히 높은 현지 문화와 역사에 대한 상식과 고급 수준의 언어 구사력을 갖추어야 함을 깨달았다.

그러던 중 하나님의 은혜로 현지 대학의 연구원에 진학하여 매학기 많은 자료들을 연구하고, 논문들을 작성하면서 사역 준비를 하게 되었다. 하지만 실제 사역에서는 아직도 미흡하였다. 왜냐하면 신학 과목이나 신앙 지식들을 전문 용어로 가르치고 설명할 수 있어야 하기 때문이었다.

초기 사역에서 가장 힘들었던 점은 강의 자료들과 신앙교재들을 현지어로 번역하고 편집하여 교육 자료들을 구비하는 것이었으며, 또한 지속적으로 이 교재들을 수정하고 보완하여 사용가능한 학습 교재로 만드는 작업이었다.

한편 신학을 공부한 목회자 선교사들이 선교지에서 할 수 있는 가장 중요한 사역이 바로 지도자 훈련 사역이라고 생각한다.

그런데 이 교육 사역을 효과적으로 감당하려면, 최소한 선교지에서 대학원의 연구 과정 수준에 입학하여 학술적이고 전문적인 고급 언어와 학문적인 훈련을 철저히 받아야 한다고 사료된다.

일반적인 상식을 보더라도 단지 기초적인 언어 훈련만을 마친 사람이 현지 대학이나 강단에서 현지인들에게 학부수준 이상의 학과목을 교수하거나 그들을 교육한다는 것은 생각할 수 없는 일이다.

실상 그 어떤 나라의 학교나 지도자들도 일상 회화 정도 수준의 언어 실력과 어휘력을 가진 외국인을 그들의 교수나 선생으로 세우지 않을 것이다. 더군다나 우리가 그 분야에 대한 전문적인 지식이나 학위가 없는 경우라면 말할 것도 없다.

우리가 좋은 선교사가 되는 데 중요한 것 중의 하나가 언어 훈련이다. 실제로 선교 사역의 수행에 있어서 가장 중요한 조건이 언어 능력이다.

일단 선교사가 언어에 대한 충분한 준비와 전문적인 사역훈련이 부족하다면, 향후 그의 모든 영적인 사역에 장애를 가져다주게 마련이다.

나 자신도 그동안 기초언어 훈련과 함께 현지어로 적지 않은 학문적 훈련을 해 왔지만, 현장에서 사역하면서 언어 실력의 부족함을 절실히 느끼고 있다. 그래서 때로는 학생들과 같이 성경 구절을 암송하고, 날마다 성경을 통독해 나가면서 언어 실력을 좀 더 증진시키고자 노력하고 있다.

선교사가 그 나라의 언어를 습득하는 것은 단지 말을 배우거나 도구를 획득하는 것이 아니다. 이는 그 나라의 언어 속에 깃든 그 민족의 사상과 철학 그리고 역사와 문화를 습득하는 것이며, 그들을 전인적으로 이해함으로 복음의 가교를 세우는 중요한 일이다.

우리 선교사들은 비록 사역을 시작하는 시기가 늦어지고 열매가 더디 나타날지라도 이러한 전문적인 언어 훈련에 시간과 열심을 투자해야 한다.

선교사는 언어를 배우고 연마하는 동시에 그 나라의 역사와 문화, 철학과 정신을 익히고 언어 실력을 구비함으로 현지인들을 장차 그 나라와 교회의 훌륭한 지도자로 세워야 할 것이다.

D. 적용하기

1. 선교의 원리는 무엇인가?

2. 선교의 매체란 무엇인가?

3. 선교사가 언어를 잘 배우고 연마하는 일이 사역에 있어서 얼마나 중요한 것인지를 말해 보시오.

4. 오늘날 자신이 사역하고 있는 선교지의 현지어의 특징에 대해 살펴보고, 사역 현장에서 언어 문제로 인해 발생했던 경험이나 사례들을 말해 보시오.

5. 자신이 선교사로서 그동안 현지어를 배우고 익히면서 얻은 소중한 경험이나 그동안 얻은 교훈을 말해 보시오.

*** 하나님이 인간에게 주신 선물인 언어는 세계로 나아가는 창문이며, 모든 민족들의 사상과 삶을 교류하는 매개체이다. 우리가 전하는 복음도 이 언어를 통해 한 영혼의 심장에 전달되는데, 복음은 듣는 죄인들을 사망과 영벌에서 구원하는 하나님의 큰 능력이다.

06

인간 : 선교의 대상

@ 말씀 : 로마서 3장 10절-12절

의인은 없나니 하나도 없으며 깨닫는 자도 없고 하나님을 찾는 자도 없고 다 치우쳐 함께 무익하게 되고 선을 행하는 자는 없나니 하나도 없도다.

---

1. 선교의 원인 : 하나님과 하나님의 특별한 은혜
2. 선교의 대상 : 하나님의 형상을 따라 창조된 인간 / 하나님께 죄를 범하여 타락한 인간

A. 이해하기

하나님은 태초에 천지를 창조하셨으며, 특히 인간에게 하나님의 형상을 부여하심으로 다른 어떤 피조물과도 비교할 수 없는 고귀함과 영광

을 갖게 하셨다.

그러나 인간은 하나님이 주신 선물인 자유의지로 마귀의 미혹을 받아 죄를 범함으로 불순종하여 타락하게 되었는데, 그로 인해 하나님과 떨어지고 이 세상에서 죄와 사망의 종노릇하는 비참한 존재가 되었다.

본래 인간은 하나님을 아는 지식을 갖고 있었는데 죄로 인하여 이 지식을 잃어버리고 대신 헛된 신들과 우상들을 섬기는 죄악의 자리에까지 떨어지게 되었으며, 자신과 피조세계를 아는 일에도 무지한 존재가 되어버렸다.

더욱이 타락한 인류는 하나님의 은혜밖에는 스스로를 구원할 수 없는 절망적인 상황에 놓이게 되었으며, 죽음의 두려움을 안고 사는 불쌍한 처지에 놓이게 되었다.

한편 하나님은 창세전에 그리스도 안에서 하나님의 영광과 거룩함에 참여하게 할 백성들을 선택하셨으며, 또한 장차 이들을 죄악에서 구원할 자를 계시하셨다.

그분은 바로 '여자의 후손'으로 오시어 우리를 그 죄악과 형벌에서 구원하러 오실 예수 그리스도이시다. 주님은 십자가와 부활하심으로 하나님의 우리를 향한 참 사랑을 확증하셨으며, 우리로 구원을 얻도록 하셨다. 이 구원은 삼위일체 하나님이 우리를 위해 이루신 하나님의 큰일이요 놀라운 역사다. 또한 오직 하나님의 전적인 은혜와 크신 능력으로 말미암은 것이다.

성부 하나님은 창세전에 그리스도 예수 안에서 우리를 선택하시고, 성자 하나님은 우리를 위해 구속을 완성하셨으며, 성령 하나님은 그 구원을 우리에게 적용하시어 우리로 그리스도를 믿어 영생을 얻게 하신다.

'너희가 그 은혜를 의하여 믿음으로 말미암아 구원을 받았으니 이것이 너희에게 난 것이 아니요 하나님의 선물이라. 행위에서 난 것이 아니

니 이는 누구든지 자랑하지 못하게 함이라(엡 2:8-9)'

이제는 죄와 허물로 죽었던 우리가 그리스도 예수 안에서 새로운 사람이 되었다. 죄인이 죽고 그리스도와 연합하여 새 생명을 받아 하나님의 자녀가 되었다.

하나님은 우리를 그리스도 안에서 구원하심으로 창조주 하나님을 알게 하시고, 또한 우리로 적극적으로 이 세상에서 하나님의 영광을 위해 살도록 하셨다.

그러므로 주 안에서 새 사람이 된 신자는 성경을 통해 하나님을 알고 예배하며 거룩함을 이루어가는 일에 힘써야 할 것이며, 또한 온 생애에 걸쳐 감사와 기쁨으로 우리에게 맡기신 복음 전파의 사명에 헌신해야 할 것이다.

실로 구원이란 죄인이 중생하여 새 사람이 되고, 이제는 육신적인 세계관으로 살던 옛 사람을 벗어버리고 성경을 따라 하나님의 말씀과 천국의 세계관을 배우고 실천함으로 하나님의 영광을 위해 살아가도록 하는 전인격적인 삶의 전환을 말한다.

오늘날 선교사는 복음의 대상인 인간에 대한 바른 이해와 함께 현지인들에 대해서도 연구해야 한다. 선교는 복음을 전파하여 죄인들을 구원하고, 나아가 그들이 하나님의 온전한 형상을 회복하게 하는 일이기 때문이다.

물론 선교의 대상에는 차별이 없다. 그래서 주님은 '너희는 온 천하에 다니며 만민에게 복음을 전파하라(막 16:15)'고 명하셨다. 또한 사도 바울은 '헬라인이나 야만인이나 지혜 있는 자나 어리석은 자가 다 내가 빚진 자라(롬1:14)'는 심정을 가지고 복음 전파에 힘썼다.

인류는 하나님의 은혜 없이 절망에서 구원받을 길이 없다. 만일 그가 하나님의 사랑과 특별한 사죄의 은총을 받지 못한다면 오직 죽음과 영벌

밖에 없다.

우리는 죄인들의 구원불가능적인 비참한 영적 현실에 대한 자각을 통하여, 복음 전파의 절대적 필요성과 선교 사역의 긴박성을 인식하고 더욱 헌신하여야 할 것이다.

'복음은 모든 믿는 자에게 구원을 주시는 하나님의 능력이 됨이라 먼저는 유대인에게요 그리고 헬라인에게로다(롬1:16).'

B. 선교 현장

중국은 4000여 년의 긴 역사와 유구한 문화를 자랑하고 있다. 또한 중국 대륙의 인구는 현재 14억 명에 달하는데 이는 세계 인구의 20%를 넘는 수치며, 또한 아시아 전체인구의 1/3을 차지하고 있을 정도이다.

그래서인지 중국인들은 옛날로부터 세계 어느 민족들보다도 민족적 자긍심이 대단하다. 흔히 이것을 '중화사상(中華思想)' 혹은 '중화민족주의(中華民族主義)'라고 부른다.

이 중국인들의 중화민족주의는 19세기부터 시작된 근대화와 민주주의의 흐름을 막고 전제주의 공산주의 국가로 들어서도록 만들었으며, 또한 중국 기독교가 성경적이고 역사적인 바른 길로 가는 데에도 큰 장애물이 되었다.

지금도 중국 공산당은 개혁 개방으로 인한 정치적 민주화에 대한 요구와 경제적 불평등에 대한 국민의 목소리를 잠재우기 위해 '중화민족주의'를 이용하여 자신들의 독재 권력을 공고하게 유지하고 있다.

한편 하나님을 떠난 모든 민족 즉 중국 민족이나 한국 민족이든지 세계 모든 민족이 자민족 중심주의와 우월주의에 빠져 있다고 할 수 있다.

본래 창세기의 바벨탑 사건 이후에 하나님의 심판을 받아서 온 세계로 흩어진 여러 민족들은 생존과 탐욕을 위하여 서로가 전쟁과 정복을 일삼아 왔다.

또한 하나님과 원수 된 죄인들이 역사를 지나면서 각자가 국가와 민족을 이루고 이제는 사람과 사람이 원수가 되었고, 또한 민족과 민족 혹은 국가와 국가가 서로 대적하며 살아오게 된 것이다.

결국 세계의 민족들은 각자가 국가를 세우고 자기중심적이고 이기적인 자민족주의로 자민족과 자문화를 우월하게 여기고 타민족이나 타문화를 업신여기는 태도를 견지하게 되었으며, 서로를 신뢰하지 않을 뿐더러 배타적인 태도를 가지게 되었다.

중국에서 사역하면서 선교사들이 만나면 일반 한국인들처럼 자주 중국인들과 중국 사회의 현실 혹은 이해할 수 없는 중국 문화에 대한 비판적인 말들이 오고 간다.

최근에는 중국에서 제조된 가짜 상품들에 대한 비방이 거세다. 예를 들면 가짜 계란, 가짜 고추가루, 가짜 양고기, 공업용 우유나 저질 분유, 가짜 영수증, 가짜 학위증 그리고 이른 바 '독캡슐'이라 불리는 플라스틱으로 만든 알약용 캡슐 등이 있다.

중국 선교사들도 선교 현장에서 경험했던 중국인 지도자나 현지인 제자들의 신뢰할 수 없는 나쁜 행위나 잘못된 점들에 대해 신랄하게 지적하기도 한다.

그 중에 대표적인 것들은 현지 지도자들이 돈을 너무 밝히고 거짓말을 자연스럽게 하며, 말과 행동이 다르다는 것과 속히 실행에 옮기지 않을 뿐더러 선생님에게서 배운 대로 행하지 않는다는 점 등이다.

하지만 중국인들의 습관이나 문화만이 악한 것이 아니라 하나님의 떠난 세계 모든 민족들과 우리 모든 인류의 심성과 문화가 악한 것이다.

모든 시대와 모든 민족에게 예수 그리스도의 복음이 절대적으로 필요하다. 온 세계의 역사와 민족들의 죄와 악한 문화를 끊을 수 있는 유일한 길은 모두가 예수 그리스도께로 돌아가는 길 뿐이다.

선교사가 그의 선교 사역에 있어서 하나님을 떠나 타락한 영혼들에 대한 사랑이 없이는 선교에 대한 헌신이나 어떠한 선교 사역의 열매를 기대할 수 없다. 그러므로 선교사들은 자신을 사랑함은 물론 가족과 동료들 그리고 현지인들을 사랑해야 한다.

실로 선교 사역의 기간이 오래되어 갈수록 선교지나 현지인들에게서 발견되는 악행이나 부족함들이 나의 사명과 나 자신을 돌아보는 좋은 거울이 되고 있다.

우리가 비평하고 있는 그들의 모습이 바로 죄인된 나의 현실이다. 물론 나도 하나님을 알지 못했다면 여전히 저렇게 살아가고 있을 것이다.

때로는 가난과 고난 속에서 살아가는 저들의 형편을 마음속으로 깊이 이해하기도 하지만, 나와 관련된 현지인들에게서 발생하는 이 모든 문제가 바로 나의 책임이요 사명이라는 생각이 든다.

또한 나에게 맡기신 현지 지도자와 제자들을 바라보면서 스승 된 나의 책임을 절감한다. 우리도 자신이 가르치고 배움 받은 대로 산다는 것이 정말 어려운 일임을 잘 안다.

지금도 나는 그들에게 성실함과 진지함으로 진리를 가르치지 못하고, 부족하지만 스승으로서 그들에게 삶의 모범을 보이지 못한 나 자신을 회개한다.

우리의 사명은 곧 이 세상의 모든 사람 곧 하나님의 원수 된 죄인에게는 반드시 복음 전파가 필요하며, 또한 말씀을 바로 가르쳐 그들이 새롭게 변화를 받아 진리대로 바르게 살아갈 수 있도록 인도해야 한다는 것이다.

* 현장1 – 사스와 복음

2003년 여름, 사스(SARS: Severe Acute Respiratory Syndrome, 괴질 혹은 비전형성 폐렴)가 만연하던 때의 일이다. 현지 중앙방송의 뉴스와 신문매체의 보도에 의하면, 연일 몇 백 명의 사람들이 사스에 새로이 감염되었고 날마다 그 중에서 몇 십 명이 새로 숨졌다는 소식이 매일 지역별로 다급하게 보도되던 그런 시기였다.

당시 우리는 신학 수업을 진행하던 학기 중이었다. 점점 사스의 확산으로 인해 출입이 완전 봉쇄된 지역들이 늘어나고 있었고, 외부 지역과의 출입을 통제하는 상황이었다.

사실 당국에서 모든 동네의 출입을 제한하던 상황이었으므로, 가정교회의 주일 집회조차 갖기 어려운 상황이었다. 그래도 우리는 가능하다면 최소한 일주일에 한 번이라도 만나 기도회를 하기로 결정하였다.

비록 모든 관공서와 학교 그리고 공공기관 및 시장조차도 문을 닫을 정도로 긴급한 상황이었지만, 우리는 하나님의 은혜로 장소를 바꿔가면서 기도회를 진행하였다.

한편 우리는 이번 사스 기간이 하나님이 우리에게 주신 복음 전도의 가장 좋은 기회임을 알고 하나님의 지혜를 구하기 시작했다.

그래서 매번 모임 속에서 지속적으로 사스 가운데서 절망에 빠져 불안으로 하루하루를 보내는 많은 불신자들에게 대한 복음 전도와 성도들의 신앙 교육에 대해 기도해 왔다.

우리 신학생들 중 평소 복음 전도에 열심과 은사가 있던 C자매는 간증하기를, 이 기간에 약 100여 명에 가까운 사람들에게 복음을 전했는데 모두가 단 마음으로 복음을 경청하고 긍정적인 반응을 보이더라는 것이었다.

N형제는 다소 흥분된 얼굴로 자기가 만든 간략한 복음 전단지를 내보이며, 그는 이 전단지를 많이 복사하여 주요 지역에서 배포하며 적극적인 전도 운동을 전개하자고 제의했다. 또한 내게 힘 있고 분명한 복음 제시를 할 수 있도록 내용수정을 요청하였다.

그래서 나는 그의 복음 전도지에 맞는 정확한 성경 구절과 함께 구체적인 결신 내용을 포함하여 복음 전도지를 만들었다. 또한 이 전도지를 수만 부 복사하여 우리 신학생들이 각 교회의 성도들과 함께 시민들에게 배포하도록 하였다.

그 전단지는 '사스 공황 중에 있는 인민들에게 전하는 좋은 소식'이라는 제목 하에 대체적으로 다음과 같은 내용을 담고 있었다.

'사스의 공포와 두려움 중에 있는 인민들에게 기쁜 소식을 전해드립니다. 국가나 정부도 여러분을 사스의 공포로부터 여러분의 생명을 보장할 수 없으며, 의사도 어떤 약품도 여러분을 구원할 수 없습니다. 오직 생명의 구주이신 예수 그리스도만이 여러분을 구원할 수 있습니다. 그는 당신의 생명의 창조자요, 길이요 진리요 생명이십니다. 그를 믿는 자는 죽어도 살겠고 살아서 그를 믿는 자는 영원히 죽지 아니할 것입니다. 그를 영접하십시오, 그러면 참된 영생과 평안을 얻게 됩니다.'

이렇게 전도 운동이 전개되고 며칠이 지난 후 학생들이 이구동성으로 보고하기를, 이 전도지를 받아든 많은 사람들이 감사하며 기쁨으로 반응한다는 소식을 전해왔다.

특히 전도지를 만든 N형제는 이를 계기로 자기 집에서 새로운 가정교회를 개척하게 되었다고 간증하였으며, 이 일로 전도와 목양에 더욱 힘쓰게 되었다.

당시는 중국이나 여러 나라가 이 괴질병으로 사회적으로나 경제적으로 참으로 어려운 상황이었고, 전도자들도 매우 힘든 생활을 하던 상황이었다.

그러나 하나님은 우리를 통하여 세상적 위기와 절망을 복음과 소망으로 바꾸는 좋은 계기를 삼게 하셨으며, 우리 신학생들과 성도들에게는 참 신앙과 복음의 절대적 필요성을 체험하는 구한 시간이 되었다.

나는 '사람의 끝이 하나님의 시작(人的尽头神的起头)'이라는 말을 되새겨 본다. 어느 것 하나도 하나님의 뜻이 없이 일어나는 일은 없다. 실로 하나님은 이 모든 일들과 환경을 통하여 이 세상과 죄악 된 인류에게 말씀하고 계신 것이다.

하나님은 지금도 죄인들을 향해 촉구하고 계신다. 죄인들이여, 이제라도 회개하고 돌아오라! 오직 예수 그리스도만이 인생과 세상의 유일한 희망이 되신다.

* 현장2 - 생명이냐 사역이냐

2006년 봄이었다. H지역에 있는 한 성경학교에서 두 명의 학생들이 죽었다는 소식을 들었다. 그 원인은 연탄가스로 인한 유독가스 중독과 질식사라는 것이었다. 참으로 안타까운 일이었다.

그 후 나는 한 형제를 통해 그 학교에서 일어난 사건의 자초지종을 물어보았는데, 그 실상을 알고는 크게 놀라지 않을 수 없었다. 그 이유는 그들이 단순한 가스중독으로 죽은 사실이 아니라는 것이었다.

그 두 명의 학생은 농촌에서 올라왔는데, 성경학교에 들어오기 전부터 악성 위궤양과 간염을 알고 있었다고 한다. 그런데 이 성경학교는 학교 생활에서 학생들에게 매우 엄격한 생활과 훈련을 요구하였다.

당시 처음부터 병약한 상태에 입학한 이들은 자신의 육체적 연약함으로 수업에 참석하지 못하거나, 정해진 많은 과제물들을 제때 제출하지 못하는 때가 많았다. 그러한 경우 교사들은 그들을 골방에서 회개하도록 하거나, 때로는 며칠씩 금식하도록 처벌하였다고 한다.

심지어 교사들은 이들이 질병으로 고생하고 있음에도 불구하고 정상적인 진료나 약과 같은 의료적 방법을 사용하지 못하게 하고, 도리어 금식기도와 같은 축귀와 같은 극단적인 방법으로 해결할 것을 강요하였다는 것이다.

결국 두 명의 학생들은 무지하고 극단적인 교사들에 의해 희생된 것이나 다름이 없다. 그런데도 이 교사들은 장례식에 참석한 그들의 부모들에게 그것이 연탄 가스에 의한 중독이었다고 얼버무리고 말았다고 한다.

본래 그 학교를 운영하는 사람들은 은사주의와 극단적인 신앙 훈련을 받은 전도자들이었다. 그러다 보니 배운 대로 바른 신앙적 사고와 상식을 배제하고 신비적 영성에만 매달리는 방식을 전수받은 것이다.

한편 중국에서는 일부의 현지 지도자들이 앞 다투어 저급한 신학교나 성경학교를 무리하게 운영하는 주된 원인은 다름이 아닌 생활과 경제적인 이유 때문이다.

그래서 그들은 농촌에서 가난하고 무지한 어린 학생들을 데려와 합숙하여 교육하면서, 신학교 사역을 빌미로 헌금을 모금하는 일에 몰두하게 된 것이다. 아마도 이들에게는 학생들의 생명이 소중한 것이 아니라 단지 돈을 버는 수단에 불과했을지도 모른다.

지금도 중국에서는 선교에 대한 미숙한 이해와 건전하지 못한 동기에서 이러한 비즈니스형 신학교나 생계형 전도 사역을 하고 있는 선교사들과 현지인들이 적지 않을 것이라고 생각한다.

과연 '생명이냐 사역이냐'라는 말을 생각해 보지 않을 수 없다. 생명을 구원하기 위한 선교 사역을 하는 것이냐 아니면 사역과 돈을 위해 생명을 이용하고 있는 것인지를 반성해 보아야 할 것이다.

진정 생명을 살리는 선교, 사람을 위한 신학이 되어야 한다. 이 땅에서 생계나 명분을 위한 비즈니스형 선교 사업이 속히 사라지고, 더 이상 이러한 비참한 일들이 다시 일어나지 않기만을 간절히 기도한다.

C. 돌아보기

나는 신학교를 졸업하고 곧 바로 선교지에 들어가고자 준비하고 있었다. 왜냐하면 오랫동안 현지 선교에 대한 불타는 사명감으로 기도하고 준비해 온 연유로 자칫 머뭇거리다가는 선교 스명이 점점 식어버리고, 원래의 목적과는 다른 길로 가게 될지 모른다는 불안감과 연약함이 있었기 때문이었다.

그러나 당시 나는 신학교를 갓 졸업한 후인지라 많은 신앙적 신학적 고민들과 연구 계획들을 안고 있었다. 실로 그동안 배운 많은 지식들도 제대로 소화할 시간도 없던 상태였으며, 물론 교회의 현장 목회에 대한 전반적인 안목이나 실제적인 경험도 제대로 갖추지 못한 상황이었다.

만일 그 상태로 현지에 들어갔더라면, 선교지에서 많은 시행착오와 사역적인 갈등을 겪었을 것이다. 또한 나의 영적인 미성숙과 신학적이고 목회적인 자질 부족으로 인해 중도하차하든지 지금보다 사역의 성과나 열매들도 훨씬 적었으리라고 생각된다.

그래서 비록 선교지에는 몇 년 늦게 들어가기는 했지만, 하나님께서는 나에게 또 다른 축복을 주셔서 한국에서 수년 동안 목회와 선교 행정을 경험하도록 인도하셨다.

그리고 하나님의 은혜로 어려운 가정 형편 속에서도 다시 전문적인 신학 과정에 입학하여 목회와 현장을 병행한 신학 공부를 계속할 수 있도록 축복해 주셨다.

그리하여 나는 선교지에 들어가기 전에 목회와 선교의 대상인 인간에 대한 성경적인 올바른 이해와 선교의 목표가 되는 교회의 정체성과 목적에 안목을 얻을 수 있었다.

결과적으로 성숙한 신학적 안목과 현장 목회의 경험을 통하여 장차 선교지에서 현지 교회를 개척하고 교회 지도자를 배양하는 실제적인 선교 사역을 위한 보다 총체적이고 전반적인 준비를 하게 되었다.

성경적으로 죄를 범하여 타락한 인간은 하나님과의 관계가 회복되지 않고서는 소망이 없으며, 스스로 자신을 구원할 수 없는 '구원불가능적인 존재'라고 할 수 있다.

그러므로 이 땅의 죄인들에게는 예수 그리스도가 절대적으로 필요하다. 그들에게 주님 외에 다른 안식이나 미래의 소망이란 결코 없다.

실로 우리의 참 목자 되신 구주 예수님은 생명을 주러 이 땅에 내려오셨으며, 그가 십자가에서 자신을 희생하심은 바로 우리와 같은 절망적인 죄인들에게 영생과 천국의 참 소망을 주려는 것이었다.

D. 적용하기

1. 선교의 원인은 무엇인가?

2. 선교의 대상은 누구인가?

3. 성경은 인간에 대해 어떻게 말하고 있으며, 선교적인 인간상은 무엇
   인가?

4. 오늘날 자신이 사역하고 있는 나라의 민족성에 대해 개괄적으로 살펴
   보고, 자신의 사역 현장에서 그 민족의 독특한 특성이나 차이점으로
   인해 발생했던 사건이나 실제적인 사례를 말해 보시오.

5. 자신이 현지 선교사로서 준비하는 동안 선교지의 민족을 이해하고 알
   기 위해 어떤 연구와 노력을 해 왔는지를 말해 보시오.

*** 하나님께서 죄와 사망의 종노릇하고 있는 이 세대의 절망적인 죄인
    들에게 예비하신 참 소망은 구주이신 예수 그리스도를 전파하여 그
    들로 속히 믿고 회개함으로 영생을 얻게 하시는 것이다.

07

그리스도 : 선교의 본

@ 말씀 : 빌립보서 2장 6절-8절

그는 근본 하나님의 본체시나 하나님과 동등됨을 취할 것으로 여기지 아니하시고 오히려 자기를 비워 종의 형체를 가지사 사람과 같이 되셨고, 사람의 모양으로 나타나사 자기를 낮추시고 죽기까지 복종하셨으니 곧 십자가에 죽으심이라.

---

1. 선교의 본 : 예수 그리스도
2. 선교의 삶 : 예수 그리스도를 따르는 삶

A. 이해하기

하나님은 죄와 사망에서 자기백성들을 구원하시기 위하여 독생자 예수 그리스도를 이 땅에 보내셨다. 그분은 실로 하나님께서 잃어버린 영혼들을 구원하시기 위해 친히 하늘로부터 보내신 선교사였다.

선교사로 오신 예수님은 사역의 초기부터 자신의 정체성과 이 땅에 오신 이유를 분명히 선포하셨다. 그래서 하나님이 명명하신 '예수'라는 이름도 '자기 백성을 저희 죄에서 구원하실 자'라는 의미를 갖고 있다.

성경에서 주님은 자신을 가리켜 '하나님이 그 아들을 세상에 보내신 것은(요 3:17)' 또는 '하나님이 보내신 이(요 3:34)'라고 소개하고 있다. 이 말씀은 하나님이신 예수님이 육신을 입고 사람이 되신 것은 하나님의 뜻이 있었다는 말이다. 즉 예수님은 하나님의 뜻을 이루기 위해 이 땅에 오셨다는 말이다.

그래서 주님은 '내가 온 것은 양으로 생명을 얻게 하고 더 풍성히 얻게 하려는 것이라(요 10:10)'라고 선언하셨으며, 또한 '인자의 온 것은 섬김을 받으려 함이 아니라 도리어 섬기려 하고 자기 목숨을 많은 사람의 대속물로 주려 함이니라(막 10:45)'라고 말씀하셨다.

한편 예수님은 각 성과 촌과 온 동네에 다니시며 천국 복음을 전파하셨다. 그래서 회당이나 광야나 혹은 해변이든지 장소를 가리지 않고 복음과 사랑이 필요한 모든 사람들에게 직접 찾아가 구원해 주셨다.

주님은 고단하고 바쁜 삶에도 불구하고 새벽에 일어나셔서 한적한 곳으로 가셔서 기도하시고, 때로는 밤이 맞도록 기도하셨으며, 십자가를 앞두고 땀이 피가 되도록 간절히 기도하셨다.

또한 잡히시던 날 저녁의 유월절 만찬에서는 친히 수건을 두르시고 제자들의 발을 씻기신 후, 주님의 제자 된 그들도 이와 같이 서로 섬김으로 그 사랑의 증인이 될 것을 부탁하셨다.

참 선교사 되신 예수님은 겸손하고 온유하사 하나님의 뜻에 일체 순종하셨으며, 하나님의 뜻을 따라 십자가에 못 박히사 고통을 당하시고 죽기까지 인내하심으로 구속사역을 완성하셨다.

실로 예수님은 하나님 앞에서 죄인들의 중보자로서 자신의 몸을 화목제물로 드리사 단번에 영원한 속죄를 이루신 참 대제사장이요, 친히 하나님을 계시하시고 그 말씀을 확증하고 성취하러 오신 참 선지자요, 또한 마귀가 지배하는 이 죄악 된 세상으로부터 그 백성들을 구원하여 하나님 나라를 세우러 오신 천국의 왕이셨다.

지금도 예수님은 그를 따르는 제자 된 하나님의 백성들에게 '자기를 부인하고 날마다 제 십자가를 지고 나를 따르라(눅 9:23)'라고 명령하신다. 주님의 신실한 종이었던 바울도 "내가 그리스도를 본받는 자가 된 것같이 너희는 나를 본받는 자 되라(고전 11:1)"고 말하고 있다.

선교사는 주님의 겸손과 사랑을 배우고, 십자가의 인내와 사랑을 본받아 온 세계와 모든 민족과 사람들에게 이 생명의 복음을 힘써 전파하여야 할 것이다.

'내가 주와 또는 선생이 되어 너희 발을 씻었으니 너희도 서로 발을 씻어 주는 것이 옳으니라. 내가 너희에게 행한 것 같이 너희도 행하게 하려 하여 본을 보였노라(요 13:14-15).'

B. 선교 현장

1853년 중국에 들어와 약 50여 년 동안 긴 생애를 헌신한 선교사 허드슨 테일러는 근대 선교사와 중국 교회사에 있어서 길이 기억될 귀한 모범으로 여겨지고 있다. 그는 중국에서 현지인들처럼 되기 위하여 온갖 노력을 다했다. 그래서 그는 자신의 머리를 밀고 당시 청나라의 전통 머리 모양인 변발을 하고 다녔으며, 서양인의 옷을 버리고 중국복장을 하고 다녔다.

이는 그가 중국인을 너무도 사랑하여 먼저 그들에게 다가가기 위한 것도 있지만, 외국인과 외국문화의 탈을 벗어버리고 현지인들과 동화됨으로 장차 중국 선교의 아무런 장애가 되지 않기 위함이었다.

나도 이따금 선교 현장에서 위대한 선교사 허드슨 테일러를 생각하며 한없이 부족한 나 자신을 반성해 본다. 또한 하나님의 거룩한 사역 앞에 부족하고 무능하다고 말하는 현지 지도자들을 향하여 다음과 같이 권면하곤 한다.

"여러분이 사역 기술이나 지식이 부족하더라도 하나님과 사람 앞에 정직하고 신실한 종이 되기를 바랍니다. 또한 여러분에게 맡기신 양떼들을 전심으로 사랑하는 종이 되시기 바랍니다. 이 사랑은 참 목자의 가장 중요한 자질이며, 하나님께서 우리를 통해 사람들을 변화시키는 가장 큰 능력입니다".

실상 선교사가 올바로 선교 사역을 감당하기 위해서는 먼저 현지인들을 사랑하는 법을 배워야 한다. 또한 이를 위해 선교사는 그 나라의 문화와 역사를 배우고 현지어를 연마하는 일에 힘써야 한다.

그래야 그들을 깊이 사랑하게 되고, 그들의 언어로 그들의 문화 속에 복음과 진리를 올바로 전할 수 있다.

21세기의 선교 현장에는 복음과 사랑으로 생명을 구하고 진리로 참다운 그리스도인을 만드는 일보다는 물질로 가시적인 선교 사업의 확장에 집중하는 이들이 있다.

그들은 자신들의 자기과시적인 선교 사업이 현지 교회의 건전한 발전과 선교사들의 사역에 많은 해를 주고 있다는 사실을 모른다.

한편 중국 교회의 지도자들에게서 참된 종의 모습을 배울 수 있다. 현재 대부분의 가정 교회 지도자들은 경제적이고 목회적인 이유로 교회 안에서 거주한다. 그래서 그들은 교회의 지도자로서 영적인 말씀을 선포하고 가르치고 있지만, 교회의 청지기가 되어 교회를 청소하고 관리하며 매번 모임에 나오는 성도들에게 직접 육적인 양식을 준비하여 대접하고 있다.

비록 중국 교회의 목회자들은 가난하고 어려운 현실에서 살고 있지만, 목회자가 하나님의 종으로서 가난한 성도들과 삶을 함께 하며 그들을 영육 간에 섬김으로서 귀한 신앙공동체를 이루어 나가고 있다.

선교는 복음으로 한 생명을 구원하고 거룩한 주님의 교회를 세워 나가는 귀한 사역이다. 그러므로 선교는 부업으로 하는 일이 아니다.

그러므로 선교는 현장 선교사가 현지인들과 함께 복음과 사랑 안에서 살아가는 여정이며, 오랜 인내와 희생을 필요로 하는 사역이다.

* 현장1 - 예수님이 계신 곳

중국의 가정 교회는 자립이 어려운 상태에 있는데, 대도시지역에서 목회하는 지도자들 중에도 아주 열악한 빈민촌에서 사역하는 이들이 많다. 그래서 종종 나는 주변의 아는 분들을 통해 필요한 옷가지를 수집하거나 생필품을 마련하여 어려운 현지 교회를 도와주곤 하였다.

2004년 여름, 나는 한 빈민 지역의 교회를 방문하게 되었다. 그곳은 시내와 불과 10여 분밖에 떨어지지 않은 지역이었지만, 시골에서 올라온 사람들이 막노동이나 넝마주이를 하며 사는 지역으로 극심하게 가난한 동네였다.

그 지역에 가 보니, 그 동네에는 100여 가구가 살고 있는데 공동 화장실이 하나밖에 없었다. 그것도 변기 구덩만 여러 개 있고 오래되어 파리와 구더기가 살고 있었다. 더욱 심한 것은 식사나 빨래를 위한 용수로 쓰이는 수돗물도 10여 가구당 하나 있을 정도로 열악한 상황이었다. 그래서 현지인들이 목욕을 하거나 옷을 항상 깨끗이 빨아서 입고 다닐 만한 형편이 못되었다.

그 날 나는 우리 신학생인 Z형제가 사역하는 교회와 그의 집을 방문하게 되었는데, 당시에 안타깝게도 그의 아내는 폐병으로 알아 누워 있었다. 나는 그의 아내가 주의 크신 긍휼과 능력으로 속히 쾌유되기를 간절히 기도하고 나왔다. 그러나 그녀의 치료를 위해 많은 도움을 줄 수 없어서 가슴이 정말 아팠다.

본래 Z형제는 H지방에서 이곳으로 올라와 그곳에 살면서 지난 수년 동안 화려한 도시의 이면에 가려진 빈민촌의 영혼들과 울고 웃으며 복음 사역에 헌신해 왔다. 그리고 하나님께서 그와 함께하시고 그의 사역에 복을 주셔서 자기 집과 다른 곳에 신자가 100여 명에 달하는 두 교회를 세워서 열심히 목양해 왔다.

그러나 Z형제는 가정의 어려운 생계로 인해 아내가 밖에 나가 일을 하면서 힘든 목회를 이어온 것이었다. 그런데 식당일을 나가던 아내가 폐병을 얻어 앓게 된 것이다.

원래 이곳은 공기가 좋지 않고, 용수도 부족한데다가 물도 끓여서 마셔야 하는 곳이다. 더욱이 열악한 빈민촌에서 심한 악취가 나고 질병이 쉽게 걸리는 것이 당연하다.

실제로 여름에는 학생들의 몸이나 옷에서 나오는 악취를 맡으며 강의도 하고, 겨울에는 손이나 발에 동상이 걸려 퉁퉁 붓거나 고름이 나오는 학생들을 본 적도 있다.

그 날 내 마음 속에는 그들을 향한 불쌍하고 안타까운 마음이 가득 찼다. 그 순간 떠오른 것은 이들과 함께하시는 예수님의 긍휼이 가득한 모습이었다.

주님은 그곳에 계셨다. 바로 예수님은 그곳에서 이런 가난하고 고통 받는 사람들과 함께하시며, 그들의 눈물을 닦아주시고 그들의 발을 씻어주고 계셨다.

나는 그곳에서 현재의 삶에 대해 감사할 줄도 모르는 우리 자신과 그동안 현지인들에게 좀 더 마음과 삶으로 가까이 내려가지 못한 부끄러운 모습을 반성하였다. 또한 우리 선교사들이나 한국인들이 현지인들을 더럽다고 비난하거나 경시했던 죄악 된 행위들을 회개하게 되었다.

하나님의 은혜를 경험하면 할수록 나의 부족함과 연약함을 더 크게 보게 된다. 주님이 함께하신 가난하고 고통 받는 이들과 울고 웃으며 그 사랑과 생명의 길을 담대히 걸어갈 수 있기를 소원한다.

* 현장2 - 허드슨 테일러와의 만남

2001년 봄에 처음 만나서 지금까지 교제하고 있는 한 선교사를 소개하고 싶다. 당시에 나는 한 선교사의 부탁을 받아 어느 신학교의 강의를 하러 가게 되었다.

이 신학교는 N성의 Z시에서 운영되었으나, 그곳에서 경찰이 들이닥쳐서 도망칠 정도로 아주 위급한 일을 당하는 바람에 최근에 내가 사역하고 있는 H지역으로 옮겨 왔다.

나는 그 신학교에서 소중한 선교의 동역자이자 친구가 된 C선교사를 만나게 되었다. 그는 처음부터 전혀 외국인 사역자가 없었던 Z시에서 들어가 지금까지 신실하게 사역해 온 귀한 선교사였다.

강의를 마치고 그와 개인적인 교제를 하게 되었는데, 나는 그에게 몇 가지 질문을 던졌다.

"외국인이 생활하기 불편하고, 아무도 가지 않은 그 지역에 왜 들어갔어요? 이곳에서의 생활에 어려움은 없으신가요?"

C선교사는 아무 거리낌 없이 대답했다.

"저희는 선교사들이 가지 않은 지역, 아무도 가기를 원하지 않는 소외된 사람들에 들어가서 사역하기를 기도해 왔습니다. 비록 그곳에 들어가기 전에 답사를 다녀왔지만, 막상 그곳에 갔을 때 많은 염려를 했었습니다. 그러나 그곳의 대학관계자나 집주인은 저희를 반가이 환대해 주었고, 오히려 저희가 그들로부터 많은 도움을 받았습니다. 그곳은 지방이라 물가나 집값이 이곳보다 훨씬 저렴하고, 사역비가 그다지 많이 들지 않아서 저희에게는 정말 좋은 곳이었습니다. 저희 두 자녀도 현지인들과 같이 현지 학교에 보냈습니다."

순간 나는 150여 년 전에 오직 믿음으로 선교했던 영국 선교사 허드슨 테일러가 떠올랐다. 그는 현지인들과 같이 입고 먹었으며, 당시 상황으로는 매우 위험하기도 하고 다른 선교사들이 들어가기를 꺼려하는 내지를 여행하면서 복음 사역을 전개하였다. 그는 1865년에 현지 선교 단체를 세우고 몇 가지 선교원칙들을 정하였는데, 그 중에 가장 중요한 가르침은 '아무도 들어가지 않는 곳으로 들어가는 것과 오직 하나님을 믿음으로 사역하는 것'이었다.

나는 C선교사의 청빈하고 겸손한 말을 들으면서 같은 선교사로서 정말 부끄러운 마음이 들었다. 대도시에서 외국인들이 많이 사는 지역에 거주하며 생활하면서도 많이 감사하지 못하고 살았던 나와 우리 가정을 돌아보게 되었고, 현지인들의 삶의 현장으로 더욱 가까이 다가가지 못한 자신을 반성하게 되었다.

그 후 C선교사의 가정은 다시 N지방으로 돌아가 현지 교회의 지도자들을 배양하는 일을 계속하게 되었다. 어느 날 나는 마침 한 선교사의 강의요청을 받아 그 지역을 방문하게 되었는데, 그때 C선교사의 집을 방문하여 다시금 교제할 수 기회를 갖게 되었다.

실로 이번 방문에서도 많은 것을 깨달았다. 외국인이 거의 살지 않고 한국적인 삶을 누릴 만한 여건이 없었지만, 그곳에서 여느 현지인들처럼 만족하며 행복하게 살아가는 그의 가정과 삶의 모습들을 보면서 많은 감동을 받았다. 그는 두 자녀를 모두 현지 학교에 보내어 아이들처럼 양육해 왔다. 그 아이들을 보았을 때, 말하는 것이나 행동하는 것이 현지인 아이들과 별다를 것이 없을 정도였다.

그런데 그는 이런 삶을 전혀 불편하게 생각하거나 원망하지 않고 아주 당연한 것처럼 생각하였고, 도리어 즐겁고 행복한 마음으로 살고 있었다.

나는 전에 물어본 적이 있던 질문을 다시 했다.

"정말로 이곳에서의 생활이 힘들지 않으십니까?"

그는 잔잔한 미소를 지으며 대답했다.

"현지인들도 다 이렇게 사는데 우리라고 못할 것이 있겠습니까?"

21세기의 선교 현장에도 선교사 허드슨 테일러처럼 살아가는 순전하고 겸비한 좋은 선교사들이 많이 있다. 나는 이들을 바라보면서, 선교사의 한 사람으로서 진정으로 주님의 삶을 닮고자 하는 이들과 함께 선교 현장에 서 있는 것을 정말 자랑스럽게 생각한다.

C. 돌아보기

선교사의 생애는 섬김의 삶이라고 할 수 있다. 주님이 친히 우리를 섬기셨듯이 우리도 선교지의 영혼들을 마땅히 섬겨야 할 것이다.

그런데 이 말이 참으로 쉽게 다가오질 않는다. 왜냐하면 선교사는 의례히 현지인들 앞에서 영적인 지도자요 스스로 선생이 되어 군림하고 가르치는 위치에 서기를 좋아하고, 또한 그렇게 살아가고 있기 때문이다.

오늘날 대부분의 선교사는 선교 현장에서 자신보다 영적으로나 학문적으로 무지하거나 경제적으로도 가난한 사람들을 만나 사역을 하게 된다.

그래서 선교사는 현지인들의 선생이요 영적인 지도자 혹은 경제적인 도움을 주는 어떤 높은 주인의 모습으로 그들 앞에 서게 되고, 현지인들은 늘 도움을 받고 가르침을 받아야 하며 새로운 주인의 말에 복종하고 따라야 되는 위치에 놓이게 된다.

나를 비롯한 많은 선교사들이 선교지 영혼들을 섬기라고 보냄 받은 하나님의 종인데, 때때로 우리의 삶 속에서 전혀 종다운 모습이나 냄새가 나지 않는다.

아마도 종으로서의 신분이나 태도가 어색한 것은 신학교나 목회 현장에서 제대로 종 된 목회자나 선교사로서의 정신이나 삶을 배우지 못해서일 것이다.

주 예수 그리스도는 하나님이신데도 겸손히 자신을 낮추시고 더럽고 냄새나는 죄인들의 발을 씻기시며, 그들의 질병을 치료하시고 나아가 그들을 구원하시기 위해 온 몸을 바치셨다.

실상 선교사로서 너무 자신의 위치에 익숙한 나머지 더욱 스승 대우나 지도자 대우를 받기를 원하고, 가르침과 명령하기를 좋아하고 섬김과 희생과는 점점 거리가 멀어져 가는 나를 돌아보며 참으로 통탄한다.

내가 선교사로서 약간의 겸손함과 희생 정신으로 그들에게 영적인 물질적인 도움을 주는 행동을 한다고 해도, 내 속마음에는 그들보다 높은 의식과 교만한 마음에 사로잡혀 있으니 참된 헌신과 섬김과는 먼 사역이 되고 있다.

이제라도 하나님의 부르심 앞에 부끄러움이 없는 사역자로 서고, 또한 선교지의 영혼들 앞에 부족함이 없는 좋은 인품과 사역적 자질을 갖추어야 할 것이다.

선교지의 영혼들은 나의 도움이 필요한 불쌍한 존재가 아니라 하나님의 형상을 닮아 지음 받은 고귀한 피조물이요, 장차 복음 안에서 세워질 나의 형제와 자매들이다.

사도 바울은 '내가 주를 본받았으니 너희는 나를 본받으라'고 말한다. 나는 그동안 스스로가 현지인들 앞에서 좋은 본이 되지 못하고 있음을 진심으로 회개하며, 날마다 주님의 겸손과 인내를 본받아 선교지 영혼들을 더욱 바른 자세로 잘 섬길 수 있기를 기도한다.

'내가 온 것은 양으로 생명을 얻게 하고 더 풍성히 얻게 하려는 것이라. 나는 선한 목자라. 선한 목자는 양들을 위하여 목숨을 버리거니와……. 나는 내 양을 알고 양도 나를 아는 것이 아버지께서 나를 아시고 내가 아버지를 아는 것 같으니 나는 양을 위하여 목숨을 버리노라(요 10:10-15)'

D. 적용하기

1. 선교의 참된 본은 누구신가?

2. 선교적 삶의 본질은 무엇인가?

3. 하나님 앞에 인정받는 좋은 선교사란 어떤 사람이어야 하는 지를 말해
   보시오.

4. 오늘날 자신이 사역하고 있는 선교지에서 존경할 만한 좋은 선교사나
   모범적인 선교 사역의 실제적인 사례가 있다면 말해 보시오.

5. 자신은 선교 현장에서 하나님과 현지인들 앞에 어떤 선교사로 서 있는
   지를 살펴보고, 앞으로 혹은 장래에 더 좋은 선교사가 되기 위해 어떤
   자세와 노력을 할 것인지를 말해 보시오.

*** 예수님은 선교사의 참된 본이시다. 우리는 주님의 생애 속에서 성육
    신적인 삶을 배워야 한다. 우리에게 중요한 것은 선교의 열매나 업
    적이 아니라 주께 배우고 주를 닮아가며 주께 순종하는 것이다.

선교사는
하나님의 부르심 앞에
부끄러움이 없는 사역자로 서고,
또한
선교지의 영혼들 앞에
부족함이 없는 좋은 인품과
사역적 자질을 갖추어야 할 것이다.
선교지의 영혼들은
나의 도움이 필요한 불쌍한 존재가 아니라
하나님의 형상을 닮아 지음 받은 고귀한 피조물이요,
장차 복음 안에서 세워질 나의 형제와 자매들이다.

제2부
선교 사역의 실제

하나님은 정금과 같이 연단된 믿음을 고귀하게 보시며,
우리를 참 믿음의 소유한 자들로 만드셔서
좋은 그릇으로 사용하시기를 원하신다.
그래서 하나님은
선교사들에게 많은 고난과
절망적인 환경들을 허락하신다.
일반적으로 선교사에게는
고국에서 모든 인간관계를 작별하는 아픔이 있으며,
선교지에 온 후에는
선교지의 새로운 환경에서 문화 적응과 언어 습득,
영육간의 질병, 생활의 필요 등과 싸워야 한다.
또한
선교 사역을 전개하면서
온갖 신변과 사역의 안전과 씨름해야 하며,
더욱이 영혼의 열매를 거두고 교회를 세우기 위해
온 힘을 다해 분투해야 한다.
선교사는 주께서 허락하신 이러한 많은 고난 속에서
십자가만을 의지하고,
사랑으로 인내하며 기다리는 법을 배워야 한다.
왜냐하면 이 고통 속에는 하나님의 특별한 섭리와 은총이 있기 때문이다.

01

믿음 선교 : 선교의 출발

@ 말씀 : 마가복음 11장 22절

예수께서 대답하여 저희에게 이르시되 하나님을 믿으라

---

1. 선교의 근원 : 전능하신 하나님
2. 선교와 믿음 : 임마누엘의 하나님

A. 이해하기

기독교 신앙의 주제는 바로 창조자요 구원자이신 하나님이시다. 즉 인간에게 가장 중요한 것이 생명과 복의 원천이신 하나님을 바로 알고 믿는 일이다.

성경은 영적인 맹인이요 무지한 죄인된 우리가 하나님을 아는 길은 성령의 은혜로 말미암아 오직 예수 그리스도를 믿어 중생함으로만 가능하다고 가르쳐 준다.

선교도 하나님에 대한 확실한 앎에 기초한 참된 믿음에서 나온다. 이는 하나님을 바로 알고 그분만을 온전히 신뢰하는 것이요, 범사에 믿음의 주요 온전하게 하신 예수 그리스도만을 바라보는 것이다.

하나님은 정금과 같이 연단된 믿음을 고귀하게 보시며, 우리를 참 믿음의 소유한 자들로 만드셔서 좋은 그릇으로 사용하시기를 원하신다. 그래서 하나님은 선교사들에게 많은 고난과 절망적인 환경들을 허락하신다.

일반적으로 선교사에게는 고국에서 모든 인간관계를 작별하는 아픔이 있으며, 선교지에 온 후에는 선교지의 새로운 환경에서 문화 적응과 언어 습득, 영육간의 질병, 생활의 필요 등과 싸워야 한다.

또한 선교 사역을 전개하면서 온갖 신변과 사역의 안전과 씨름해야 하며, 더욱이 영혼의 열매를 거두고 교회를 세우기 위해 온 힘을 다해 분투해야 한다.

선교사는 주께서 허락하신 이러한 많은 고난 속에서 십자가만을 의지하고, 사랑으로 인내하며 기다리는 법을 배워야 한다. 왜냐하면 이 고통 속에는 하나님의 특별한 섭리와 은총이 있기 때문이다.

그러므로 선교사는 자신의 죄성과 연약함을 뛰어넘어 역사하시는 하나님을 온전히 신뢰함으로 복음의 경주를 힘차게 달려갈 수 있다.

본래 믿음은 우리에게서 나온 것이 아니다. 그것은 하나님이 우리 속에 창조하신 선물이며, 오직 하나님의 은혜로우심과 신실하심에서 주어진 것이다. 즉 우리에게 말씀하시고 약속하신 것을 반드시 성취하시는 하나님, 우리를 사랑하시는 그분의 절대적인 사랑에서 나왔다.

하나님의 우리를 향한 신실하심과 불변하신 사랑이 바로 그리스도를 통해 확증되었으며, 우리의 믿음의 창조자요 완성자가 되신 주님은 우리를 죄와 사망에서 구원하셨으며, 또한 지금도 천상에서 우리를 위해 중보하심으로 우리의 구원이 완성되기까지 신실하게 일하고 계신다.

우리는 하나님의 신실하신 사랑과 크신 은총에 감사하고 찬송하며, 세상 가운데 우리의 거룩한 삶과 입술을 통하여 복음을 증거하는 일에 마땅히 헌신하여야 할 것이다. 실로 하나님은 천지를 창조하시고 만물을 그 지혜와 뜻하신 대로 운행하시며, 영혼과 육체를 능히 살리시고 멸하시는 전능하신 하나님이시다.

또한 부활하신 주님은 우리를 만민에게 보내시어 복음을 전파하도록 명령하시고, 또한 세상 끝 날까지 우리와 동행하신다고 약속하셨다(마 28:18-20).

예수 그리스도는 사망 권세를 이기시고 승리하사 만유의 주요 참된 왕이시다. 선교는 이미 주께서 이기신 전쟁이다. 우리는 주께서 승리하신 기쁜 소식을 아직도 이 소식을 듣지 못해 죄악의 쇠사슬에 매여 있는 사람들에게 전하도록 부름 받은 종들이다.

우리는 사단과 죄와 싸워서 이기도록 부름 받은 자들이 아니라 이미 주께서 승리하신 소식을 온 세상에 나가 전파하도록 부름 받은 기쁜 소식의 우체부들이다.

성령은 우리가 전하는 부활의 기쁜 소식, 승리의 복음에 기름 부으시고 역사하심으로 온 세상 가운데 그 듣고 믿는 자들을 구원하시는 능력의 하나님이시다.

죽은 자를 능히 살리시는 전능하신 하나님을 온전히 의지하는 것, 이것이 선교의 시작이고, 선교의 전략이며, 승리의 원천이다.

'만일 하나님이 우리를 위하시면 누가 우리를 대적하리요 자기 아들을 아끼지 아니하시고 우리 모든 사람을 위하여 내주신 이가 어찌 그 아들과 함께 모든 것을 우리에게 주시지 아니하시겠느냐(롬 8:31-32).'

B. 선교 현장

중국 선교의 현장은 황사가 자욱하여 대낮에도 캄캄한 도시처럼 여전히 베일에 가려져 있다. 왜냐하면 중국 정부가 법과 공권력으로 종교 활동을 통제하고 있고, 선교사나 현지 교회의 지도자들 모두가 자신과 사역의 안전을 고려하여 신분과 사역을 비밀로 하기 때문이다. 그래서 누가 어디서 어떤 사역을 하는지 도무지 알 길이 없다. 다만 그의 입에서 나오는 간증과 몇 장의 사진만으로 그의 사역의 심각성이나 일의 성과를 판단할 수 있을 뿐이다. 이 암흑이 속히 물러가야 할 것이다. 그래야 모든 사역자들이 투명하게 자신의 신분과 사역을 밝히고 진실하게 사역할 수 있을 것이며, 중국 교회도 거짓 전도자나 이단의 미혹으로부터 스스로를 보호할 수 있을 것이다.

2005년 봄에 몇 분의 목사님들이 방문한 일이 있었다. 그분들은 그동안 해외의 다른 지역에서 중국인들을 가르쳐 일꾼을 배양하는 일을 해왔는데, 현지 사정으로 그 학교가 문을 닫자 나에게 자신들의 향후 선교 사역에 대한 조언을 얻고자 하였다. 그래서 나는 그분들의 지난 사역 현황과 경험들을 듣고, 내가 아는 한 중국 선교의 상황에 대해 자세히 말씀드렸다. 또한 그분들의 형편과 의중에 맞는 지역을 추천하며 그곳의 선교사와 함께 새로이 사역에 협력하도록 말씀드렸다.

그리고 이분들이 나의 현장 사역에 대해서도 알기를 원해서, 나는 개략적으로 나의 사역 현황과 향후 사역 방향에 대한 계획을 소개해드렸다.

　　그런데 그 다음해에 이분들이 나의 사역에 관심을 갖고 다시 현지를 방문하게 되었다. 하지만 당시에 나는 그분들에게 정중하게 거절의 의사를 전하면서, 이곳이 그분들의 형편이나 의도에 맞지 않으니 다른 지역의 선교사나 선교 사역에 협력할 것을 말씀드렸다.

　　내가 이분들의 도움이 필요치 않아서가 아니라, 나의 사역 현장이 위험해서도 그렇고 연로하신 이분들의 건강과 형편을 고려할 때 어려운 사역에 쉽게 참여시킬 수 없었기 때문이었다. 하지만 이분들은 이미 하나님의 응답을 받았다면서 협력하기로 약속하셨다.

　　그리고 이분들은 나의 선교 현장을 방문하게 되었는데, 그 당시 몇몇 선교사들과 함께 운영하는 현지 신학교를 비롯하여 제자들이 세운 성경학교와 그들이 목양하고 있는 현지 교회들을 방문하게 되었다.

　　그 날 현지 방문을 마치고 한 목사님이 질문을 하셨다.

　　"자네는 어떻게 이 어려운 지역에서 지금까지 사역을 잘 감당해올 수 있었는가 그 비결이 무엇인가?"

　　그래서 나는 중국에서의 선교 사역에 필수적인 두 가지 요소를 말씀드렸다.

　　"지금까지 지내온 이 모든 것이 하나님의 은혜입니다. 중국에서의 선교 사역의 필수적인 요소는 '믿음과 지혜'입니다. 어둠과 두려움의 영에 갇혀 한 치 앞을 알 수 없는 중국에서는 오직 믿음으로만 선교 사역이 가능하고, 항상 하나님의 지혜와 특별한 돌보심을 간구하며 사역해 나가야 합니다."

　　그 후 이 목사님들은 나의 사역에 귀한 조력자요 동역자가 되었으며, 점차 현지 사역에 동참하여 수련회와 강의 그리고 졸업식 등에 오셔서 귀한 도움과 힘이 되었다.

* 현장1 – 동화책의 비밀

2002년 봄날 아침, 나는 비자를 해결하기 위해 잠시 귀국하였다가 중국으로 떠나기 위해 짐을 꾸리고 있었다. 이번에는 내가 가족보다 먼저 들어가게 되었다. 이번에는 새로이 사역을 시작하는 연고로 현지에서 필요한 신학 서적들을 많이 짐 속에 넣었다.

이윽고 나는 집에서 아내와 함께 무사히 현지 공항의 보안 검색대를 통과하기를 기도하면서 대문을 나섰다. 왜냐하면 공항에서는 선교사나 종교인들을 주시하고, 신학 서적들을 위험 품목으로 여겨 적발하고 있었기 때문이었다. 그런데 숙소를 떠나서 몇 발자국을 걸어가는데, 계속해서 마음속에 불안한 느낌이 들었다.

그래서 공항까지는 아직 시간이 남아 있어서 발걸음을 돌려 다시 집으로 갔다. 아내에게 어린이 동화책 몇 권을 달라고 했다. 즉시 짐을 풀어 신학 서적들이 있는 윗부분에 비교적 크기가 큰 동화책 두세 권을 올려놓았다. 이는 모든 앞일을 아시는 하나님이 내게 사역의 안전을 위한 특별한 인도와 지혜를 허락해 주신 것이었다.

잠시 후 비행기가 이륙하고 한국을 떠나 현지에 도착하였다. 그런데 역시나 현지 공항의 검색대에는 오늘 따라 많은 경찰들이 일일이 탑승객들의 짐을 조사하고 있었다.

나는 다소 긴장한 모습으로 심호흡을 하면서 하나님의 도우심을 기도했다. 그러나 짐을 검색대에 넣고 지나는데, 공항경찰 두 명이 나를 불렀다. 그 짐을 가져와 열어보라는 것이었다. 순간 다시 하나님께 절박한 기도를 올렸다.

"하나님, 저들의 눈을 가려주시옵소서."

그때 공항 경찰은 신학 서적들이 숨겨져 있던 내 짐을 풀어 맨 위에 있는 큰 책을 잡아 이리저리 뒤척이더니 멈었다.

"이 책들이 다 무엇이고 어디에 필요한 책들이오?"

나는 얼른 대답했다.

"당신의 손에 든 것이 어린이용 동화책이 아니오? 우리 아이들에게 줄려고 가져온 것입니다."

이 긴장된 순간에, 그 경찰은 한편으로는 내 말을 들으며, 다른 편으로는 그 밑에 있는 책 한 두 권을 끄집어냈다. 그런데 다행히도 역시 아침에 넣은 어린이 동화책이 나왔다. 그러자 그는 아무 일이 없다는 듯 내게 짐을 싸서 나가라고 했다. 나는 황급히 공항을 빠져나오면서 하나님께 큰 감사를 올렸다. 이 작은 일 가운데서도, 우리 하나님은 항상 이렇게 세밀하게 나를 돌보시고 계셨다.

하나님은 우리의 인도자가 되신다. 그분은 우리보다 앞서 행하시는 분이시다. 항상 그는 우리 앞에서 인도하시고 보호하시는 사랑의 하나님 이시다.

오늘날 중국에서 선교 사역을 하려면 두 가지를 가지고 있어야 한다. 그 하나는 믿음이고, 다른 하나는 지혜다. 결코 두려워만 해서는 아무 열매도 얻을 수 없다. 설령 경찰들이 전화나 삶의 동태를 감시한다고 해서 늘 두려워하고만 있다면, 그는 조만간 심각한 육적 질병이나 정신적 질환을 앓게 될지도 모른다.

이런 긴장된 환경과 삶에 대한 막연한 두려움은 우리에게 불안과 좌절을 심어 영적인 힘과 능력을 발휘하지 못하도록 막는 나쁜 장애물이다. 이는 실로 하나님과 우리의 원수 된 사단과 마귀들이 심는 것이다.

우리는 하나님을 두려워해야 한다. 만일 우리가 진정으로 두려워해야 할 것이 있다면, 그것은 우리의 육신을 해하는 마귀나 어떤 죄악 된 조직이 아니고 우리의 영혼과 육체를 능히 멸하기도 하시고 살리시기도

하시는 전능하신 하나님이시다.

한편 선교를 금지하거나 교회를 핍박하는 위험 지역에서 사역하는 선교사들은 항상 지혜를 간구해야 한다. 만일에 닥칠 신변의 안전 문제를 지혜롭게 대처하고 있어야 한다는 말이다.

그래서 현장 사역 중에는 모든 일을 항상 믿음으로 행하되 매일매일의 사역을 깨어서 지혜롭게 행하는 방법을 터득해야 한다.

결론적으로 선교사는 무엇보다 살아 계신 하나님을 온전히 신뢰하는 믿음이 있어야 한다. 천국 복음을 대적하는 세상 권세나 사단이 주는 어떤 두려움보다 우리에게 생명주시고 눈동자와 같이 우리의 발걸음을 지키시고 인도하시는 그분을 온전히 신뢰하는 법을 배워야 한다.

하나님은 우리의 피난처요 구원이시며, 환난 날에 만날 우리의 큰 도움이시다. 그는 애굽에서 우리를 건지사 홍해를 건너게 하시고, 광야에서 우리를 먹이시고 보호하시고 인도하신 하나님이시다.

* 현장2 - 죽으면 죽으리라

2003년 봄, F형제는 비록 소명을 받아 목회 사역에 헌신하였지만, 결혼 후의 어려운 집안 형편과 생계 문제로 인하여 회사에 출근하여 돈을 벌어야만 했다. 그래서 주중에는 일을 하고, 주말과 저녁 시간을 통해 말씀 사역과 전도 사역으로 교회를 섬겼다.

그러나 그는 점차 시간이 지나면서 목양 사역에 큰 진전이 없고, 목회 소명에까지 회의에 빠져들게 되었다. 그래서 믿음으로 목회에 전념하든지 아니면 목회를 접고 세상 일을 하든지 결단해야 할 시점에 이르렀다.

당시 그는 우리 신학교에 입학 신청을 하게 되었는데, 나는 그에게 권면했다.

"오늘날 중국 교회의 문제는 목회자가 목회에 전념하지 않는 데 있다. 목회자도 하나님의 일을 소홀히 하는데, 성도들 중에 누가 복음 전파와 교회에 헌신하려고 하겠는가? 하나님은 부르신 종들을 반드시 먹이시고, 그들을 굶어죽도록 내버려 두시지 않으시네. 이제 자네도 전능하신 하나님을 믿고 전임사역을 시작하도록 해브게."

현재 가정 교회를 섬기는 사역자들의 대부분이 전임으로 교회를 섬기는 것이 아니라 주중에는 일을 하고, 주일에만 설교 사역이나 목양 사역을 돕는 방식으로 사역하고 있다. 지금도 가정 교회들의 경제적 자립이 어려움으로 인해 목회 사역에 전무하는 사역자가 드물고 대부분 이러한 방식으로 사역하고 있다.

이런 현실에서, F형제가 직장을 그만두는 일은 결코 쉬운 일이 아니었을 것이다. 그러나 그는 오직 믿음으로 복음 사역을 위해 회사를 그만두었다. 비록 적은 믿음이었지만 그의 가정 생활과 향후 사역의 모든 문제를 하나님께 맡기고 나아갔던 것이다.

처음에 나는 F형제를 다른 형제가 목양하는 교회에서 동역자로 사역하도록 하고, 그 교회가 어느 정도의 생활비를 지불하도록 요청하였다.

그리고 얼마 지나지 않아서 그 교회의 목회자가 다른 지역에 교회를 개척하여 나가게 되었고, F형제는 이제 자신이 담임하여 그 교회의 목회를 시작하게 되었다.

그 교회에는 30여 명의 신자들이 있었으나, 그가 목회를 시작한 지 반년이 되지 않아 위기가 찾아왔다. 그래서 신자들이 대부분 떠나고 고작 5명이 남게 되었다.

무엇보다 힘든 것은 F형제 세 가족의 생계는 고사하고 당장 교회 임대료를 내야 하는데 주일 헌금이 턱없이 모자랐다. 그에게나 교회적으로 아주 절망적인 상황이었다.

그런데 이 상황에서 F형제는 사람들의 도움을 구하지 않고, 날마다 전심으로 하나님께 매달렸다. 당시 그는 자신의 믿음을 하나님께 시험해 보고 싶은 마음이 강했었다.

그래서 매일 오전에는 한적한 들판이나 산으로 가서 기도에 전념하였으며, 저녁에는 성도들과 함께 저녁 기도회를 하면서 하나님의 긍휼과 능력을 구하였다.

나는 주위 형제들을 통해 그와 그가 목양하는 교회의 소식을 듣고 그를 만났다. 그는 눈앞의 형편에도 불구하고 아주 평안하고 확신에 차 있었다. 오히려 그는 하나님이 자신에게 이러한 고난을 주셔서 자신의 믿음을 연단하신다고 믿고 있었다. 그리고 그는 하나님이 도와주지 않으신다 해도, 끝까지 기도하면서 다시 자신의 가정에서부터 개척을 시작한다는 자세로 이 작은 교회를 이끌어나가겠다는 마음이 확고하였다.

그러던 어느 날 나는 그의 어려운 형편을 돕기 위해 헌금을 전해 주고자 하여 그를 불렀다. 그런데 F형제는 먼저 나에게 흰 봉투를 주면서 말했다.

"선생님! 그동안 저를 가르쳐주시고 기도와 사랑으로 돌봐주신 것에 감사드립니다."

나는 그의 믿음에 감격하고 준비한 헌금을 건네면서 권면했다.

"하나님께서 반드시 자네를 축복하실 것일세. 앞으로도 그러한 믿음과 기도로 교회를 잘 세워나가길 바라네."

그런데 더욱 놀라운 일은 집에 와서 그가 준 봉투를 열어보니 그 안에는 너무도 정확하게 내가 건넨 헌금의 십일조와 감사의 편지가 담겨 있었던 것이었다.

하나님은 실로 그분을 간절히 찾고 찾는 자를 만나 주시고, 그에게 복을 주시는 하나님이시다. 그래서 얼마 후 그 형제의 교회는 모든 위기를 기도와 신앙으로 극복하게 되었고 점점 부흥하게 되었다.

F형제와 몇몇 교인들이 오직 믿음과 열심으로 그 아파트 단지에 사는 주민들을 직접 전도하여 80여 명이 넘는 제법 큰 가정 교회로 발전하였으며, 헌금을 통해 임대료를 해결함은 물론 F형제에게 매월 적당한 사례비를 줄 수 있는 자립 교회로 세워지게 되었다.

하지만 이러한 부흥 뒤에 또 다른 위기가 찾아왔다. 그것은 파출소와 종교국에서 찾아와 아파트에서 주일 집회를 하지 못하도록 방해하였으며, 이웃주민들도 그들과 교회를 몰아내려고 시도하였다.

F형제는 이러한 위기에 굴하지 않고 다시 그 날로부터 당장 전교인 새벽 기도회를 시작하였다. 그는 모든 문제가 영적 전투라는 것이며, 그 해결 방안은 오직 하나님께 나아가 전심으로 기도하는 것뿐임을 잘 알고 있었다.

가정 교회의 종교 활동이 제제를 받고 있는 상황에서, 주거 지역의 아파트에서 성도들이 이른 아침에 함께 모여 새벽 기도회를 갖는다는 것은 불가능한 일이었다. 그러나 F형제는 성도들과 함께 새벽 기도회에 불을 붙였으며, 점차 새벽 기도회에 동참하는 성도들이 20여 명에 달하기도 하였다.

정말 감사한 것은 새벽 기도회를 시작한 이후로 그러한 방해들이 사라지기 시작했다는 사실이다. 주변의 많은 가정 교회들이 해산되거나 다른 곳으로 이사를 떠났음에도 불구하고, 그 교회는 아무런 해를 입지 않았다.

일전에는 안전부의 직원과 경찰이 와서 F형제를 찾아온 적이 있었다고 한다. 원래 그들은 가정 교회의 지도자를 색출하여 그를 제거하고 교회를 해체하는 일을 해 왔다. 그런데 이번에는 그들이 F형제에게 조용히 교회를 목양하고 이웃들과도 좋은 관계를 가지고 나아갈 것을 요구하며 떠났다고 한다.

그 후 F형제가 목양하는 교회는 몇 차례의 핍박이 있었지만, 믿음의 기도로 시련을 이긴 후에 인근 지역으로 이사하여 말씀과 기도 가운데 크게 부흥하고 있다.

지금도 선교 현장에서 하나님의 살아 계심과 그의 종들과 교회를 향한 크신 은혜와 돌보심을 보게 된다. 실로 하나님은 긍휼이 풍성한 하나님이시다. 그분은 아브라함과 이삭의 하나님이시오, 또한 우리의 하나님이시다.

C. 돌아보기

하나님은 나의 삶 속에서 많은 고난을 허락하셨으며, 또한 그 고난을 통해 나 자신과 세상에 대하여는 절망하고 하나님께만 소망을 두는 법을 배우도록 하셨다.

실로 감사한 것은 내가 절망 가운데 하나님께 나의 생과 삶의 모든 것을 맡기고 나아갈 때마다 하나님의 크신 긍휼과 측량할 수 없이 놀라운 은혜를 체험했다는 사실이다.

나는 여러 차례의 죽음을 경험했다. 물속에서 익사하기 직전까지 이르렀다 구조받기도 했으며, 잠을 자다가 연탄 가스의 중독으로 사경을 헤맨 적도 있었다. 게다가 교통 사고와 여러 위험을 모면한 적도 있었다.

또한 외롭고 고독한 선교지에서 극심한 고난과 육신적 정신적 고통을 수없이 겪었다. 또한 점점 몸이 마비되어 가거나 심장마비를 일으킨 적도 있었다. 이 과정을 통해 나는 점점 더 강해졌고, 강해져야만 했다.

나는 마른 막대기에 불과한 것을 알았고, 인생이 오늘 피었다 지는 들풀과 같음을 보았다. 그럴수록 내게 하나님은 한없이 커져만 갔다. 그리고 하나님의 사랑과 긍휼이 없이는 오늘 내가 존재할 수 없음을 알았다. 이런 생의 과정들을 통해 온전히 하나님만을 의지하는 법을 훈련할 수 있게 되었다.

'우리가 아시아에서 당한 환난을 너희가 모르기를 원하지 아니하노니, 힘에 겹도록 심한 고난을 당하여 살 소망까지 끊어지고, 우리는 우리 자신이 사형 선고를 받은 줄 알았으니 이는 우리로 자기를 의뢰하지 말고 오직 죽은 자를 다시 살리시는 하나님만 의지하게 하심이라(고후 1:8-9).'

그동안 선교 사역을 해 나가는데 어려운 난관에 처할 때마다 하나님의 천사와 같이 여러 차례 도움의 손길로 보내주셨던 귀한 Y집사님께 감사한다. 그분은 친 누님과 같이 소중한 분이며, 주님의 사랑 안에서 우리 가정에게 가장 큰 힘이 되었던 믿음의 동지라고 할 수 있다.

1990년 여름, 나는 한 선교대회에서 같은 조원으로 그분을 만났다. 우리는 대회가 끝난 후에도 정기적인 모임을 가지면서 좋은 기도의 동역자들이 되었다. 그분은 주 안에서 내가 선교에 헌신한 것을 소중하게 생각하고 늘 격려하며 기도해 주었다.

당시 그분은 직장생활을 하고 있었는데, 내가 신학원에 입학할 때에도 나의 형편을 알고 입학금을 내 주었다. 또한 내가 결혼한 후 가난한 전도사로 살아가면서 셋방살이에 힘들어하고 있을 때에도 선뜻 전세금을 빌려 주어 신학 수업과 목회 사역을 잘할 수 있도록 큰 도움을 주었다.

게다가 그로부터 수년이 지난 후 내가 선교지에서 사역을 시작하고 있을 때, 선교비가 부족하여 많은 어려움이 있다는 소식을 듣고 퇴직금의 일부를 급히 보내와 사역의 중요한 기초를 놓을 수 있었다.

사실 그녀 자신은 넉넉한 형편이 아니었다. 언제나 자신의 병든 어머니를 돌봐야 했고, 동생들이 대학공부를 마치고 사회생활을 하기까지 뒷바라지를 해야만 했다.

그런데 은혜와 긍휼이 풍성하신 하나님은 그녀에게 복을 주셔서 이 모든 일을 믿음과 인내로 잘 감당할 수 있도록 도우셨다. 또한 그녀는 늦은 나이에 사고로 아내를 잃은 사별한 집사님과 결혼하여 온갖 환난과 어려움을 이겨내고 두 자녀를 신앙 안에서 훌륭하게 양육하였다.

지금도 Y집사님은 남편과 함께 작은 대리점을 운영하면서 어려운 형편 속에서도 지속적으로 세계 각지에서 어렵게 사역하고 있는 여성 선교사들을 위해 기도하며 헌신적으로 돕고 있다.

하나님은 한 죄인을 위해 자신의 생명을 내어주실 정도를 우리를 사랑하실 뿐만 아니라 그의 신기한 능력으로 우리를 먹이시고 도우시며 인도하시는 분이시다.

그분은 기가 막힐 웅덩이와 깊은 수렁에서 나를 건지신 것처럼 지금도 내 모습 그대로를 받아주신다. 또한 우리를 향해 다가오는 온갖 죄의 유혹과 고난의 두려움 속에서도 이것들보다 크고 변함이 없으신 하나님의 놀라운 사랑이 우리를 지키고 있다.

D. 적용하기

1. 선교의 근원은 어디에 있는가?

2. 선교사가 가져야 할 믿음은 무엇인가?

3. 오늘날 선교지에서 일어나는 전 세계적이고 일반적인 신앙적 도전들
   에 대해 말해 보시오.

4. 자신이 현장 사역을 실행하면서 선교지에서 경험한 믿음의 시련이나
   영적 도전들에 대하여 실제적인 사례를 들어 말해 보시오.

5. 자신의 생애를 돌아보면서, 하나님께서 자신을 좋은 선교사로 세우시
   기 위해 어떤 시련과 연단의 과정을 허락하셨는지를 말해 보시오.

*** 오늘 나에게 가장 큰 감사는 나를 그리스도 예수 안에서 구원하시는
    하나님이 내게 생명 호흡을 주셔서 내가 아직 살아 있다는 것과 지
    금도 그를 기뻐하며 찬양할 수 있다는 사실이다.

02

복음 중심 : 선교의 내용

@ 말씀 : 누가복음 2장 14절

지극히 높은 곳에서는 하나님께 영광이요 땅에서는 하나님이 기뻐하신 사람들 중에 평화로다 하니라.

- -

1. 선교와 복음 : 복음은 기쁨과 승리의 소식
2. 선교와 세상 : 유일하고 참 소망이신 예수 그리스도

- -

A. 이해하기

선교의 핵심은 복음을 선포하는 것이다. 복음은 죄인들을 대신하여 십자가에 죽으심으로 죄악을 속량하시고 사망 권세를 이기시고 부활하신

예수 그리스도에 대한 '승리의 소식'이요 또한 그를 믿고 의지하는 자들을 사망과 심판에서 구원하는 '기쁜 소식'이다.

사도 바울은 '이 복음은 모든 믿는 자에게 구원을 주시는 하나님의 능력이 됨이라(롬 1:16)'고 선언하고 있으며, 이 복음의 대상은 유대인에게나 헬라인이나 야만인이든지 모든 민족에게 결코 차별이 없음을 말하고 있다.

오늘날 이 세상의 모든 문제의 근원은 죄이다. 이 죄는 인간과 하나님의 생명의 관계를 끊어지게 하였으며, 그로 말미암아 인간은 하나님의 은혜와 축복에서도 멀어지고, 하나님이 주신 거룩한 형상을 잃어버리게 되었다.

인류가 이 땅 위에서 경험하는 모든 문제와 고통과 불행은 바로 죄에서 비롯된 것이다. 이 죄의 심각성은 그것이 만물의 창조주시오 생명의 주되신 하나님과 관계된 것이요 동시에 생명의 문제라는 데 있다.

하나님 외에는 인간의 죄를 용서하고 해결할 분이 없다. 이는 결코 우리 자신의 노력과 조건으로 회복할 수 없는 것이다. 그러므로 모든 인간에게는 복음이 필요하다.

복음은 사랑의 하나님이 친히 예비하신 구원의 길이며, 죄 사함과 영생을 얻는 유일한 통로이다. 그분이 바로 예수 그리스도이시다.

구주 예수 그리스도 외에 다른 복음은 없다. '천하 사람 중에 구원을 받을 만한 다른 이름을 우리에게 주신 일이 없음이라(행 4:12).'

사도 바울은 목회자들의 사명이 바로 참된 복음과 순전한 진리를 전파하고 가르치는 것이며, 이를 위해 다른 복음을 전파하는 거짓 선지자들을 대적하라고 권면한다.

선교는 복음을 전파하는 일이다. 이 복음은 종말적으로 심판을 앞둔 죄악이 관영한 이 세상에 던질 참된 위로이며, 영원한 소망이다.

선교사는 이 구원의 기쁜 소식을 만민에게 전달하는 하나님의 우체부
요, 그리스도가 사망 권세를 이기신 승리의 소식을 온 천하에 널리 전파
하는 나팔과 같다.

'그런즉 그들이 믿지 아니하는 이를 어찌 부르리요, 듣지도 못한 이를
어찌 믿으리요, 전파하는 자가 없이 어찌 들으리요. 보내심을 받지 아니
하였으면 어찌 전파하리요. 기록된 바 아름답도다 좋은 소식을 전하는 자
들의 발이여 함과 같으니라(롬 10:14-15).'

B. 선교 현장

현대 중국인들은 지나칠 정도로 '복(福)'이라는 글자를 좋아한다. 그
런데 중국인들이 바라는 복은 성경이 말하는 참된 복이 아니라 지극히 세
속적이고 인간적인 복을 말한다.

실상 그들이 바라는 복이란 국가적으로는 '국태민안(國泰民安)', 즉
천하가 전쟁과 변란이나 기근이 없이 태평하고 민심이 평안한 상태를 말
하고, 개인적으로는 만사가 순조롭고 보다 물질적으로 부족함이 없는 상
태를 말한다.

새해가 되면 중국인들은 전통적으로 '복(福)'이라는 글자를 문에 거꾸
로 붙여 놓는데, 이는 '복이 들어오라'고 비는 마음을 표현한 것이다. 또
한 새해의 인사말도 '꽁시파차이(부자되세요, 恭喜发财)'라고 말하며, 대
부분 '복'이라는 글자를 일 년 내내 그대로 문 앞에 붙여 놓는다.

중국인들의 현세적이고 실리적인 가치관과 지나친 세상적인 복에 대
한 관심은 중국 선교와 중국 교회 성도들의 신앙 생활과 성장에 큰 걸림
돌이 되기도 한다. 이는 복음을 쉽게 세상적이고 물질적인 복과 관련시키

고, 신앙과 성경이 다시 죄인들의 탐심을 만족시키고 합리화하는 또 하나
의 나쁜 수단으로 작용하고 있기도 하다. 그래서 어떤 교회 지도자들이나
일부 대학생들은 그들의 물질적 만족이나 세상적 출로를 찾고자 해외 선
교사를 만나거나 신학교에 입학하기도 한다.

오늘날 중국 교회 안에는 세속적이고 신비적인 축복만을 추구하는 많
은 신령주의 목자들과 신자들이 있다. 이는 해외나 한국에서 가만히 들어
온 거짓 선교사들과 거짓 목사들의 지대한 영향력을 간과할 수 없다.

말세를 사는 이 세대는 '세속 복음'을 좋아한다. 여기에는 진학 복음,
승진 복음, 출세 복음, 황금 복음, 기적 복음, 건강 복음, 명예 복음, 권
력 복음, 장수 복음 등이 있다.

현대의 목회자들과 교회에서 전파하고 가르치는 복이 다만 세상의 육
신의 정욕과 안목의 정욕과 이생의 자랑들을 얻고 추구하기 위한 것이라
면, 그 지도자는 바로 거짓 선지자요 그 교회는 거짓 교회이다.

오늘날 선교 현장에서도 복음 없는 선교 사업들이 만연해있다. 실제
로 선교라는 명목으로 많은 일들이 실행되고, 엄청난 헌금이 사용되고 있
지만 복음을 전파하지 않는다.

우리는 스스로를 돌아보아 복음 없이 진행되는 모든 사업을 철회해야
할 것이며, 복음을 전파하지 않는 선교사는 바른 선교사가 아님을 명심해
야 할 것이다.

하나님은 오직 그분의 은혜로 예수 그리스도를 믿음만으로 얻는 구원
을 허락하셨다. 실로 이 그리스도의 십자가 복음 외에 결코 다른 복음은
없다.

성경이 말하는 참된 복은 그저 인생이 바라는 육신적으로 평안하거나
물질적으로 풍요로운 것을 말하는 것이 아니다.

이 참된 복은 생명의 창조주이시며 참된 복의 근원이신 하나님께로

나오는 것이며, 피조물인 인간의 생명과 영원한 세계와 관계된 본질적인
것이다.

우리가 전하는 복음은 일생 동안 죄와 사망의 종노릇하는 인생들을
구원하는 기쁜 소식이요, 택한 백성들에게 영생을 주사 천국으로 인도하
는 생명의 능력이다.

* 현장1 - 두 형제 이야기

2000년 봄에 한 형제 전도자들에게 있었던 아름다운 일이다. 지금
이 형제들은 B지역에서 목양을 가장 잘 하고 있는 정말 전형적인 목회자
다.

S지역 출신인 이 형제들은 어려서 일찍 어머니를 잃고 홀아버지 밑에
서 자랐다. 비록 많은 교육은 받지 못하고 자랐지만, 삼 대째 기독교인의
가정에서 자란 연유로 비교적 건강한 청년들로 성장하였다.

당시 두 형제들의 아버지 역시 S성에 있는 가정 교회의 지도자였으
며, 자신의 집을 교회로 내놓아 열심히 목회하고 있었다. 그러던 중 두
아들은 고향을 떠나 도시로 나와 각기 일자리를 찾게 되었다. 형은 군대
에 입대하여 군인으로서 안정된 생활을 갖게 되었고, 동생은 운전 기술을
배워 한 회사의 사장의 차를 운전하게 되었다.

본래 동생은 목회자인 아버지의 전도로 말미암아 일찍이 예수를 믿어
신자가 되었지만, 형은 어려서부터 받은 무신론 철학과 진화론 그리고 가
난한 생활에 대한 불만으로 인해 도저히 신앙이 생기질 않았다.

그런데 감사한 것은 동생이 도시에서 알게 된 그 직장의 사장이 기독
교이었다는 사실이다. 그로 인해, 동생은 비록 낯선 도시 생활이었지만

교회에 출석하며 믿음으로 어려운 시기를 극복하며 나아갔다. 그리고 군 복무에 열중이었던 형에게도 기회가 찾아왔다. 본래 전통 악기 연주에 취미가 많고 늘 낙천적이었던 그에게 뜻밖의 병이 생긴 것이다.

어느 날 아침, 그 형은 상복부가 심하게 아파오면서 혼절하여 군인병원 응급실에 입원하게 되었다. 그 후 의사의 진단결과 급성 심장병으로 밝혀졌고, 병원에 입원하여 몇 달을 지내게 되었다.

그리고 형은 그곳에서 인생의 전환점을 갖게 되었는데, 병문안을 온 부친과 동생의 기도와 간절한 전도로 병실에서 예수를 자신의 구주로 영접하게 되었던 것이다.

그 후 군에서 제대한 형은 이제 상이군경의 신분으로 지내면서 그동안 모아 둔 돈으로 작은 사업을 시작하게 되었다. 그래서 도매시장에서 물건을 가져다가 노점상을 해 보기도 하고, 가게를 임대하여 작은 분식점을 경영하기도 해보았다.

하지만 그는 무슨 일을 시작하든지 사업과 삶의 형편이 나아지지를 않고 점점 어려워져만 갔다. 그러면서 점차 그의 가슴에는 자신을 향한 하나님의 뜻을 더 잘 알고자 하는 열심과 함께 복음 전도를 향한 소명이 싹트고 있었다.

그런 상황에서 이 두 형제는 명절을 맞아 S성의 고향을 찾아가 연로하신 아버지를 뵙게 되었다. 그 다음날 명절이 되어 목회자인 아버지는 가정 예배를 통해 학개서 1장의 말씀을 가지고 두 아들을 권면하였다.

'이제 만군의 여호와가 이같이 말하노니 너희는 너희의 행위를 살필지니라. 너희가 많이 뿌릴지라도 수확이 적으며, 먹을지라도 배부르지 못하며 … 내 집은 황폐하였으되, 너희는 각각 자기의 집을 짓기 위하여 빨랐음이니라(학 1:5-9).'

그때 성령께서는 이 말씀을 듣고 있던 두 아들에게 놀랍게 역사하셨다. 이 두 형제의 마음에는 지난 몇 해 동안 객지에서 수고한 일들과 고생한 순간들이 주마등처럼 스쳐지나가고, 소득도 열매도 없었던 비참한 삶을 철저히 후회하고 있었다.

또한 주님의 부르심에 불순종하고 있던 자신들의 모습을 돌이켜보면서 마음에 큰 회개와 뜨거운 눈물이 흘러내렸다. 이윽고 온 가족의 대성통곡이 시작되었다.

그 날, 두 형제는 아버지 앞에서 평생을 복음 전도자로 살기로 헌신하였다. 그러던 중 이들은 모두 우리가 세운 신학교의 입학하여 공부하면서 전임으로 복음 사역에 헌신하게 되었다.

얼마 후 두 형제들은 그들이 살던 집을 다른 곳으로 이사를 하였는데, 그들은 이 지역에서 새로이 삶의 터전을 마련하는 동시에 교회를 개척하여 목회를 시작하고자 기도하였다.

당시 그들이 새로이 임대한 집의 여주인은 대도시에서 어느 정도의 학식과 여러 채의 집을 가진 부유한 사람이었는데, 예수 그리스도를 알지 못하는 불신자였다.

한편 동생은 집을 계약하면서 하나님의 은혜를 구하며 솔직하게 그 여주인에게 자신이 기독교인이며, 이 집에서 교회를 개척하여 예배를 드릴 것이라고 먼저 알렸다. 왜냐하면 만일 그들이 세운 가정 교회가 불법 집회임으로 발각된다면 주인에게도 불이익이 돌아갈 것이고, 이 사실을 미리 주인이 알게 된다면 결코 집을 임대해 주지 않을 것이기 때문이었다.

그런데 참으로 놀라운 일이 일어났다. 이미 하나님이 그 주인의 심령을 예비해 놓으신 것이었다. 도리어 그 여주인은 그들이 믿는 기독교가 무엇인지 그리고 예수 그리스도가 누구신지를 물었다.

그래서 동생은 하나님께서 그 주인에게 은혜 주심을 믿고, 그녀에게 순전하게 복음을 전했다. 그리고 그날 바로 그 여주인은 성령의 역사하심으로 예수를 생의 구주로 영접하고 신자가 되었다.

참으로 놀랍고도 더욱 감사한 것은 여주인이 이 교회의 첫 번째 신자가 된 일이다. 몇 년 후에 이 자매는 신앙 생활과 성경 공부를 통해 더욱 믿음이 자라서 영혼에 대한 뜨거운 사랑을 가지게 되었으며 복음을 위해 열심히 헌신하게 되었다.

그래서 복음 전도자가 된 M자매는 믿음이 자라면서 자신의 집뿐만 아니라 자기가 소유하고 있던 다른 여러 채의 집들도 기꺼이 예배의 처소와 전도자들을 기르는 성경학교로 사용할 수 있도록 내놓았다.

지금 두 형제는 신학교를 졸업하여 모두 목사가 되었으며, 비록 많은 시련과 연단이 있지만 각자의 목회 현장에서 복음 전파에 헌신함으로 하나님의 교회를 든든히 세워나가고 있다.

* 현장 2 - 인생의 해답

2006년 여름에 가정 교회를 섬기고 있던 M형제가 나에게 상담을 요청했다. 당시 그가 섬기는 교회는 모든 성도가 합심하여 열심히 말씀을 배우고 나아가 전도함으로 큰 부흥을 이루고 있었다.

그런데 M형제가 갑자기 나를 찾아 온 이유를 말했다.

"최근에 제가 섬기는 교회에 명문대학의 박사생들과 중소기업의 사장과 같은 소위 대단한 사람들이 출석하게 되었습니다. 그런데 저는 대학도 졸업하지 않았고 사회적으로 문화 소양이 떨어져 저들을 어떻게 지도하고 가르칠 수 있을지 걱정이 됩니다."

그래서 나는 그 형제에게 반문했다.

"그럼 자네는 어떻게 할 생각인가?"

"다음 주부터 시내의 대형서점이나 도서관에서 그들의 전공이나 사업과 관련된 서적을 사서 읽고 그들과 만나서 여러 가지 대화를 나눌 생각입니다."

나는 M형제에게 다시 물었다.

"자네가 역사나 철학 혹은 과학에 대한 책을 사서 몇 권 읽는다고 해서, 그 분야 최고의 전문가인 그들을 상대하고 잘 설득할 수 있을 것이라고 생각하는가?"

이러서 다음과 같은 몇 가지 권면을 말을 했다.

"먼저 그가 그들과 만나 대화할 때, 아무런 말없이 그들의 이야기와 고민거리를 잘 들어주게. 왜냐하면 세상에서 성공한 그들이 교회에 찾아온 것은 세상에서는 인생에 대한 참된 해답을 얻지 못했기 때문이네. 그래서 그들은 혹시 기독교인들이 모이는 교회에는 그 해답이 있을까 해서 찾아온 것이네. 그러므로 그들의 이야기를 온유한 마음으로 잘 듣고 나서 다음과 같이 말해 주게. '당신의 말씀을 듣고 보니, 당신은 정말 예수가 필요한 분이군요. 당신은 꼭 예수를 믿어야 할 사람이군요.'"

이 말을 들은 M형제는 자신의 직분과 사명이 얼마나 소중한 일인지를 다시 자각한 동시에 내심으로 큰 기쁨과 자유함을 안고 돌아갔다.

실로 주님의 몸 된 교회는 죄악 된 세상을 살아가는 인생들을 구원하는 방주와 같다. 아담 이후로 죄 아래 태어난 모든 인류는 하나님을 아는 지식을 잃어버리고 방황하는 영적 소경이요 죽음의 두려움을 안고 최후의 심판을 기다리며 살아가는 절망적인 죄인들이다.

종말로 우리 신자들과 모든 교회는 삶 속에서 매일 만나는 죄인들에게 생명의 복음을 전파하여, 그들로 구원의 길이요 참 진리이며 성명이신 그리스도를 믿고 영생을 얻도록 힘써야 한다.

이 세상에서 성공한 자들이나 혹은 절망에 처한 사람들이 교회를 찾아오거나 목회자들을 만나고자 함은 또 다른 세상 이야기나 고등학문과 철학에 대한 이야기나 토론을 하러 온 것이 아니다. 그들은 목회자와 교회를 통하여 그리고 성경에서 인생의 참된 해답을 얻고 싶은 것이다.

복음만이 소망이다. 오늘도 그 길을 묻고 있는 자들에게 전할 참 소망은 바로 예수 그리스도이시다. 우리는 어디서 어떤 사람을 만나도 그들에게 '예수만이 당신의 유일한 해답이다'라고 확신 있게 전할 수 있어야 할 것이다.

C. 돌아보기

1982년에 나는 이미 세례를 받아 명목상의 그리스도인이 되었지만, 1984년에 이르러서야 서울의 S교회에 속한 청년모임에서 예수 그리스도를 인격적으로 만나고, 주님을 나의 구주와 하나님으로 바로 고백하게 되었다.

당시 그 집회에서 목사님은 '그리스도의 십자가와 첫 사랑의 회복(계 2:5)'에 대해 설교를 하고 계셨다. 나는 그 날의 메시지를 듣는 가운데 나의 진실한 심령과 내 입으로 예수를 나의 주, 나의 하나님으로 고백하게 되었다.

그 날은 신앙의 새로운 전환기가 되었다. 나는 말씀을 들으면서 주님이 피 흘리신 십자가가 나와 같은 죄인들을 위한 대속의 죽음이셨다는 사실을 깨닫게 되었다.

성령께서는 나의 영혼에 강하게 말씀하셨다. '주님의 십자가는 내가 마땅히 져야만 할 나의 십자가요, 주님의 피는 바로 내가 죽어서 흘려야만 할 나의 피'라고 말이다.

이전에 나는 세례도 받았고 그동안 비교적 독실한 그리스도인으로 살아왔다고 생각하고 있었지만, 당시에 나는 마치 갈 길을 잃어버리고, 딴 길로 가는 불쌍한 어린양과 같았다. 이제 어디로 가야 할지를, 그리고 어떻게 가야 할지를 모르는 연약한 양이었으며, 삶의 문제와 죄로 인해 고통스런 상황이었다.

우리 주님은 우리가 아직 죄인 되었을 때에 우리를 위해 십자가를 지셨다. 실로 내가 해결할 수 없는 인생의 절망적인 환경들과 삶의 모든 문제와 고통들을 그분이 친히 담당하셨다. 하나님의 나를 향하신 크신 사랑이 십자가에서 나타나고 확증된 것이다.

성령의 큰 감동으로 내 영혼의 깊은 곳에서부터 주체할 수 없는 회개의 눈물이 흘러나왔으며, 주를 향한 사랑의 고백과 감사가 저절로 나왔다. 세상 속에서 방황하던 나의 삶들과 절망적인 환경에서 신음하던 나의 모든 고통과 죄악이 주님 지신 십자가에서 씻겨 나아갔으며, 일평생 전심으로 주와 주님의 십자가의 증인으로 살겠다고 기도하였다.

그리하여 예수의 보혈로 구원을 얻었다는 확신과 함께 나도 생명을 다해 주를 사랑하고, 죽어가는 영혼들을 위해 살기로 결단하였다.

오늘날 세계에는 아직도 이 기쁜 소식을 듣지 못한 많은 영혼들이 있다. 이 종말의 때에 우리는 힘을 다하여 복음을 전파해야 한다.

성령께서는 천국 복음을 전파하도록 부름 받은 우리와 함께 하시며, 또한 한없는 지혜와 권능을 부어주신다. 성령이 불같이 강림하심은 죄인들을 구원하기 위함이며, 또한 우리가 이 일에 증인들이 되게 하려 하심이다.

우리가 복음을 전파할 때, 성령께서 그 말씀에 역사하심으로 죄인들 안에서 죄의 사슬이 끊어지고 죽음권세가 사라진다. 그리고 그 심령에 영생과 참된 자유와 소망이 이루어진다.

'너희는 그의 나라를 구하라. 그리하면 이런 것들을 너희에게 더하시리라. 적은 무리여 무서워 말라. 너희 아버지께서 그 나라를 너희에게 주시기를 기뻐하시느니라(눅 12:32).'

D. 적용하기

1. 복음은 무엇인가?

2. 세상의 소망은 어디에 있는가?

3. 자신이 사역하는 사역지의 현지인들이나 현지 교회의 신자들이 갖고 있는 복음에 대한 이해는 어떠한지를 말해 보시오.

4. 오늘날 자신이 선교지에서 사역하면서 복음 전파나 사역 중에 임했던 큰 감동과 그로 인해 얻은 귀한 열매들이 있다면 말해 보시오.

5. 선교사로서의 삶을 돌아보면서, 자신의 삶과 사역에 있어서 복음이란 무엇을 의미하는 지를 말해 보시오.

*** 우리는 복음의 일꾼이요 그리스도의 정병이다. 이 복음 전쟁은 우리
가 싸워 이기는 전쟁이 아니다. 그리스도가 이미 승리한 전쟁에서
아직도 그를 알지 못한 자들에게 승리의 기쁜 소식을 전하여 그들을
자유롭게 하는 일이다.

03

성경 중심 : 선교의 실제

@ 말씀 : 디모데후서 3장 16-17절

모든 성경은 하나님의 감동으로 된 것으로 교훈과 책망과 바르게 함과 의로 교육하기에 유익하니 이는 하나님의 사람으로 온전하게 하며 모든 선한 일을 행할 능력을 갖추게 하려 함이라.

---

1. 선교와 성경 : 하나님의 자기 계시 / 신앙과 삶의 유일한 표준
2. 선교와 진리 : 진리를 먹고 사는 일꾼 / 진리에 충성하는 일꾼

A. 이해하기

기독교의 정통 신학은 모든 신학적 활동에서 성경의 권위를 높이 인

정한다. 성경은 정확무오한 절대 진리이며, 신앙과 삶의 유일한 표준이다. 따라서 인간의 사상과 학문 그리고 모든 종교적 체험들도 이 기준에 따라서 판단을 받아야 한다.

선교학의 근거도 오직 신구약 성경 말씀이다. 그러므로 이 말씀에 조화되는 전통적인 신앙 고백들이 곧 바른 선교의 기초가 되며, 현장 선교도 인간의 필요가 아닌 하나님의 계획과 뜻을 이루는 것을 지향한다.

삼위일체 하나님은 성경을 통해 자신을 직접 계시하셨다. 또한 성령은 성경을 통해 우리로 구주이신 그리스도를 믿어 구원받게 하시고, 또한 창조주 하나님에 대한 참된 지식을 갖도록 인도하신다.

우리는 오직 성경을 통해 구원에 이르는 참된 지혜를 얻을 수 있다(딤후 3:16-17). 인류에게 성경이 필요한 이유는 그리스도를 만남으로 구원을 얻고, 그를 통해 하나님을 바로 알고 믿음으로 참된 인생을 살기 위함이다.

예수 그리스도는 제자들에게 '사람이 떡으로만 살 것이 아니요 하나님의 입으로부터 나오는 모든 말씀으로 살 것이라(마 4:4)'고 말씀하셨다. 그러므로 모든 신자는 이 세상에서 육신을 위해 사는 자가 아니라 하나님의 말씀으로 먹고 사는 자요 그리스도를 닮고 배우며 따르는 천국의 제자로 살아가야 한다.

바울은 그의 서신들 속에서 목회자들에게 성경과 그가 가르치고 전수한 순전한 도리에 착념할 것을 강조하며, 이 참된 교리로 온갖 이단과 헛된 사상으로부터 주님의 교회와 양떼를 보호하라고 부탁하고 있다.

특히 에베소교회의 장로들을 향한 고별 설교에서는, '지금 내가 여러분을 주와 및 그 은혜의 말씀께 부탁하노니 그 말씀이 여러분을 능히 든든히 세우사 거룩하게 하심을 입은 모든 자 가운데 기업이 있게 하시리라(행 20:32)'라고 말하였다.

오늘날에는 성경의 절대적인 권위를 부정하는 그릇된 신학과 신앙 운동이 만연되어 있다. 그래서 현대 기독교 안에는 이성에 기초하여 성경을 연구하며 인간의 실존 문제와 이 세상에서의 구원과 화평을 추구하는 자유주의 신학 운동이 전개되고 있다.

또한 다른 한편에서는 방언과 치유의 은사 및 직접 계시나 거짓 예언 등을 강조함으로 신자들을 미혹하고 교회를 파괴하고 있는 현세적이고 세속적인 신령주의 운동이 더 크게 확산되어 가고 있다.

한편 현대사를 지나면서 보수적인 교회들이 처음에는 이러한 그릇된 신앙 운동에 대처하기 위해 근본주의 운동으로 나아갔지만, 후에는 세계 복음화와 교회 성장이라는 명분아래서 소위 복음주의적인 교회로 변질되어 왔다. 그래서 복음주의 교회들은 기독교라는 이름과 복음화라는 목적을 위해서는 어떠한 교회나 단체와도 교류하고 연합할 수 있다는 타협의 길을 걸어왔던 것이 사실이다. 그러다 보니 많은 복음주의 교회들이 점점 세속화되고 자신의 신학이나 교리적 정체성까지 잃어버리는 심각한 상황에 이르게 되었다.

개혁주의 교회에 있어서 가장 중요한 것은 성경 말씀을 기초로 한 신앙 고백이다. 그러므로 선교 사역에 있어서도 종교적 열정이나 결심 혹은 선교 과업의 성취보다 견고한 신앙 고백의 틀 위에서 선교가 실행되어야 한다. 따라서 선교는 복음을 전파하여 죄인을 구원하는 일에서 시작하여 하나님의 택한바 된 그 백성들에게 성경에 기초한 바른 신앙 고백을 전수하는 참된 교회를 세우는 것을 목표로 나아가야 할 것이다.

성경만이 신앙과 삶의 절대 표준이며 교회의 참된 기둥과 터이다. 이 시대의 교회는 하나님의 계시의 말씀인 성경에 근거하고 사도들과 역사적인 교회들이 가르치고 전수한 참된 교리와 신조들을 가르치고 배움으로 본래의 위치와 사명을 회복해야 한다.

이 시대의 기독교인들은 성경에 기초한 바른 진리에 기초하여 우리의 믿는 바와 마땅히 행하여야 할 바를 바로 알고, 믿으며, 행하는 일에 하나가 되어야 한다.

또한 선교사들은 자신의 신앙 고백과 거룩한 삶의 증거들을 통하여 성경적인 바른 교회를 세우고 하나님 나라를 확장하여 하나님께 영광을 돌리도록 힘써야 할 것이다.

지금은 실로 모든 교회가 세속화로 달려가던 길을 멈추고 전심으로 하나님의 말씀으로 돌아가 본래 하나님이 직접 계시하시고 예비하신 구원의 길인 옛 길(古道), 곧 선한 길(善道)로 걸어가야 할 때이다.

하나님은 종말의 시대를 사는 죄악 된 인류와 세속화된 교회들을 향하여 사망의 길에서 떠나 생명 길로 돌아올 것을 촉구하고 계신다.

'여호와께서 이와 같이 말씀하시되 너희는 길에 서서 보며, 옛적 길 곧 선한 길이 어디인지 알아보고 그리로 가라. 너희 심령이 평강을 얻으리라(렘 6:16)'

B. 선교 현장

중국 교회 안에는 진리에 기초한 바른 선교 사역과 중국 교회의 건강한 성장을 방애하는 거짓 전도자들과 많은 이단 사상들이 침투해 있다.

19세기의 중국 교회는 서양 선교사들이 전한 복음과 순교의 터 위에 신앙의 기초를 놓았다. 비록 신앙과 신학 교육이 열악한 상황이었지만, 예수 그리스도를 삶으로 전파하는 순수한 신앙과 희생 정신이 교회의 기둥과 뿌리가 되었다.

하지만 20세기 초반의 격변기를 지나면서 성경과 참된 진리로부터 벗어나 점차 거짓된 이단 사장과 세속적인 신비주의 운동의 영향을 받아 그릇된 길로 들어가게 되었다.

1950년대 이후 약 30여 년 동안 중국 공산당의 통치하에 중국 교회는 교회의 파괴와 신앙의 핍박기를 겪으면서 순교 정신으로 순수한 믿음을 파수하고자 힘썼다.

그러나 본래 자유주의 신학의 토대 위에 세워진 삼자교회는 사회주의 건설이라는 목표를 이루기 위한 시녀로 전락하게 되었으며, 엄청난 핍박을 받아 농촌과 지하로 흩어진 가정 교회는 바른 신앙 교육이 끊어짐으로 무지와 절망의 늪을 헤쳐가야만 했다.

그 후 1980년에 이르러 개혁 개방의 시대가 도래하자, 다시금 해외 선교사가 중국 교회에 들어와 그들에게 복음을 전파하고 진리를 가르치게 되었다.

그러나 불행하게도 성경과 참된 진리의 갈씀으로 뿌리를 내리기도 전에 먼저 가난한 중국 교회의 틈을 타서 세속주의와 신령주의 운동이 일어났으며, 많은 이단들이 들어와 중국 교회의 영적인 토양을 황폐화시키게 되었다.

그래서 중국 교회에는 불건전한 신비주의 운동과 함께 많은 이단들이 활개를 치고 있으며, 또한 일부 연약한 교희 지도자들은 돈으로 접근해 오는 세속화된 선교사나 거짓 목자들의 유혹을 받아 종교 사업가로 변질되기도 했다.

일전에 중국 교회사를 연구하면서 중국 가정 교회의 몇몇 살아 계신 믿음의 선배들을 개별적으로 탐방하며 그분들을 통해 큰 은혜를 받은 적이 있다. 이분들은 나이가 80여 세가 훨씬 넘는 분들로 중국의 공산화 이후 문화 대혁명 시기에 걸쳐서 20여 년 이상 복음 전파와 신앙 파수를 위해 온갖 핍박과 감옥 생활을 이기고 나온 신앙의 산 증인들이다.

그런데 이분들이 중국 선교를 하는 해외 교회와 선교사들에게 공통적으로 부탁한 것은 심각한 물질적 세속화와 온갖 이단에 찌든 교회 지도자들과 성도들에게 성경을 바로 가르쳐 달라는 것과 앞으로 중국 교회를 바로 세울 수 있도록 참 진리를 전수할 좋은 선교사들을 파송해 달라는 것이었다.

오늘날 중국 선교에 있어서 현장 선교사들의 역할과 책임이 크다. 실로 중국 교회의 지도자들에게 성경에 근거한 바른 신학과 순전한 진리를 전수하여야 한다. 그래서 이들이 성경적인 바른 진리의 터 위에 참된 교회를 세워나가도록 섬겨야 한다.

사도 바울은 우리에게 '내가 이를 때까지 읽는 것과 권하는 것과 가르치는 것에 전념하라(딤전 4:13),' '너는 배우고 확신한 일에 거하라'고 권면한다.

* 현장1 - 숲속의 벌레들

21세기의 선교 현장은 영적 전쟁이 치열하다. 중국은 그야말로 세계의 영적 전쟁터다. 그것은 현지 교회와 성도들의 신앙을 혼란시키는 이단 종파들 때문이다.

현재 선교지에는 많은 이단들이 활동하고 있다. 이단들은 국내 이단과 한국 이단 및 해외 이단 등으로 분류할 수 있다. 이단들은 조직적이고 전략적으로 현지 교회 안에 들어와 포교 활동을 전개하면서 현지 교회를 와해시키고 있다.

2003년 봄, 나는 문서 사역에 필요한 일꾼을 구하다가 구원파에 속한 동포와 현지인을 만난 적이 있다. 그들은 박옥수를 비롯한 구원파의 전도자와 장로들이 수시로 와서 집회를 하고 간다고 했다. 또한 구원파 소속의 한인 교회와 동포 모임 그리고 현지인 모임도 이미 시작되었다고 했다.

이들은 대도시의 힌인 밀집 지역을 중심으로 '기쁨의 교회'라는 이름으로 한인 교회를 설립하였고, '기쁜소식선교회'란 이름으로 영향력을 확대하려고 힘쓰고 있다. 특히 이들과의 만남을 통해 안 사실은 한국의 구원파가 선교를 위해 주재원이나 사업가들을 조직적이고 전략적으로 이용해 현지의 대학생이나 실업자들을 취직시키는 방법으로 사역을 확대해 나가고 있다는 것이다.

2004년에는 소위 '마귀론'을 주장하는 성락교회의 베뢰아 계열에 속한 교회들의 활동이 활발하게 전개되었다. 이들은 선교지에 그들 사역자들을 파견하여 가난한 가정 교회의 지도자들에게 일정한 물질을 제공하는 대가로 그들에게 안수하여, 여러 교회들과 지도자들을 자신들의 조직 아래 접수하는 방법으로 자신들의 세력을 확장하고 있다.

2005년에는 이재록이 주도하는 만민중앙교회라는 이단집단이 B지역에 신학교를 연다는 소문이 파다하였다. 그런데 그 신학교는 이 지역의 지도자들에게 큰 미혹거리가 되었다. 왜냐하면 가정 교회의 지도자들 대부분이 생활고와 열악한 사역 환경으로 고민하고 있었기 때문이었다.

그 신학교의 특징은 신학교에 입학한 학생들에게 그들의 생활비와 임대료를 제공해 준다는 것이었다. 그래서 벌써 40여 명이나 되는 학생들이 입학하기로 등록하였다고 했다. 그때 우리 신학교를 졸업한 X자매가 나에게 전화를 걸어왔다. 그 내용인즉 그녀가 잘 아는 Z형제와 여러 가정 교회의 지도자들이 그 단체의 정체와 그 신학교의 내막을 모르고 등록하였다는 것이다.

나는 그녀와의 대화를 통해 그 단체가 만민중앙교회이며, 그 교주가 이재록이라는 사실을 알게 되었다. 그리고 그 단체와 관련된 교리상의 문제와 이단성을 정리하여 그녀에게 알려 주었으며, 그곳에 입학하려는 몇몇 지도자들을 불러 그들에게 그 신학교에 입학하지 않도록 권고하였다.

2006년에는 한 전도자가 내게 전화를 걸어 문의를 해 왔다. 어제 그 형제의 교회에 선교사들이 참여했는데, 그가 자신들을 소개하는 여러 책자들을 가져와서 협력할 것을 요청했다는 것이었다. 그런데 그 한국 선교사가 건네준 책자의 이름이 『남은 자들(REMNANT)』이라는 것이었다.

그래서 나는 그들이 류광수의 '다락방교회'에서 보낸 사람들인 것과 그 잡지의 이름에서 바로 다락방교회가 해외 선교를 위해 새로 세운 '남은 자들 선교회'임을 알고, 그 형제를 만나 그들이 한국 교회에서 이단 혹은 극단으로 지목한 신흥단체임을 알리고 경계하도록 지도하였다.

특히 현지 교회에 가장 영향력이 심한 것은 워치만 니(Watchman Nee)와 위트리스 리(Witness Lee)의 가르침에 기초를 두고 있는 지방 교회 이단이다. 이들은 전통적인 가정 교회의 사상과 체제에 매우 중요한 영향을 주었다. 이 교회는 영국의 이단들의 지원을 받은 워치만 니의 지도 아래 크게 성장하였다.

1950년대에 위트리스 리는 미국으로 건너가 지방교회의 사상을 더욱 공고화하였다. 소위 3분설에 근거한 극단적인 영해를 통하여 영적인 사람과 육의 사람의 대립, 이기는 자와 혼의 구원 사상을 주장하며, 일체의 전통적인 신학과 교리 그리고 역사적인 교회관을 부정한다.

지금도 이들은 전 세계적 조직을 가지고 현지 교회 안에 워치만 니와 위트리스 리의 가르침을 견고히 하고 세력을 확장하는 데 주력하고 있으며, 또한 매년 휴가 기간을 통하여 전도자들을 선교지에 직접 보내어 막대한 투자를 통한 대형 집회와 재정 지원을 통하여 대도시의 많은 가정 교회 지도자들을 미혹하고 있다.

오늘날 많은 가정 교회 지도자들이 이들이 배포한 설교집과 교재들을 무분별하게 수용하고 있는 현실은 참으로 안타깝다. 그 이유는 이들이 아직 성경에 근거한 바른 영적인 분별력이 없고, 말씀을 사모하며 전통적으로 신령한 것들을 추구하는 신앙적 성향에서 자랐기 때문이다.

또한 안식교는 이미 내부에 상당히 견고한 진을 구축했다. 오래 전부터 정부 기관 및 공인 교회와 협력하여 공식적인 포교 활동을 하고 있다. 그들은 세속적인 사업을 통해 현지 정부에 물질을 제공하는 대가로 선교 사업의 안전을 보장받았다. 또한 사업체를 통해 유능한 대학 졸업생들을 취직시키고 그들을 포교하는데 심혈을 기울이고 있다.

중국 교회 내의 신령주의 운동도 영향력을 발휘하고 있다. 아직도 성경과 진리에 근거한 신앙 생활과 가르침보다는 여전히 환상과 이적과 기사를 추구하는 모습이 강한 현실이다. 특히 해외에서 들어온 신령파 소속의 선교사들은 물질로 연약한 지도자와 성도들을 미혹하고 있다.

최근 활발하게 활동하고 있는 통일교와 여호와의 증인의 전도자는 공식적으로 우리 학생들의 교회에 찾아와 함께 협력하면 교회와 교역자의 가정에 물질적 지원해주겠다고 약속하며 유혹하기도 했었다.

한편 요즈음의 이단 운동을 보면서 한국 교회와 한국 선교사들을 성찰해 본다. 온갖 이단들은 이렇게 조직적이고 치밀한 전략을 가지고 열심으로 교회를 파괴하고 있는데, 우리는 그들에 비해 사역에 조직적이고 장기적인 선교 전략이 부재하다는 현실을 재고하지 않을 수 없었다.

21세기 선교는 성경적인 바른 신학 교육과 건강하고도 지속적인 교회 설립을 목표로 하고 있다. 이를 위해서는 복음의 숲을 황폐화시키고 갉아먹는 이단 종파들을 대적하는 데에도 곤심을 기울여야 한다.

향후 선교사들은 더욱 성경에 기초한 진리의 교육에 힘써야 할 것이며, 이단대책연구소를 설립하여 이단들의 사상과 실태를 연구하여 책자

를 만들어 보급함으로 현지 교회와 지도자들을 보호하는 일에도 앞장서
야 할 것이다.

* 현장2 - 진리와 세상

2004년 봄에 나는 주변의 사역자들과 대학촌에 있는 가정 교회를 방
문했다. 그 교회는 C자매가 열심히 전도하여 약 30여 명이 출석하는 대
학생 모임이었다.

나는 그곳에서 대학생들에게 말씀을 전하였는데, 먼저는 앞으로 국
가와 교회의 기둥들이 되려면 그들의 대학 안에 있는 도서관을 잘 활용하
라고 말하였다. 그러므로 그들이 대학 시절에 자신의 전공 외에도 역사와
철학과 고전 문학 등에 관련된 여러 분야의 책을 탐독하여 세계와 우주를
바라보는 자신의 생각과 학문의 시야를 넓히도록 권면하였다.

하지만 학교의 중앙도서관에 있는 수십만 권의 책들과는 비교할 수
없을 정도로 귀중한 한 권의 책이 있다고 말하고, 앞으로 졸업하기 전에
반드시 이 책을 한 번 이상 읽고 졸업하도록 요구하였다. 만일 시간이 더
있다면 열 번이라도 읽으라고 말하였다.

또한 이 세상의 모든 책은 인간의 작품이자 이 땅의 생활을 위한 것이
고, 거기에는 진리와 생명과 길이 없지만, 이 책을 통하여 인간은 참 진
리와 소망과 생명을 얻을 수 있다고 강조하였다.

이 책은 바로 하나님의 말씀인 성경이다. 우리는 성경을 통해 생명의
구주로 오신 예수 그리스도를 믿어 구원에 이르며, 참된 인생을 살게 된
다.

한편 2004년 겨울에는 나의 귀한 친구이자 W신학원의 교수로 섬기

고 있는 K교수가 바쁜 일정 가운데 잠시 시간을 내어 내가 운영하고 있는 현지 신학원을 방문했다. 그의 아버님은 과거 한국 교회 목회자들에게 성경 중심의 보수적인 신앙과 진실한 목회자로서의 사명감을 일깨우셨던 훌륭한 목사님이셨다.

내가 그와 깊이 교제하면서 보니, 그의 성경과 신앙에 대한 열심과 진지한 삶의 자세는 바로 어려서부터 그의 아버지에게서 배운 것이라고 생각되었다.

그 날, K교수는 우리 학교를 방문해서 아침부터 오후까지 함께 하면서 선교 현장에서 사역하는 나의 모습을 지켜보았다. 우리는 평소와 같이 제자들과 함께 먹고 마시며, 때로는 함께 고민하며 기도하고, 진리 안에서 함께 웃으며 그렇게 하루를 지냈다.

그는 방문을 마치고 자리를 뜨면서 우리에게 말했다.

"오늘 참 많은 것을 배웠습니다. 마치 2000년 전에 예수님이 제자들과 함께 하시며 말씀을 가르치시던 것과 같이, 교수가 학생들과 진정으로 함께 하는 것을 보았습니다. 또한 수업 시간에 학생들의 목회 현장의 어려움들을 자유롭게 내어놓고 토론함으로 성경과 신학적 가르침을 통해 해답을 얻어가는 모습이 좋았습니다."

그는 계속해서 격려의 말을 해 주었다.

"나도 한국에 가면 진실로 제자들과 함께 하면서 실질적으로 그들의 신앙적 고민과 사역적 어려움들을 풀어 주는 교육을 하고 싶습니다. 여러분 항상 강건하시길 빕니다."

몇 년이 지나서 내가 안식년을 맞아 그와 교제할 기회가 있었다. 그 때 그는 내게 이런 고백을 했다.

"나는 교수생활을 하면서 가끔씩 회의가 듭니다. 그것은 과연 그동안 내가 가르친 제자들 중에 나와 같은 신앙고 사상을 가지고 사는 사람을 발견할 수 있는 가하는 것입니다."

나는 그의 말을 들으면서, 과연 우리가 섬기는 신학교를 졸업한 현지인 지도자들 가운데 나와 동일한 하나님에 대한 믿음과 복음과 진리에 대한 이해와 열정을 가진 제자를 찾을 수 있는 지를 스스로 자문해 보았다.

바라기는 나의 선교 사역에서도 사람들에게 보이려고 많은 제자를 길러내고 그 숫자를 자랑하기보다는 하나님과 하나님의 뜻을 바로 알고 행하는 좋은 일꾼들을 배출할 수 있기를 소원한다.

하나님의 크신 은혜로 우리가 먼저 바로 서서 참된 진리를 함께 배우고 신앙하며 동시에 우리와 함께 이 진리를 파수하고 전파하기 위해 자신의 모든 것을 바칠 수 있는 진실 되고 충성된 목회자들을 배출할 수 있기를 간절히 기도한다.

C. 돌아보기

내가 기독교 신앙의 기초를 세우게 된 것은 제자 훈련을 잘하는 곳으로 유명한 서울의 S교회에서 배운 체계적인 성경 공부와 제자 훈련을 통해서이다. 그래서 세상적 유혹과 시련이 많았던 청년 시절에 하나님의 말씀은 바로 나의 생명이었다. 그 말씀은 절망스런 환경에서도 소망을 바라보게 하였으며, 고통의 순간에서도 일어서는 힘을 주었다. 특히 군대 생활에서 주의 말씀은 내 영혼의 안식과 생명수가 되었다.

그 후 신학원에 진학하여 하나님 중심과 성경 중심의 개혁주의 신학을 공부하게 되었는데, 이는 나의 신앙과 복음 사역에 중요한 기초가 되었다.

성경에서 말하는 목회자의 가장 중요한 사명은 참 복음과 바른 진리를 선포하고 가르치는 것이다. 이는 현장에서 다른 복음과 거짓 교사와 이단들을 대적하여 교회를 보호하고 신앙을 파수하는 일로 나타나게 된다.

오늘날 중국에는 많은 이단들이 진티와 교회를 대적하고 있다. 서구 이단들과 한국 이단 그리고 현지의 자생적인 이단들이 흥왕하고 있다.

그런데 많은 이단들의 위해성은 불신자들을 전도하기 보다는 철저한 전략을 수립하여 기존 교회와 성도들을 미혹하는 데 있다. 이들은 온갖 물량 공세와 함께 비성경적인 가르침으로 현지 교회를 파괴하고 있다.

선교지에서 이단들은 먼저 한 지역에 신학교를 세운 다음에 목사와 선교사로 위장하여 돈을 제공한다는 명목 하에 학생들을 모집한다. 때로는 각 지역을 다니며 순회 집회를 열고 물질과 성경 자료들을 제공한다고 선전한다. 그리고 그들을 자기가 속한 단체의 전도사와 집사로 임명하여 절대 빠져나가지 못하도록 만든다. 또한 그들은 정기적으로 각 교회를 찾아가 그들의 주장과 가르침을 전하고, 그들을 통해 다른 지역에 훈련반을 열어 새로운 지도자와 교회를 접수할 기회를 찾는다.

한편 이들은 각 지역에 거점을 두고 자기 세력을 공고히 하는 동시에 가입된 교회의 통제를 시작한다. 그래서 지도자들은 반드시 정해진 시기의 훈련에 참석해야 물질을 지급하며, 그 교회들의 헌금은 상부에 납부하여 통일적으로 관리하도록 지시한다.

나는 여러 이단들과 부딪치면서, 교회와 지도자들에 대한 바른 신학 교육의 필요성을 절감한다. 특히 이단에 대한 이해와 대책을 세워 미혹당하고 있는 전도자들과 성도들을 보호하고 건져야 할 사명을 새롭게 하고 있다.

중국 선교의 가장 큰 사명은 진리를 올바로 전파하는 것이다. 영적 전쟁의 성패와 수많은 영혼들의 고귀한 생명이 이 하나님의 말씀에 달려 있기 때문이다.

우리가 선교 현장에서 독버섯처럼 번식되고 있는 많은 이단들과 헛된 사상들을 대적하여 이길 수 있는 방법은 말씀을 바로 선포하고 가르치는 것이다.

선교사는 진리를 위해 부름 받았다. 선교는 자신의 선교 업적으로 자기 증명을 하는 수단이 아니라, 진리를 전파하여 영혼을 살리는 거룩한 하나님의 일이다.

D. 적용하기

1. 성경은 무엇인지 말해 보시오.

2. 선교 사역의 성격에 대해 말해 보시오.

3. 자신이 사역하는 선교지의 현지 교회와 신자들의 성경에 대한 이해 정도와 주된 신앙 형태에 대해 말해 보시오.

4. 오늘날 자신이 사역하는 선교지의 이단 운동들에 대해 살펴보고, 현장 사역 속에서 자신이 직접 경험했던 이단들의 실제적인 사례를 말해 보시오.

5. 하나님께서 자신이 성경과 참 진리에 기초한 바른 선교 사역을 감당할
   수 있도록 훈련하신 과정들을 돌아보고, 향후 선교 사역의 큰 방향에
   대해서 말해 보시오.

*** 선교사는 성경의 제자요 성경의 학도이며 성경의 증인이다. 우리는
   이 진리를 먹고 마시는 사람이며, 진리를 위해 죽고 사는 산 증인
   이다. 그러므로 날마다 죄인된 나는 죽고 오늘 그리스도 안에서 새
   사람으로 사는 말씀의 감격과 능력을 덧입도록 힘쓰자.

04

성령 중심 : 선교의 동력

@ 말씀 : 사도행전 10장 38절

하나님이 나사렛 예수에게 성령과 능력을 기름 붓듯 하셨으매 그가 두루 다니시며 선한 일을 행하시고 마귀에게 눌린 모든 사람을 고치셨으니 이는 하나님이 함께 하셨음이라.

---

1. 선교와 성령 : 선교의 주인이신 성령 / 그리스도와 연합하게 하시는 성령
2. 선교와 능력 : 복음으로 죄인을 구원하시는 능력 / 사단의 권세를 파하는 강력

A. 이해하기

선교는 성령의 주체적이고 능동적인 사역이다. 성령은 선교와 세계

복음화의 주인이시며, 또한 선교의 능력이시며 성취자가 되신다.

성령은 창세전에 택함 받은 자들을 불러내어 구원하심으로 그리스도와 연합시켜 주시는 하나님이시며, 또한 그 신자들의 거룩함을 위해 지속적인 은총을 베풀어 주신다.

그러므로 성령은 신자들로 하여금 그리스도와 그에게 속한 모든 유익을 누리게 한다. 즉 성령은 그리스도 안에 있는 모든 것을 우리에게 전달하는 통로와 같다.

성령은 선교의 주인이시다. 또한 성령은 모든 하늘의 부가 우리에게 흘러 들어오는 샘이기도 하며, 하나님의 권능이 행사되는 하나님의 전능하신 손이다. 그래서 성령은 복음 듣는 자들을 감동하시사 그들을 죄악과 사망에서 구원하신다. '성령으로 아니하고는 누구든지 예수를 주시라 할 수 없느니라(고전 12:3).'

한편 예수 그리스도는 하나님께서 성령과 능력을 기름 붓듯하심으로 사역하셨으며, 세례 요한이나 사도 바울도 성령의 인도와 충만함을 받아 각자에게 받은 사명을 충성스럽게 완수할 수 있었다.

사도 바울은 고백한다. "이는 우리 복음이 너희에게 말로만 이른 것이 아니라 또한 능력과 성령과 큰 확신으로 된 것임이라. 우리가 너희 가운데서 너희를 위하여 어떤 사람이 된 것은 너희 아는 바와 같으니라(살전 1:5)."

우리도 성령의 능력을 덧입어야 한다. 이를 위해 말씀과 기도로 거룩한 능력과 지혜를 얻어야 한다. 우리는 성령의 능력과 은혜를 덧입기까지 말하거나 나가서 일하는 성급함을 자제해야 한다.

하늘과 땅의 모든 권세를 가지신 예수 그리스도께서는 승천하시기 전에 그의 제자들에게 만민에게로 가서 그들에게 복음을 전파하고 또한 분부하신 모든 것을 가르쳐 지키게 할 것을 명하셨다.

그리고 주님은 이 세계 복음화의 사명을 받은 제자들에게 예루살렘을 떠나지 말고 약속하신 성령을 기다리라고 분부하셨다(눅 24:49, 행 1:4). 이는 그들에게 맡기신 영광스런 복음 사역이 인간의 열심과 노력으로 결코 이루어질 수 없기 때문이다.

아울러 주님은 위로부터 내리는 성령의 권능을 받은 자가 비로소 예루살렘에서 온 유대와 사마리아와 땅 끝까지 이르러 참된 증인이 되리라(행 1:8)고 약속하셨다. 그래서 제자들은 이 약속을 붙잡고 오순절 날이 이르기까지 마음을 같이하여 전혀 기도에 힘썼다. 그 후 성령의 강한 능력을 받아 그리스도의 담대한 증인이 되어, 극심한 핍박과 어려움 속에서도 교회를 세우고 역사를 변화시킬 수 있었다.

오늘날 극단적인 지도자들과 신령주의 이단들은 오직 성령의 은사와 능력에만 몰두하고 있다. 그들에게 성령은 자신과 인생의 문제를 해결하는 미신적인 수단이나 초월적인 능력자에 불과하다. 또한 성경은 물론 성령의 하나님 되심과 그분의 계획과 사역의 목적에 대해 무지하다.

성령의 일하심은 복음을 통해 죄인이 그리스도와 연합하게 하시는 일이며, 또한 그리스도의 몸인 교회를 진리 안에서 하나 되게 하시는 일이다. 따라서 신자와 교회를 세우는 일을 위해 각양의 은사와 능력을 주시는 것이다.

성령은 선교 사역을 위해 사역자를 세우시고 지혜와 능력과 확신과 열심을 주신다. 또한 그들과 함께 하사 선교의 방향과 방법을 인도하시며, 극심한 어려움과 핍박 속에서도 그들을 보호하시고, 항상 그들과 함께 동행하심으로 그 작은 헌신과 열정에 축복하시고 선교 현장에서 많은 열매를 거두게 하신다.

'내 말과 내 전도함이 설득력 있는 지혜의 말로 하지 아니하고 다만 성령의 나타나심과 능력으로 하여 너희 믿음이 사람의 지혜에 있지 아니

하고 다만 하나님의 능력에 있게 하려 하였노라(고전 2:4-5).'

B. 선교 현장

중국 선교의 현장에서는 많은 현지 교회들이 성령 하나님에 대한 무지와 극단적이고 편협한 이해로 인해 심각한 문제들이 일어나고 있다.

과거 100여 년 전에 중국 교회에 영향을 준 서양 선교사들의 신령주의 운동과 혼란한 시기에 침투한 많은 이단들의 신앙 전통이 그대로 중국 교회에 전수되었다.

19세기 후반의 중국 교회는 미국에서 일어난 신령주의 운동과 안식교와 같은 서구 이단들의 영향을 받아 점차 성경적인 바른 신앙 전통에서 멀어지게 되었는데, 20세기 초반에는 꿈의 해몽과 직접 계시 등을 강조하는 '예수가정' 운동이나 이원론적이고 인본주의적인 수양을 통해 구원을 추구하는 '지방교회'와 같은 모습으로 나아가게 되었다.

오늘날의 중국 교회를 보면, 한편에서는 자유주의자들이나 이단들처럼 구원과 삶에 있어서 성령의 존재와 사역을 완전히 부인하는 오류를 범하고 있으며, 다른 편에서는 신령주의자들의 영향을 크게 받아 성령을 단지 인간과 삶의 문제를 해결하는 축복과 치유의 수단이나 은사 정도로만 여기고 있다.

중국의 삼자교회는 본래 인본주의적인 자유주의 신학에 기초를 두고 출발하였는데, 공적으로는 사회주의 건설에 목표를 추구하도록 요구받고 있으며, 내적으로는 현대의 세속적이고 물질적인 신앙이 자리 잡고 있다.

또한 지금도 고난 받고 있는 많은 가정 교회는 성령에 대한 바른 이해나 건전한 신학 교육의 부재로 말미암아 온갖 이단들과 신비주의 운동의 영향을 그대로 이어받아 왔다.

지금도 많은 지도자들이 불건전한 은사 운동이나 축귀 사역 그리고 심지어 직접 계시를 주장하는 신비적 예언 운동 등에 빠져 아주 위험한 상태에 놓여 있다. 이들은 성경을 도외시하고 극단적으로 성령의 은사와 능력만을 추구하고, 성령의 하나님 되심이나 그분의 계획과 그 일하심의 목적에 대해서는 무지하다. 일부 가정 교회의 지도자들은 중국 교회의 90% 이상이 신령주의 운동과 이단 사장에 빠져 있다고 스스로 평가하며 염려하고 있는 실정이다.

오늘날 중국 선교의 현장에서 가장 어려운 장애는 바로 이러한 잘못된 신학 사상과 이단들 그리고 불건전한 신앙 운동이다.

중국에서는 기독교와 선교 사역을 핍박하는 공산당의 위협과 아울러 중국 교회의 내적인 신학적이고 신앙적인 무지와 무질서가 선교의 가장 큰 장애가 되고 있다.

중국 선교사는 현지인들에게 복음을 전파하는 동시에 이러한 성경과 참 진리를 대적하는 거짓 사상과 신앙 운동과 싸워 중국 교회를 바로 인도해야 할 중차대한 사명이 있다. 이를 위해 먼저는 현지 교회의 신학과 신앙 운동에 대해 바로 알아야 하고, 또한 그들에게 성경과 정통 교리에 근거하여 성령 하나님과 성령의 사역과 그 목적에 대해 올바로 가르쳐야 할 것이다.

성령의 본질적인 사역은 바로 복음으로 죄인을 구원하여 그리스도와 연합하게 하는 일이고, 또한 그들로 진리 안에서 아는 것과 믿는 것과 행하는 것이 하나 되어 주님의 교회를 세우며, 나아가 온 세계로 나아가 복음을 전파함으로 하나님의 나라를 건설하도록 하시는 일이다.

* 현장1 - 달리다굼

우리 신학교를 졸업한 학생 중에 L전도사가 있다. 그에게는 특이한 은사와 열심이 있다. 이 형제는 청년 시절 의류 사업에 크게 성공하여 타락한 생활을 하다가 회개하여 예수를 만났으며, 그 후로 지금까지 전도자로 살아온 귀한 목회자이다.

2004년 겨울, 그가 목양하는 교회에 출석하는 여성도에게 12살 난 소녀가 있었다. 그 소녀는 불치의 병에 걸려 오랫동안 앓고 있었다. 그 부모는 이 아이의 치료를 위해 빚을 내면서까지 많은 돈을 들여 온갖 방법을 찾아보았지만 효과를 보지 못하고 절망적인 상태였다.

담당의사들도 포기하며 부모들에게 말했다.

"이 병은 국내외에 알려진 적이 없는 흐귀병으로 현대의학으로는 도저히 치료가 불가능하므로 집에 돌아가 요양하면서 죽음을 기다리는 수밖에 달리 방도가 없습니다."

참으로 절망스런 상태에 놓인 불치병의 소녀였다. 그 소녀는 나이가 불과 12세였지만, 몸은 붉은 부종이 생기면서 붓기 시작해 정상체중인 40kg를 넘어 약 120kg에 달하였다. 이 소녀는 하루 종일 침대에 누워 대소변을 받아내야 하는 상황에 놓여 있었다.

당시 그녀의 어머니는 우리 신학원의 신학생이었던 L전도사가 다니는 교회에 출석하고 있었다. 그러던 어느 늘 L전도사가 수업 시간에 그 소녀의 사진을 가지고 와서 나와 신학생들에게 이 소녀를 위한 간절한 중보기도를 부탁해 왔다. 그래서 그날로부터 우리는 매주 합심하여 그 소녀가 주님의 은혜로 회복되기를 간절히 기도했다.

그리고 L전도사는 매주 그 소녀의 집을 심방하여 그 소녀와 가족들에게 믿음을 갖도록 말씀을 전하고, 간절히 안수하며 기도하였다.

한편 그 형제에게는 특이한 습관이 있었는데, 그것은 그가 심방하러 갈 때마다 사진기를 가지고 가서 그녀의 변화를 사진으로 찍어놓았다는 것이다.

우리가 합심 기도를 시작한지 3개월이 지난 어느 날이었다. 아침수업 시간에 막 도착한 그 형제는 우리에게 놀라운 소식을 전했다.

"그 소녀가 침상에서 일어나 공원을 걸어 다니고 있습니다."

그러면서 이 전도사는 우리에게 그동안 찍은 앨범사진을 보여 주었다. 할렐루야! 정말 놀라운 일이 일어난 것이다. 지난 3개월 간의 변화를 바라보면서 우리는 입이 다물어지지 않았다. 120kg에 달하는 부종이 90kg로, 다시 70kg로, 그리고 또 다시 50kg로, 지금은 40kg로까지 내려간 것이다.

그리고 그 엄청난 붓기가 온 몸에서 사라지고 아주 날씬한 소녀로 변화된 것이 아닌가. 마지막 사진을 보니, 그 소녀가 침상에서 내려와 집 앞의 공원을 산책하고 있는 것이었다.

이 일로 인해 그녀의 친척과 주변의 사람들이 예수를 믿고 하나님께로 돌아오게 되었다. 하나님은 그녀를 통해 많은 이들에게 친히 그 살아 계심을 나타내신 것이다.

실로 우리는 하나님의 위대하심과 살아 계심을 크게 찬양 드렸다. 마치 이스라엘 백성이 홍해를 육지와 같이 건넌 후 바다 한 가운데 몰살당하는 애굽의 병사들을 바라보면서, 그 광야에서 하나님의 권능과 위대하심을 찬양한 것처럼 뜨거운 감동과 감사와 감격이 있었다.

아울러 한 가지 더욱 놀라운 일은 이 형제가 다른 지역의 집회에 가서 이 사진첩을 보여 주며 하나님의 위대하신 능력과 치유하심을 간증한 적이 있었다.

그런데 놀랍게도 그 집회 현장에 있던 병자들 가운데 몇 사람이 그녀의 간증을 듣고 함께 믿음으로 간절히 기도하던 가운데 앓던 병들이 치유되는 역사가 일어나기도 했다는 것이다.

우리 하나님은 우리의 기도를 들으시고 응답하시는 살아 계신 하나님이시다. 긍휼히 여길 자를 긍휼히 여기시는 사랑이 풍성하신 하나님이시다. 애굽에서 종노릇하던 이스라엘 백성의 통곡소리를 하감하시고 그들을 구출하셨던 하나님, 그들로 바다를 육지와 같이 건너게 하셨던 하나님, 광야에서 구름기둥과 불기둥으로 인도하시며 하늘의 만나와 반석의 물로 먹이셨던 하나님이 오늘 이 땅에서 그 백성들과 함께 하시며, 구원의 역사를 이루어 나가시고 계시는 것이다.

* 현장2 - 중국의 이사야

2011년 봄 R전도사는 신학교의 마지막 학기를 수학하면서 졸업 논문을 준비하고 있었다. 이 형제는 사범학교를 졸업하고 교사 생활을 하다가 소명을 받고 복음 사역에 헌신한 사람이었다.

어느 날 R전도사가 나를 찾아와 상담을 요청하며 자신의 속마음을 고백했다.

"저는 하나님의 종으로서 온전하지 못하고 늘 연약하여 범죄하며 살아가는 이중적인 목회자입니다. 그래서 저는 하나님 앞에 저의 감춰진 죄를 다 사함받기 전에는 신학교를 졸업하거나 논문을 쓸 용기가 나지 않습니다. 차라리 저를 유급시켜 주십시오."

그 형제는 신학 수업을 통해 하나님을 참되게 알아가면 갈수록 자신이 얼마나 큰 죄인인지를 깊이 알게 되었고, 심지어 자신이 하나님의 종으로서 합당한 사람이 아니라고 말할 정도였다. 당시 나는 이 일에 성령께서 크게 역사하셨음을 깨닫게 되었다. 그러므로 그 형제의 이러한 진심 어린 고백과 참회의 자세에 도리어 큰 감동을 받았다.

이 시대에 부름 받은 신학생으로서 하나님 앞에서 한없이 부족하고 부끄러운 자신을 발견하고, 자신의 문제를 하나님과 스승 앞에 부끄럼 없이 내놓을 수 있는 그의 진실하고도 겸손한 마음을 참으로 귀하게 바라보았다.

나는 R전도사에게 이렇게 격려하였다.

"성령께서 R전도사를 위하여 이 일에 역사하고 주관하셨음을 인정해야 합니다. 나와 R전도사가 함께 앞으로 두 주간 매일 한 두 끼를 금식하면서 철저한 참회의 기도와 회복의 시간을 가집시다."

진실로 사랑의 하나님은 우리의 진심어린 기도에 응답하셔서 R전도사를 자신의 감춰진 죄로부터 자유롭게 하셨으며, 또한 이전보다 강한 사명과 열정까지도 회복시켜 주셨다. 현재 그는 대도시의 대학생들과 젊은 이들을 전도하여 두 교회를 세우고 훌륭하게 목양하고 있다.

나도 이 일을 통하여 선교사요 신학교수로서 스스로의 지난 삶을 참회하고 더욱 하나님과 사람 앞에 부끄러움이 없는 합당한 종으로 서고자 다짐하는 계기를 갖게 되었다.

그 후 R전도사는 우리 학교를 졸업한 목회자들 가운데서도 진리를 전파하는 일과 기도에 전념함으로 목양에 좋은 본이 되고 있다.

우리는 선지자 이사야가 성전에서 하나님의 임재를 보고, '화로다 나여 망하게 되었도다. 나는 입술이 부정한 사람이요 나는 입술이 부정한 백성 중에 거주하면서 만군의 여호와이신 왕을 뵈었음이라(사 6:5)'라고 고백하며 참회한 것처럼 날마다 주님 앞에 서야 한다.

우상숭배에 빠진 이스라엘 백성과 같은 이 타락한 세대를 바라보시며 '내가 누구를 보내며 누가 우리를 위해 갈꼬'라고 말씀하시는 그분의 음성을 들을 수 있어야 한다.

그리고 무익하고 망할 죄인을 복음의 일꾼으로 부르시는 그 분 앞에 '내가 여기 있나이다 나를 보내소서'라고 고백하면서 죽기까지 충성하며 달려가야 할 것이다.

지금도 하나님은 종들을 부르시고 연단시켜서 복음 사역에 합당한 거룩한 그릇으로 세워가고 계신다. 바라기는 하나님의 은혜로 이 땅에서 이 형제와 같은 진실하고 겸비한 인격을 지닌 좋은 목자들이 많이 세워지기를 기도한다.

C. 돌아보기

나는 이전에 설교나 가르침들을 통하여 교리적으로 성령 하나님에 대해 들어왔고 공부해 왔지만, 개인적인 삶에서 실제적으로 그분을 체험하거나 바로 알지를 못했다. 성령 하나님의 역사하심과 영적 전투에 대해 눈을 뜨게 된 것은 하나님의 은혜로 일정 기간 지속적인 기도 생활을 하면서부터였다.

1990년대 초반, 나는 장래의 꿈과 신학교 입학을 앞두고 하나님의 지혜와 길을 찾던 중이었다. 당시 성령께서는 나를 강권하셔서 간절히 기도하도록 인도하셨는데, 나는 종종 새벽과 한밤중을 마다하지 않고 예배당을 찾아서 홀로 부르짖어 기도하였다. 그때 나는 성령의 충만함을 받아 온갖 두려움과 염려 속에서도 승리할 수 있었다.

그때 성령의 강한 역사를 체험한 후, 나에게 일어난 변화는 거룩한 삶을 추구하도록 하시는 것과 내가 섬기던 교회의 영적 부흥을 위해 기도에 전념하게 하신 일이었다.

당시 내가 봉사하고 있던 D교회의 목사님은 50세가 넘어서 늦게 신학교를 졸업하시고 교회를 개척하셨지만, 3년이 지나도록 부흥이 되지 않자 절망하여 목회를 접으시려고 생각하실 정도였다.

그때 성령께서는 이 교회의 복음 사역을 막고 있는 것이 사단과 어둠의 세력들임을 깨닫게 하셨다. 그래서 목사님께 매일 저녁 100일 작정 기도회를 열고, 온 성도가 기도하며 담대히 나아가 전도 운동을 벌이자고 제안하였다.

그 후 이 교회에 놀라운 부흥의 역사가 있었다. 성령께서 역사하신 것이다. 그동안 영적인 깊은 잠을 자고 있던 성도들의 믿음과 사랑이 회복됨은 물론 주일학교에서 장년에 이르기까지 그 숫자가 배가되는 역사가 일어났다.

내가 이러한 경험을 통해 깨달은 사실은 교회 사역이나 복음 전도의 일이 인간적인 노력이나 힘으로 되는 것이 아니라, 오직 진리의 말씀과 함께 일하시는 성령의 강한 능력과 역사로 이루어진다는 것이었다.

종교개혁자들도 하나님의 은혜의 방편을 성경과 성례 그리고 기도라고 하였다. 이는 신자들의 신앙 생활이 말씀에 기초를 두고 하나님의 능력을 힘입어 온전해질 수 있다는 말이다.

또한 이 말씀은 목회나 선교가 무릎으로 수행되어야 한다는 것이다. 선교사들은 우리의 무지와 무능함을 인정하고 날마다 하나님의 지혜와 능력을 힘 입어 사역에 임하여야 할 것이다.

오늘날의 선교 운동에서 가장 먼저 될 것은 우리 자신과 이 시대를 향한 절박한 기도 운동이다. 즉 심령의 부흥이 우선이다. 이는 회개 운동을 통한 거룩한 마음과 영혼을 위한 불타는 사랑을 회복하는 것이다.

D. 적용하기

1. 성령은 누구신가?

2. 선교 사역의 능력이란 무엇인가?

3. 자신이 사역하고 있는 선교지의 현지 교회와 신자들이 가지고 있는 성
   령에 대한 이해와 그로 인한 문제점들을 말해 보시오.

4. 오늘날 자신이 현장 사역 속에서 직접 경험했던 성령의 특별한 역사나
   인도하심에 대해 살펴보고, 그로 인해 얻었던 사역의 열매들을 말해
   보시오.

5. 자신이 선교사로서 성령의 능력과 인도하심을 따라 참되고 열매 있는
   선교 사역을 하기 위해 어떻게 할 것인지를 말해 보시오.

*** 선교는 무릎으로 하는 것이다. 우리는 때를 얻든지 못 얻든지 복음
   을 전파해야 한다. 그러나 우리의 말과 지혜로는 결코 죄인을 변화
   시킬 수 없다. 그래서 날마다 무릎을 꿇어 성령의 능력과 큰 확신을
   덧입고 나아가야 한다.

05

자립 선교 : 선교의 방법

@ 말씀 : 학개 2장 6절-7절

만군의 여호와가 이같이 말하노라. 조금 있으면 내가 하늘과 땅과 바다와 육지를 진동시킬 것이요 또한 모든 나라를 진동시킬 것이며 모든 나라의 보배가 이르리니 내가 이 성전에 영광이 충만하게 하리라. 만군의 여호와의 말이니라.

----

1. 선교의 열매 : 주님의 교회 / 진리의 기둥과 터
2. 선교와 자립 : 하나님에 대한 온전한 신뢰 / 진리와 영적인 자립

A. 이해하기

선교의 목표는 복음을 전파하여 죄인들을 구원함으로 주님의 몸 된 교회를 설립하는 것이며, 궁극적으로는 교회를 통하여 하나님 나라를 완성하는 것이다.

예수 그리스도는 교회의 주인이시오 왕이시며 머리가 되신다. 그래서 주님은 '내가 이 반석 위에 내 교회를 세우리라(마 16:18)'고 선언하셨다. 주께서는 그 권능으로 죄인들을 구원하사 몸 된 교회를 세우시고 보호하시며, 친히 목자가 되셔서 그 양떼들을 먹이시고 인도하신다.

우리가 수행하여야 할 선교의 과제도 바로 선교 현장에서 그리스도와 그의 말씀이 왕 노릇하는 교회, 곧 진리가 바로 전파되고 실천되는 교회를 지속적으로 세우는 것이다. 나아가 선교사는 현지 교회를 세움에 있어서, 현지인 중심의 선교 전략을 세워야 한다. 먼저 현지인 전도자들을 배양하여 그들을 통해 현지인들을 구원하고, 자신들의 힘으로 현지 교회를 세우도록 해야 한다.

자립 교회의 건설이란 교회가 하나님과 성경에 대한 믿음, 진리에 기초한 구원과 신앙적 삶에 대한 바른 이해를 가지고 교회의 바른 사명을 주체적이고 능동적으로 수행하는 상태로의 성숙함을 말한다. 흔히 자립 교회를 물질적인 면에서의 독립이나 자립으로 이해하고 있으나, 이는 무엇보다 영적인 면에서의 자립을 말한다.

그러므로 선교사는 그들이 신학적으로나 영적으로 건강한 자립 교회를 세우고 자체적으로 교회의 일꾼들을 배출하여 파송함으로 자민족 복음화를 완성하도록 목표하고 섬겨야 할 것이다.

자립 교회는 성경적인 교회 정치의 실현을 목표로 나아가야 한다. 그러므로 교회는 성경을 따라 직분과 질서를 바로 세워야 하고, 이는 성경과 역사적인 신앙 고백서들에 기초한 신조와 교회 헌법 및 견실한 치리 제도를 세움으로써 가능한 일이다.

현장 선교사는 그리스도를 머리로 하는 교회관을 가지고 목사와 장로를 안수하여 질서를 세우고, 나아가 그들로 구성된 당회와 노회 그리고 총회와 같은 치리회를 세워 스스로 교회를 치리해 나갈 수 있도록 해야 한다.

한편 하나님은 특별히 주님의 몸 된 교회를 위해 목사를 세우셨다. 그리고 그들에게 설교권과 성례권 그리고 치리권을 주어 교회를 목양하고 성도를 가르치도록 하셨다.

목사의 직무는 참된 진리의 전파와 가르침을 통하여 교회가 진리 안에서 하나가 되는 일다. 즉 모든 신자가 하나님을 아는 것과 믿는 것과 섬기는 일에 하나가 되어 일심으로 주님의 몸 된 교회를 세워나가도록 힘써야 한다.

결론적으로 자립 교회의 설립에 있어서 무엇보다 중요한 것은 지도자들의 성숙이다. 먼저 신학적이고 교리적인 안목과 신앙 인격과 목회적인 면에서 성숙한 지도자들이 배출되어야 한다. 이는 무엇보다 현지 교회의 지도자들이 바른 신학과 교회관을 겸비하여 실제 목양에 있어서 성경과 진리에 굳게 선 참된 교회들을 세워나가도록 해야 한다는 것이다.

현지 교회가 성숙하여 영적 경제적으로 자립된 교회를 세우고, 자립 신학교를 운영하여 자민족 전도인을 배출하며, 자립 선교를 통한 자민족 복음화와 타민족 선교를 수행해나갈 수 있도록 목표하고 나아가야 한다.

하나님이 선교의 주인이시다. 우리가 이 역사나 하나님 나라 건설의 주인이 아니다. 단지 하나님의 손에 들려 쓰임 받는 그릇에 불과하다. 겉으로는 우리가 하나님 나라를 위해 일하는 것처럼 보이지만, 사실은 하나님이 우리를 통해 스스로 그분의 뜻을 성취해 나가시는 것이다.

'우리가 이 보배를 질그릇에 가졌으니 이는 심히 큰 능력은 하나님께 있고 우리에게 있지 아니함을 알게 하려 함이라(고후 4 : 7).'

B. 선교 현장

19세기 중엽의 네비우스(Jonh Livingston Nevius)를 비롯한 중국 선교사들은 선교 원리로서 소위 자치(自治), 자양(自養), 자전(自傳)의 삼자(三自) 원리를 주창하면서 바른 선교를 하고자 노력하였다. 이는 당시 서양 선교사들이 올바른 기독교 사상과 선교 원리를 사회와 교회에 전파함으로 외적으로는 외국이 부당한 이익을 취하거나 무력으로 정복하는 것에 대해 대항하는 동시에 내적으로 교회의 신앙적 자립과 성장을 도모하고자 한 것이었다.

오늘날 중국 교회는 여러 가지 심각한 과제에 직면해 있다. 먼저는 외부적으로는 공산당과 종교국의 지속적인 핍박과 통제이고, 그 다음은 교회의 신학적, 경제적 자립의 문제이며, 또한 내부적으로는 교회 정치와 치리회의 부재로 인한 무질서와 혼란이다. 그 중에 현실적으로 중국 교회의 가장 큰 과제가 바로 자립 교회의 건설이다. 이는 중국 교회의 미래와 연결된 가장 중대한 사명이며, 또한 장래 아시아 복음화를 위한 초석을 놓은 일이기도 한다.

오늘날 많은 중국 교회가 내지 선교와 아시아의 주변 국가에 대한 해외 선교에 관심을 갖고 있다. 그래서 일부는 선교사들과 연합하여 중국 신도들을 해외에 파견하고 있기도 하다.

그런데 중국 교회는 스스로 자신의 교회와 중국 복음화를 이룰 만한 실력과 힘을 제대로 갖추고 있지 못하다. 실제는 교회가 일정 기간 신자

들의 노력과 수고로 숫자가 성장하면 할수록 더 큰 핍박과 위험에 놓이게
된다.

결국 지역 교회가 잠시 하나님의 은혜와 신자들의 열정적인 전도로
잠시 성장을 하더라도 다시 정부과 종교국에 의해 해산되거나 분열되어
교회의 존립은 물론 자립의 희망도 물거품처럼 쉽게 사라지기도 한다. 이
는 하나님께서 중국 교회의 지도자와 성도들을 고난 속에서 연단하여 참
된 진리와 순전한 믿음으로 보존하시고 성숙하시기 위함이라고 믿는다.

지금 중국 교회는 자립의 희망을 찾기 힘든 상황이다. 그럼에도 불구
하고 많은 목회자들이 지하에서 소수의 양떼들을 위해 오직 기도와 믿음
으로 생명을 바쳐 목회에 전념하고 있다.

하나님은 작은 겨자씨와 같은 우리의 믿음과 헌신에 기름 부으사 지
속적인 중국 교회를 보호하시고 무형의 참 교회들을 통해 중국 전역에서
하나님 나라를 확장하고 계신다.

중국 교회가 비록 어둠 속에서 힘든 긴 터널을 지나고 있지만, 언젠
가 이들이 하나님의 은혜로 자라나 이 땅 위에 큰 나무와 숲을 이루게 될
날을 소망한다.

우리는 그리스도 중심의 교회, 성경 중심의 교회, 사랑과 진리가 충
만한 교회가 세워지도록 목표하고, 하나님을 향한 참된 고백과 믿음의 헌
신 위에 현지 교회가 세워지도록 힘써야 한다.

바라기는 지속적으로 중국 교회가 자립 교회를 세워나가고 자립 신학
교를 운영하여 일꾼들을 길러낼 수 있는 날이 속히 오기를 기도한다. 나
아가 주의 종들을 파송하여 자립 선교를 통한 자국 복음화와 세계 복음화
를 완성하는 주역이 되기를 기도한다.

* 현장1 - 브리스가와 아굴라

2005년 봄, 새로운 종교 조례가 발표되면서 현지 기독교인들에게는 긍정적인 반응과 부정적인 반응이 교차적으로 일어났다.

우선은 종교인과 종교 활동에 대한 법제화가 이루어져 종교인들의 합법적인 권위를 보장받게 되었다는 점이다. 즉 법을 지키며 예배를 드리는 것은 허락한다는 것이다.

그러나 다른 면에서 비춰보면 불법 단체로 지목받아 온 가정 교회가 법적인 통제 하에 들어가 더 큰 해체와 핍박에 놓이게 되었다는 상반된 입장에서 나온 것이다.

해외 교회에서는 다소 환영하는 반응이 우세했지만, 대륙 교회의 실제는 사뭇 다른 분위기였다. 도리어 비교적 규모가 있는 가정 교회에 대한 대대적인 단속과 검열이 시작되었다. 결국 현지 정부는 그들의 종교에 대한 관점과 정책을 바꾸지 않은 채, 새로운 종교 조례라는 명목으로 분위기 쇄신을 의도한 것임이 드러났다.

실제로 우리 학생들이 목양하는 교회 즉 신자수가 100여 명이 넘는 교회들에게 핍박이 시작되었다. 종교 정책이 법제화되자, 이제는 과거보다도 더 강하고 권위적인 모습으로 다가왔다. 국가 공무원과 경찰들 그리고 종교 직원과 공인 교회의 목사들을 동원하여 함께 들이닥쳤다. 과거와 마찬가지로 그들은 당장 집회를 해산하고, 교인들을 공인 교회로 통합하라는 것이었다. 아울러 교회의 지도자들 몇몇을 붙잡아 종교국과 국가기관으로 데리고 가서 심문을 하기 시작했다.

결국 종교법이 완성되었으니, 종교 정책을 관할하는 자들이 권력과 법의 힘을 빌어 더욱 강하게 해산과 처벌을 시행할 수 있다는 말이 된다.

그러던 어느 날 수업 시간에 비교적 규모가 큰 가정 교회를 인도하던

Y자매가 다급하게 기도 제목을 내놓았다. 지난 주일에 국가 공무원과 종교 직원들이 찾아와 몇몇 교역자를 잡아가고, 한 달 내로 집회를 해산하라는 것이었다. 또한 그 자매 전도사는 나에게 이 상황을 어떻게 처리해야 할 것인지를 물었다.

그 당시에는 매 수업 시간마다 평소에 그 자매와 동일한 처지에 놓일 우리 신학생들에게, 현지 교회는 지금 핍박과 고난이 있는 시기임으로 열심히 복음을 전하는 한편 항상 일꾼을 키워 교회를 분립할 준비를 하라고 가르쳐 왔다. 왜냐하면 교인이 30여 명이 넘으면 이미 집회나 장소가 노출될 위험이 많고, 결국은 신고가 들어가서 붙잡히거나 해산될 것이 뻔하기 때문이다.

그 날도 나는 우리 학생들에게 각자 돌아가서 교회마다 사역자 회의를 열고 교회를 위해 간절히 기도하면서, 사역자나 성도들 중에 자기 집을 교회로 내놓을 사람을 찾아서 집회를 분산시키라고 권면하였다. 현재 경제적으로 곤핍한 가정 교회의 형편에서 지금 당장 새로운 집을 여러 개씩 임대하여 교회를 분산한다는 것은 생각도 못하는 일이기 때문이다.

그 다음 주에 다시 학생들이 모였다. 그리고 어려움을 당한 학생들의 지난주 사역자 회의와 기도회의 결과를 듣게 되었는데 결과는 매우 실망스러웠다. 그 이유는 그들이 사역하는 교회의 사역자들이나 성도들 가운데 어느 누구도 자기 집을 예배 처소로 선뜻 내놓는 사람이 없더라는 것이었다. 그 이유는 대개 다음과 같은 것들이었는데, '남편이 예수를 믿지 않기 때문에,' '갑자기 많은 사람들이 드나들면 내가 기독교인인 것이 드러나고 이웃으로부터 따돌림을 당하게 될까봐,' 혹은 '내가 붙잡히게 되면 가정과 사업에 큰 불이익을 당하게 되니까' 등의 많은 부정적인 대화들이 오고 갔다는 것이었다.

정말 난감한 상황이었다. 이제 2주 후에는 교회가 해체되든지 분산되어야 하는데, 마땅히 옮길 장소도 예배를 드릴 장소가 없었다. 나는 우리 학생들에게 엄숙하고 비장한 마음으로 미리 준비한 말씀을 전했다. 무려 세 시간여에 걸친 설교와 권면이 시작되었다. 그래서 나는 그 날 강의해야 할 주제를 미루어 놓고는, '예수를 만난 사마리아 여인(요한복음 4장),' '향유를 부은 마리아(누가복음 7장),' '기드온의 300용사(사사기 7장)'의 말씀들을 통해 무려 세 시간에 걸쳐서 그들을 교훈하고 격려하였다.

"교회가 이렇게 어려운 데, 아무도 집을 교회로 내놓지 않는 것을 보니, 아마 생명이 없는 교회인가 봅니다. 어찌하여 교회가 핍박을 받고 어려움을 당하는 데 한 신자도 자신을 희생하지 않습니까? 도대체 여러분의 교회는 산 교회입니까, 아니면 죽은 교회입니까? 사마리아 여인을 보세요. 예수를 진정으로 만난 후 그녀는 물동이를 내 던지고 촌에 들어가 예수를 전했습니다. 향유를 부은 마리아를 보세요. 예수를 사랑함으로 그 값비싼 향유를 허비했습니다. 지금은 전시 상황입니다. 오합지졸 32,000명이 필요한 것이 아니라 충성스런 용사 300명이 필요한 것입니다."

내가 말씀을 전한 후에 통성 기도를 하였다. 여기저기서 눈물을 흘리며 회개 기도가 일어났다. 나는 합심기도회를 마친 후 그들에게 돌아가 다음 주일날 이 설교를 정리하여 신자들에게 엄숙하게 전하라고 부탁하였다.

아울러 역사를 주관하시는 하나님, 교회의 참 주인이 되신 전능하신 하나님을 설명하면서 모든 일을 염려하지 말고 오직 하나님의 도우심을 바라며 나아가자고 위로하여 보냈다.

그 다음 주가 되었다. 각 교회에 정말 놀라운 일이 벌어졌다. 과연 하나님은 현지 교회에 가운데 살아 역사하셨다. 주일 예배를 마친 후, 각 교회의 많은 성도들이 눈물로 회개하는 역사가 일어났으며, 그중에 일부 성도들이 자기 집을 교회로 내놓기로 헌신한 것이었다.

그래서 핍박을 받아 해산의 위기에 처했던 각 교회가 이제 많게는 4-5개의 집회처로 적게는 2-3개의 집회처로 나뉘어 분산되게 된 것이었다. 그러니 자연스럽게 더 많은 새로운 교회가 개척되게 된 것이었다.

할렐루야! 우리 하나님은 지금도 살아서 역사하시는 분이시다. 오늘 이 땅에서는 초대 교회의 바울이 사역하던 시대에 그의 동역자 브리스가와 아굴라의 가정과 같은 많은 성도들의 헌신으로 교회가 새롭게 성장하고 있다.

비록 지금도 많은 핍박과 환난이 뒤따르고 있지만, 이제 현지 교회도 그들의 힘으로 힘찬 자립의 길로 나아가고 있음을 감사드린다.

요즈음 현지 교회의 목회자들은 나에게 이렇게 말하곤 한다.

"우리는 물질과 환경으로부터 참 자유함을 얻고 오직 믿음으로 사역하는 법을 더욱 터득하게 되기를 바라고 있습니다."

나는 종종 현지 목회자들에게 권면한다.

"참 믿음은 환경을 초월하여 하나님을 기뻐하는 것입니다. 그러한 삶이야말로 우리로 이 세상의 조건들에서 벗어나 높은 곳에 뛰어다니게 하시는 신앙의 정상입니다."

'비록 무화과나무가 무성하지 못하며 포도나무에 열매가 없으며 감람나무에 소출이 없으며 밭에 먹을 것이 없으며 우리에 양이 없으며 외양간에 소가 없을지라도, 나는 여호와를 말미암아 즐거워하며 나의 구원의 하나님으로 말미암아 기뻐하리로다. 주 여호와는 나의 힘이시라. 나의 발을 사슴과 같게 하사 나로 나의 높은 곳으로 다니게 하시리로다(합 3:17-19).'

* 현장2 – 광야신학원

2001년 가을, 나는 선교지에서 사역비가 없이 가정에서 성경 공부 모임을 시작으로 제자 양육과 신학 교육을 시작했다. 실상 우리 가정의 매월 생활비도 부족한 상태였다. 그래서 나는 줄곧 학생들이 사는 집이나 그들이 섬기는 교회가 있는 집에 모여 신학 수업을 진행하곤 했다.

비록 장소가 허름하고 제대로 준비된 것이 없을 수도 있었지만, 참으로 좋은 시간들이었다. 그러다가 이 집에서 안전이나 교육의 어려움이 닥치거나 핍박이 오면 다른 학생의 집으로 옮겨 갔으며, 정부의 단속이나 통제를 받던 시기에는 우리 집에서 은밀하게 신학 교육을 했다.

초기부터 나는 돈과 장소의 장애를 거의 받지 않고 사역하였다. 그것은 주님처럼 그가 제자들을 데리고 다니면서 수시로 교육하는 방법이었다. 예수님이 광야에서 '오병이어신학원'을, 겟세마네 동산에서 '겟세마네신학원'을 운영하신 것처럼, 나도 이런 단순한 원리를 고수했다.

신학을 교수하는 선생이 허름한 판잣집에서 강의를 개설하고, 학생들이 그리로 찾아와 교육을 하고 그들과 함께 점심을 만들어 먹으면 되는 것이다. 학생들이 아무리 가난하고 형편없는 집에 거해도 머리 둘 곳은 있다. 그곳이 바로 신학 교육의 장소가 되는 것이다.

물론 교육은 환경적 요인도 중요하지만, 그보다도 신학을 가르치는 선생과 전하는 진리의 내용이 훨씬 중요하고 본질적인 것이다. 그래서 선생이 다리 밑으로 가서 학당을 개설하면 그곳이 바로 '브릿지신학원'이 되는 것이고, 숲속의 오두막에서 강의를 하면 '오두막신학원'이 된다.

한편 제자들과 함께 교회를 세워나감에 있어서도 이 원리를 강조했다. 성도가 20여 명이 있으면 장래에 20여 개의 교회를 세울 기초를 갖고 있다는 것이니, 부지런히 전도하는 것과 일꾼을 세우는 일에 힘쓰라고 부탁하였다.

현지 교회는 종교적인 안전 문제로 인해 30여 명이 넘으면 분리할 준비를 해야 한다. 이 시기에 생기는 교회 지도자들의 고민은 다른 교회를 세울 재정적 능력과 형편이 못 된다는 것이었다. 그래서 성도들의 수가 늘어나고 부흥이 일어날 때에 성장의 한계와 핍박을 겪는 일이 비일비재한 실정이었다.

그래서 나는 제자들에게 권면한다.

"성도가 20여 명이 있으면 그들의 가정에 20여 개 교회를 세울 기초를 갖고 있는 것입니다. 문제는 그 성도들이 자신의 집을 교회의 집회 장소로 사용하도록 내놓을 수 있는 믿음이 있는가 하는 것입니다. 여러분은 무엇보다 돈에 관심을 갖지 말고 성도들의 믿음에 관심을 갖고 가르쳐야 합니다. 그 다음은 기도하며 하나님께 맡기십시오. 그러면 하나님께서 친히 그분의 교회를 세우실 것입니다."

초기부터 하나님이 주신 이러한 믿음 선교의 정신은 우리 광야신학원과 같은 여러 지역 신학교와 수많은 교회를 세우는 영적 밑거름이 되었다.

나의 사역에 있어서, 하나님이 우리와 같은 무지하고 연약한 자들을 통해 지금도 수많은 광야 신학교와 광야 교회들을 세워나가심을 목도하는 것이 가장 큰 기쁨이다.

C. 돌아보기

선교지에서 가장 감격스럽고 흥분된 사실은 사역 현장 가운데 역사하시는 하나님을 실제적으로 경험하는 일이다. 나는 지금까지 삶과 사역 속에서 하나님의 일하심을 분명히 목도해 왔다.

나는 한없이 무지하고 무능하나, 주님은 그런 나를 먹이시고 또한 선교 사역에 축복하심으로 많은 이들을 구원하셨고 변화시키셨다.

우리 신학교에서는 제자들에게 오직 믿음으로 살고 믿음으로 교회를 섬기도록 가르쳤다. 비록 생활이 어렵더라도 세상일을 갖지 말고 목회에 전념하도록 요구했다.

중국 교회에서 대부분의 가정 교회 사역자들이 평소에는 출근하여 돈을 벌고 주일에만 교대로 말씀 사역을 하는 상황에서 이러한 요구는 참으로 받아들이기 힘든 것이었다.

나는 그들과 함께 오직 하나님의 긍휼만을 의지하고 전심으로 교회를 섬기면서, 하나님이 그의 택하신 종들을 과연 어떻게 먹이시고, 주의 몸 된 교회를 어떻게 세워나가시는 지를 바라보고자 했다.

그런데 놀라운 일이 일어났다. 사라져 버릴 것만 같은 교회들과 굶어 죽을 것만 같은 교역자들이 크게 부흥되었다. 헌신과 고난과 핍박 그리고 성령의 역사로 큰 부흥이 일어났고, 지금도 계속되고 있다.

처음에는 10여 개 처소에 불과하던 교회가 이제는 100여 개 이상의 교회로 성장했으며, 그 중에 절반 이상의 교회가 자교회의 헌금으로 교회 장소의 임대료를 해결하였고 교역자에게 매월 사례비를 지급하는 수준에 이르렀다.

최근에는 내가 중국 선교사로 살아가면서 가장 감격스러운 순간들을 맞이하고 있다. 그것은 신학교를 졸업하고 교회를 개척하여 오랫동안 사역해 온 제자들 중에 몇몇 사람이 신학교를 위해 헌금한 일이었다.

나는 그들이 건네는 헌금 봉투를 받아들면서 가슴 벅찬 감격과 눈물이 앞을 가리곤 한다. 왜냐하면 지금 이들이 사역하는 목회 현장이 얼마나 가슴 졸이고 고통스럽고 절망스런 환경인지를 잘 알기 때문이다.

그런데도 이들이 모든 역경 가운데 하나님의 은혜와 긍휼로 승리하고 자라나서 이와 같이 믿음과 사랑에 굳게 서서 훌륭하게 교회를 목양하고 있다는 것이다.

진실로 그들의 작은 믿음에 기름 부으셔서 섬기는 교회에 복주시고 이제는 영육 간에 자립의 길로 나아가도록 역사하신 하나님의 큰 사랑과 은혜에 감사하며 모든 영광을 하나님께 돌린다.

우리 하나님은 일하시는 하나님이시다. 하나님은 선교지에서 친히 부르신 종들과 함께 일하시어 자신의 교회를 세우시고, 음부의 권세로부터 지키시고 인도하신다. 실로 미천한 나를 들어 저들을 구원하시는 복음의 제사장으로 쓰시는 크신 은혜에 감사하며, 우리의 불가능을 가능하게 하시는 전능하신 하나님께 감사의 찬양을 올린다.

이제도 나는 날마다 그 부르심과 선교지의 영혼들에게 나서기에 한없이 부족한 자신을 보며 참회의 무릎을 꿇게 된다.

D. 적용하기

1. 선교의 열매는 무엇인가?

2. 자립 교회란 어떤 교회인가?

3. 자신이 사역하고 있는 선교지의 교회의 자립 상태는 어떠한 지를 말해 보시오.

4. 오늘날 자신이 현장 사역 속에서 세운 현지 교회가 온갖 어려움을 이
   기고 자립화로 나아갔던 사례가 있다면, 그 실제적인 경험을 말해 보
   시오.

5. 자신이 선교사로서 선교지에서 현지인들과 지속적인 자립 교회를 세
   워나갈 수 있기 위해 어떤 자질을 갖추어야 하는 지를 말해 보시오.

*** 하늘과 땅의 모든 권세를 가지신 예수 그리스도는 친히 그 지혜와
   권능으로 교회를 세우시고 세계 복음화를 성취해 가고 계신다. 실
   로 세월이 갈수록 깨닫는 것은 내가 이 거룩한 부르심 앞에 정말 무
   익한 종이라는 사실과 그 은혜와 긍휼이 한없이 크고 놀랍다는 것이
   다.

06

사회봉사 : 선교의 영역

@ 말씀 : 마태복음 5장 16절

이같이 너희 빛을 사람 앞에 비치게 하여 그들로 너희 착한 행실을 보고 하늘에 계신 너희 아버지께 영광을 돌리게 하라.

----

1. 선교와 사회 : 하나님의 긍휼이 필요한 세상
2. 선교와 봉사 : 복음 전파와 희생적인 나눔

A. 이해하기

선교는 하나님의 사랑에서 시작되었다. 이 하나님의 측량할 수 없이 크신 사랑은 예수 그리스도께서 이 땅에 내려오셔서 친히 죄인된 우리를 대신하여 죽으시고 부활하심으로 확증되었다(롬 5:8).

예수 그리스도는 복음을 전파하시고 천국의 진리를 가르치시는 동시에 사람들의 영육간의 고통을 치유하시고 그들의 필요를 채우셨다.

또한 주님은 산상보훈에서 그가 부르신 제자들을 향하여 '너희는 세상의 소금이니……. 너희는 세상의 빛이라……. 이같이 너희 빛이 사람 앞에 비치게 하여 그들로 너희 착한 행실을 보고 하늘에 계신 너희 아버지께 영광을 돌리게 하라(마 5:14-16)'고 말씀하셨다.

우리가 전하는 생명의 복음도 전인적이며 실제적이고 참된 나눔과 돌봄으로 가야 한다. 이는 십자가 사랑의 실천적 고백이요 열매로 나타나야 한다.

야고보서는 신자들에게 참 믿음의 열매가 참 사랑과 나눔의 희생적인 삶으로 드러나야 될 것을 가르치고 있다. 즉 믿음으로 말미암아 얻은 의가 바로 우리의 실제적인 삶과 행위로서 증명될 수 있어야 한다는 말이다.

'행위가 없는 믿음은 죽은 것이니라(약 2:26)'라는 말씀은 스스로 믿음이 있다고는 하나 전혀 거룩함과 사랑으로 열매 맺지 못하는 거짓 믿음과 반율법주의를 경계하는 한편 여전히 행위로 구원을 얻고자 하는 어리석은 유대적 율법주의를 대적하는 말이기도 하다.

또한 이 말씀은 주 안에서 새 사람 된 신자가 이제는 하나님의 영광을 위해 적극적으로 하나님의 사랑을 증거하고 실천하며 살라는 명령이기도 하다.

'자녀들아 우리가 말과 혀로만 사랑하지 말고 행함과 진실함으로 하자(요일 3:18).'

지금도 열방과 민족 가운데 영육 간에 굶주리고 고통 받는 수많은 영혼들이 있다. 우리는 그들의 문화와 삶을 이해하고, 그들의 삶의 현장으로 찾아가서 그들을 섬겨야 한다.

우리 그리스도인들은 복음과 함께 모든 것으로 영혼을 섬기도록 부름 받았다. 가난하고 병들고 소외당하고 상처 입은 이들을 돌봐야 하며, 우상숭배하고 스스로 교만하며 세상적으로 부한 이들의 영혼도 잘 살펴보아야 한다.

주의 십자가는 우리에게 전 인격적인 삶의 변화를 가져다주는 능력이며, 또한 우리가 다른 이들에게 전해 주어야 할 전 생애적인 사랑의 빚이다. 우리에게 금과 은이나 빵이 없다면, 우리는 그들을 위해 기도할 수 있다. 또한 그 무엇보다도 내게 주신 가장 귀한 선물인 천국 복음을 그들에게 나누어 줄 수 있다.

전능하신 하나님은 지금도 이 세상 안에서 우리가 전하는 복음과 우리의 미천한 사랑의 기도를 통해 위대한 일을 이루고 계신다.

'하나님이 능히 모든 은혜를 너희에게 넘치게 하시나니 이는 너희로 모든 일에 항상 모든 것이 넉넉하여 모든 착한 일을 넘치게 하게 하려 하심이라(고후 9:8).'

B. 선교 현장

중국은 세계화와 도시화의 급속한 변화 속에서 매우 심각한 문화적 사회적 위기를 맞고 있다. 또한 가정의 해체와 윤리적이고 정신적인 일탈이 일어나고 있다.

중국 사회의 가장 큰 문제는 가정 파괴이다. 많은 가정들이 이혼율의 급증과 청소년 범죄와 극단적 이기주의와 배금주의로 물들고 말았다.

그리고 사회는 정치지도자들과 기업가들의 부패, 불신과 부정의가 판치는 시장 질서, 비양심적 비도덕적 시민의식, 물질적 이익과 개인의 실리가 양심과 도덕과 기준을 대치한 사회가 되었다.

한편 중국은 개혁 개방 이후의 경제적으로 급속한 성장을 하고 있지만, 여전히 중국인들에게는 천국 복음과 함께 많은 기독교 봉사 활동과 사회 복지 사역이 필요한 상태다.

특히 중국의 의료 수준과 복지 지원 수준은 극히 열악하다. 마약 환자나 에이즈 환자들을 치료하기 위한 의료적 활동과 고아원이나 양로원의 설립 혹은 60%가 넘는 빈곤층을 대상으로 하는 구제와 복지 구현은 아직도 멀었다.

오늘날 도시화로 인해 급증하는 도시 노동자들의 생활 형편이나 그들 주거지의 위생 상태는 최악의 수준이다. 아울러 아직도 생계를 걱정하느라 문화 시설이나 의료적 혜택은 전혀 생각할 수도 없는 수많은 농촌 지역들이 있다.

2005년 겨울, 나는 한 식당에서 Y선교사를 만났다. 그는 당초 Q지역에서 병원을 세워 의료 선교 활동을 전개하고자 하였다. 그런데 현지 사정으로 인하여 그 길이 막히게 되자, 당분간 이곳으로 와서 사역을 준비하게 된 것이었다.

의료 선교사인 그는 나에게 빈민촌에 진료소를 세우기를 원한다고 말하고, 이 지역에서 가장 가난한 사람들이 모여 사는 빈곤 지역을 볼 수 있게 해달라고 하였다. 그래서 나는 그와 함께 여러 번에 걸쳐 우리 신학교를 졸업한 몇몇 제자들이 사역하는 지역 가운데 가장 열악한 빈민촌을 방문하였다.

나는 그 곳에 있는 지도자들의 도움을 받아 Y선교사에게 공간을 임대하여 무의촌 진료소를 열도록 도와주었다. 그리고 그가 몇 사람의 의료진을 데리고 그곳에서 진료를 시작할 수 있도록 도왔다.

그런데 이 일은 정부가 허락하지 않은 일이었으므로 위험성이 따르는 일이었으며, 실제로 진행하기란 결코 쉬운 일이 아니었다.

결국 그 일이 시작된 지 얼마 후, 마을 주변의 행정 기관과 현지 진료소 그리고 약국 등에서 사람들이 찾아와 큰 어려움을 겪게 되었다. 그러나 하나님의 은혜와 현지인들의 협조로 이러한 어려움을 극복하고 얼마간 그들을 섬길 수 있었다.

그 후 Y선교사는 소외된 사람들을 모집하여 복지 사업을 실시하게 되었다. 그래서 나는 주변 지역의 교회들과 연결하여 학생들을 모집하는 일을 도왔으며, 그는 적당한 시설을 마련하여 사역을 전개하게 되었다.

나는 그 곳을 방문하면서 바로 여기가 고난 받는 자들의 작은 천국이라고 생각되었다. 그리고 행복해하는 현지인들을 바라보면서 하나님께 감사하였다. 실로 천대받고 소망이 없던 이들에게서 기쁨의 미소를 발견하고, Y선교사와 그들의 수고에 감사하였다.

지금도 Y선교사는 X지역에서 본래 그가 소명으로 여기고 섬기고자 했던 환우들을 찾아 그리스도의 사랑을 그들과 함께 나누며 아름다운 사역을 지속해나가고 있다.

오늘날 이 나라에는 사랑에 갈급한 수천만의 빈민들과 장애인들이 있으며, 전국에는 아직도 영육간의 전인적 사랑에 갈급한 고아들과 빈민들이 산재해 있다. 그들에게는 복음과 함께 그리스도의 사랑이 전해져야만 한다.

앞으로 하나님께서 이 선교사와 같이 절망의 땅에 들어와 이름도 없이 빛도 없이 사랑과 복음을 나누는 사람들을 축복하심으로 귀한 열매들이 가득하기를 바란다.

이 시대의 선교는 영혼의 구원에서 시작하여 신앙 윤리의 정립, 혼인과 가정 질서의 회복, 직업 윤리, 복음과 사회, 재물과 신앙, 기독교와 국가 등의 문화 전반에 대한 보다 광범위한 사역들을 요구받고 있다.

현장 선교사는 이러한 문화적 과제들에 대한 바른 안목을 갖고 전문적인 연구를 진행하여야 하며, 나아가 총체적 선교 사역을 전개하여야 한다.

이제는 그리스도인들이 이 사회와 문화를 하나님과 성경으로 돌이키는 주체로 서서 시대의 변화와 갱신을 이루도록 해야 할 것이다.

* 현장1 – 중환자실의 세례식

2005년 여름, 한 종합병원 중환자실에서 일어난 실제 일이다. 우리 신학교의 T자매가 그의 모친이 노환 중에서 갑자기 위독하여 이 병원 중환자실에 급히 입원을 시키게 되었는데, 이미 그 중환자실에는 무려 17명이나 되는 많은 환자들이 입원해 있었다.

이 여전도사의 어머니는 아직 예수를 믿지 않은 상태였기에, 그녀는 날마다 그의 어머니가 누워 있는 중환자실을 찾아 더욱 극진히 간호하였다. 며칠 후 그녀는 간절히 어머니의 영혼을 위해 기도한 후, 응급실에서 확신에 차고 뚜렷한 목소리로 어머니에게 복음을 전했다.

그리고 그녀의 어머니가 예수를 영접하게 되었다. 그래서 그녀가 영접 기도를 인도하였는데, 그 어머니와 병실의 모든 환자들이 자신들도 예수를 영접 기도를 따라하는 것이었다. 성령의 역사하심으로 어머니가 예수를 구주로 영접 한 것은 물론 그 방의 모든 환자들이 함께 복음을 듣고 결신한 것이다.

그녀의 목소리를 통해 복음은 어머니는 물론 다른 환자들의 귓가에도 분명하게 전해지고 있었던 것이었으며, 그곳에서 성령 하나님은 그들의 심령에 역사하고 계셨다.

다음 날 그녀는 언제 죽을지 모르는 이들을 위해 세례를 주기로 결심하고, 한 형제를 불러 세례를 집례하게 되었다. 당시에 가정 교회에서 세례를 베푼다는 것도 정말 위험한 일이었는데, 감시의 시선이 많은 종합 병원 중환자실에서 세례를 준다는 것은 거의 불가능한 일일뿐만 아니라 감히 엄두도 내지 못하는 일이었다.

더욱이 공인 교회의 목사가 아닌 국가에서 불법으로 제제하고 있는 가정 교회의 무자격 전도자가 그것도 허가되지 않은 장소에서 허락받지 않은 시간에 일반인을 대상으로 공개적으로 세례를 거행한다는 것은 불가능한 일이다.

이튿날 Z형제가 하나님의 도우심을 의지한 채 그곳에 가서 약 15분에 걸친 세례식을 거행했다. 먼저 그는 대상자들에게 문답을 했다.

"여러분이 이 응급실에서 죽어서 혹은 살아서 나갈지 알지 못하는데 그래도 예수를 구주로 믿겠습니까?"

"아멘!"

그들 모두가 화답하였다.

그는 다시 물었다.

"여러분이 오늘 예수를 믿으면 앞으로 많은 핍박과 고난을 당하게 될 터인데, 그래도 그를 배반하지 않고 죽기까지 예수를 믿고 따라가겠습니까?"

"아멘!"

다시 그들 모두가 힘찬 목소리로 화답하였다.

곧이어 세례식이 거행되었는데 다시 놀라운 일이 벌어졌다. 아무도 이 엄숙한 장면을 깨고 들어서는 자가 없었다. 그리고 세례식이 끝나자, 이 광경을 지켜보던 한 의사가 문을 박차고 들어왔다. 모두가 놀라 긴장하고 있었는데, 그가 무릎을 꿇고 세례를 받고 싶다고 하는 것이었다.

하나님은 오늘도 일하고 계신다. 이 땅 곳곳에서 이와 같은 일들이 일어나고 있다. 생각하지 않은 장소에서 전혀 새로운 방법으로 그분의 구원을 이루어 가고 계신 것이다.

우리 주님은 2000년 전 사마리아와 유대 땅에서 병든 자와 각종 귀신들린 자들을 치유하시고 그들을 구원하신 것처럼, 지금도 이 땅에서 친히 일하시고 계신다. 특히 가난하고 병든 자들 가운데 크신 긍휼을 베푸시고 있다. 현재 중환자실에서 예수를 믿은 환자들 대다수는 퇴원하여, 현지의 가정 교회에 출석하고 있다.

* 현장2 - 땅끝에서 만난 사람들

2008년 여름, S성의 대지진으로 수많은 사람들이 목숨을 잃고 큰 고통을 당하던 시기였다. B시에서 우리 졸업생들이 봉사하는 가정 교회들은 어려운 형편에도 불구하고 지진 지역의 난민을 돕기 위한 구제 헌금을 하여 직접 S지역의 봉사 활동을 떠났다. 그들은 자비로 구조 트럭과 담요와 텐트와 같은 많은 구호 물자를 마련하여 현장으로 떠났다.

우리 가정 교회의 지도자들과 신자들은 국가로부터 전혀 도움의 손길이 닿지 않은 농촌과 산촌의 소외된 지역으로 더 깊숙이 들어갔다. 실로 그곳은 상상외로 아주 참혹한 실상이었다. 지진으로 숨진 사람들을 그대로 방치해 두어 썩은 냄새가 진동하고, 그 지역 사람들은 국가로부터 텐트와 담요 등의 구호 물자도 전달받지 못한 그야말로 오지에 사는 주민들이었다.

그런데 이 지역은 주로 소수민족들이 사는 곳으로 수천 년 동안 미신

과 우상을 섬겨온 마을이었으며, 전혀 기독교의 복음이나 전도자가 들어
간 적이 없던 지역이었다.

현지에 도착하자마자 우리 형제와 자매들은 아무 말 없이 먼저 그들
에게 당장 필요한 구호 물자들을 나눠주고 적극적이고 희생적으로 구조
활동에 전념했다.

다음날에 가정 교회의 구조팀들은 더욱 희생적으로 그들의 무너진 집
과 가구들을 재건하거나 보수하는 일에 전념하였고, 그들의 생활 터전을
새롭게 하는데 온 힘을 기울였다고 한다.

그러자 현지인들이 그들에게 물었다.

"당신들은 어디서 온 뭐하는 사람들이요?"

"우리는 예수 그리스도를 믿는 사람들이요, 교회에서 나온 사람들이
요"

그들은 간단히 대답하고 구조에 전념하였다. 그리고 그 다음날 우리
형제와 자매들은 현지인들과 하나가 되어갔다.

한편 형제와 자매들은 저녁에 있을 특별한 집회와 잔치에 꼭 참여하
도록 광고하였다. 하루의 봉사가 끝나고 동네의 광장에서 오랜만에 풍성
한 잔치와 집회가 열렸다. 그래서 가정 교회의 구조팀들은 손수 준비한
따뜻한 저녁식사를 그들에게 대접하고, 그들이 준비한 찬양과 연극으로
집회를 시작했다.

이윽고 한 가정 교회의 지도자가 그들에게 복음을 전하였다. 지난 수
천 년 동안 한 번도 복음을 접하지도 들어보지도 못한 그들에게 처음으로
예수를 전하는 시간이었다. 전도자가 복음을 전한 후, 예수를 그들의 구
주와 하나님으로 영접하도록 초청을 하자, 온 마을사람들이 일어나 뜨거
운 마음으로 예수를 영접하였다.

이번 구조 활동을 다녀온 그 지도자의 간증에 의하면, 그들이 현지를

떠날 때, 모든 동네사람들이 나와서 이들을 붙잡고 울며 감사의 정을 나누었다고 한다.

우리 형제들은 이 봉사 활동을 계기로 그 마을에 처음 교회를 세우고, 인근 지역에 사는 교회의 지도자를 파송하여 지속적으로 현지인들을 목양하도록 조처했다고 한다.

실로 모든 형제와 자매들은 이번 봉사를 통해 하나님의 크신 은혜를 경험했다고 간증했다. 이번 대지진은 분명 하나님이 친히 복음으로부터 소외된 불쌍한 영혼들을 구원하기 위한 놀라운 섭리였다고 말이다. 무엇보다 진정 그들에게 필요한 것은 어떤 구호 물자가 아니라 바로 생명의 복음이었던 것이다.

C. 돌아보기

나와 우리 가정은 주의 소명을 받고 복음 사역에 헌신하여 목회자가 되고 선교사가 된 후로 경제적으로 적지 않은 어려움과 연단을 겪었지만, 살아 계시는 하나님은 우리와 함께하심으로 우리를 보호하시고 지금까지 먹이셨다.

1992년 신학교에 입학하여 한 학기를 마치고 결혼을 했다. 비록 가난한 교회의 전도사요 셋방살이의 단칸방에서 연탄을 때며 신혼 생활을 시작했지만 어려운 줄을 모르고 지냈다.

그런데 얼마 후 많은 고통이 찾아왔다. 나는 허리를 심하게 다쳐서 아픈 몸으로 학업과 사역을 감당해야 했고, 선교회의 간사로 일하던 아내가 유산과 종양 등으로 인해 여러 차례의 산부인과 수술을 하게 된 것이었다.

우리는 의지할 곳이 아무 곳도 없었다. 단지 우리는 새벽마다 교회의 기도실로 향했다. 그리고 그곳에서 간절하게 기도하였다. 그러던 중 주님께서 내게 많은 깨달음을 주셨다. 내 눈의 눈꺼풀이 벗겨나가고 희미하게만 보이던 주님을 투명하게 바라보게 되었다.

세상의 모든 것이 끊어지니 이제야 주님만을 온전히 의지하게 되었다. 비록 세상은 잃어버렸지만 주님을 향한 참 믿음을 시작하게 된 것이다. 또한 인생의 가장 낮은 밑바닥에 처한 것만 같은 나를 향하여 위로해 주셨다.

"네 밑을 보라. 더 이상 내려갈 곳이 없지 않느냐? 눈을 들어 위를 바라보아라. 이제는 올라가는 것밖에 남지 않았느냐? 참으로 내가 너를 도와주리라. 내가 너와 함께하리라."

우리에게는 그 시절이 가장 행복한 시간이었으며, 하나님의 은혜를 가장 많이 체험했던 시간이었다. 하나님께서는 수많은 은혜의 까마귀를 보내셔서 우리의 구체적인 필요들을 정확하게 공급해 주셨다.

주의 은혜로 Y교회로부터 신학교 졸업까지의 학비를 지원받았으며, 또한 아내가 여러 차례나 수술을 받기도 했지만 때마다 많은 도움의 손길을 보내 주셔서 어려움을 이겨낼 수 있었다.

한편 우리가 온갖 고생을 겪다 보니 고생하는 많은 사람들을 긍휼의 눈으로 바라보게 되었으며, 우리가 많은 이들로부터 값없이 사랑을 받고 살았으니 이제는 우리도 누군가에게 값없이 주는 사랑을 할 수 있게 되었다.

이 세상에 우리 것은 하나도 없다. 본래 우리는 아무것도 갖지 않고 이 세상에 태어났다. 생명도 주께서 주신 것이며, 내게 주어진 모든 것들은 주님의 선물이다.

하나님이 주신 모든 것을 나의 소유가 아니라, 내게 맡기신 것으로 알고, 사랑이 필요한 사람들을 찾아가 그 은혜를 나누어야 한다. 또한 우리는 그리스도의 이름으로 모든 것을 아낌없이 그리고 기쁨으로 나누어 줄 수 있어야 한다.

D. 적용하기

1. 이 세상의 필요는 무엇인가?

2. 선교사는 이 세상 앞에 어떤 책임이 있는가?

3. 자신이 사역하고 있는 선교지의 대표적인 사회 문제들과 실제적인 필요들에 대해 말해 보시오.

4. 오늘날 자신의 선교지에서 그 사회의 실제적인 필요들을 채우기 위해 사역하는 좋은 선교사나 좋은 현장 선교의 사례가 있다면 말해 보시오.

5. 자신이 선교사로서 현지 교회와 현지인들의 실제적인 필요를 채우기 위해 그동안 어떤 일을 해 왔는지를 살펴보고, 향후 사역의 방향을 말해 보시오.

*** 하나님께서 우리에게 은혜의 복 주심은 우리를 통해 다른 이들을 복되게 하시기 위함이다. 우리가 이 세상에 와서 모든 것을 거져 받았으니, 거져 주는 연습을 해야 한다. 그런 삶이 아주 자연스러울 때까지 말이다.

07

연합 사역 : 선교의 전략

@ 말씀 : 마태복음 4장 19절

나를 따라오라. 내가 너희를 사람을 낚는 어부가 되게 하리라.

----

1. 선교의 리더십 : 하나님의 종 / 그리스도를 본받는 리더
2. 선교의 팀 사역 : 천국의 제자들 / 사랑으로 하나 된 일꾼들

A. 이해하기

선교의 주제가 되시는 예수 그리스도는 창세전에 예정하신 거룩하신 뜻을 이루시고 하나님 나라를 완성하시기 위해 이 땅에 오셨다.

예수 그리스도는 이 땅 위에 영광스런 하나님의 나라의 건설하기 위

해 사역 초기부터 열두 제자들을 택하시어 그들에게 하나님 나라의 비밀들을 가르치고, 또한 그들을 세상에 파송하시어 천국 복음을 전파하게 하셨다.

그리고 주님은 제자들을 끝까지 사랑하셨는데, 유월절 저녁 만찬에서 택하신 제자들의 발을 씻기심으로 섬김의 본을 보여 주시고, 제자들도 서로 섬기고 사랑함으로 그리스도의 증인이 될 것을 부탁하셨다.

그 후 십자가에 못 박히시고 죽으셨다가 사망 권세를 이기시고 부활하신 주님은 자신을 배반하고 도망간 연약한 제자들을 다시 부르셨으며, 그들에게 '땅 끝까지 가서 복음을 전파하여 세례를 주고 만민을 제자 삼으라'고 명령하셨다.

또한 때가 이르매 그 제자들에게 약속하신 성령의 능력을 부어 주시고, 그들을 다시 사도와 목자로 세우시어 교회를 세우시며 역사를 변화시키셨다.

주 예수 그리스도는 신자들의 참 목자요 그를 섬기는 종들이 본받고 배워야 할 삶의 표준이 되신다. 실로 주님은 하나님의 나라를 건설하고 회복하는 귀한 일에 동역자 된 선교사들이 배우고 따를 사역의 참 모범이 되신다.

오늘날 선교 사역의 현장에도도 좋은 선교 리더십과 함께 좋은 팀 사역이 필요하다. 리더는 희생적인 섬김으로 동료 선교사들을 하나 되도록 힘써야 하며, 다른 선교사들도 믿음으로 그와 함께 그리스도를 본받아 좋은 팀 사역을 이루도록 힘써야 한다.

현장 선교사들은 그리스도의 몸 된 교회의 파송을 받아 일생동안 모두 다 같이 그리스도를 따르는 천국의 제자인 동시에 또한 복음으로 선교지의 영혼들을 그리스도의 제자로 삼는 사명을 부여받은 하나님의 사신들이다.

먼저는 우리 각자가 그리스도를 배우고 그를 닮아가는 참다운 제자가 되어야 할 것이며, 또한 선교 공동체 안에서 범사에 그의 겸손한 섬김과 인내를 본받아 연합 사역(Team Ministry)을 잘 할 수 있도록 훈련해야 할 것이다.

21세기의 선교 현장은 영적 전쟁터와 같다. 더욱이 개개의 선교사들은 최전선에서 온 힘을 다하고 피를 흘려 싸우는 특공부대원들과 같다. 그러므로 마땅히 현장의 선교 조직은 영적 전투가 치열한 적진에서 특수한 임무를 수행하는 특공부대와 같이 세워지고 철저하게 움직이어야 한다. 그 부대에는 분명한 지휘 조직과 팀원 각자의 명확한 자신의 임무와 역할 분담이 있어야 하며, 그 부대원들은 자신의 지휘관과 팀원들과 생사고락을 같이 하겠다는 강한 사명감과 투철한 동료의식이 있어야 한다.

실제적으로 이러한 선교지의 상황 속에서 참다운 팀 사역을 온전히 이루기 위해서는 먼저 한 기관이나 팀 안에 속한 동료 사역자들이 무엇보다 하나님이 세우신 그 조직의 질서를 존중하고 서로의 은사를 인정함으로 가능하다. 이를 위해 팀 리더와 동료 선교사가 서로 주장하는 자세가 아닌 섬김과 존경으로 대하며, 각자의 은사와 경험들을 서로 밝히 알고 인정하는 것이 우선이다.

또한 팀 사역에 서로가 주인의식을 가져야 한다. 이 일이 누구의 일이 아니라 하나님이 우리 팀에게 주신 공동의 사역이라는 사실을 인식하고, 서로 존경하며 섬김으로 적극 협력해야 할 것이다. 나아가 팀원 각자의 업무와 사역을 명확히 분담함으로 각자의 역량이 최대한 발휘됨으로 각자에게는 성취감을 가져다주는 한편 궁극적으로 팀 사역의 극대화를 통해 풍성한 열매를 얻도록 해야 한다.

그리고 좋은 팀 사역을 위해서는 영적인 공감대와 사랑의 교제권을 형성해야 한다. 이는 바람직한 팀 사역이 하나님 안에서 오직 기도로만 가능하기 때문이다.

한 팀이 된 선교사들이 기도로 영적인 하나 됨을 힘쓰며, 실제적으로도 나눔과 칭찬을 아끼지 않는 것이다. 이러한 교제를 통하여 현장의 어려운 형편 속에서도 서로 격려하고 세워줌으로 아름다운 팀 사역을 지속해 나갈 수 있다.

먼저 시니어 선교사는 후배들을 인격적으로 존중하고 사랑하며 자신이 가진 선교지에 대한 이해와 많은 선교 경험들을 기쁨으로 나누어 줄 수 있어야 한다.

또한 후배 선교사들도 선교지에 먼저 나와서 온갖 고난과 어려움 속에서 사역해 온 시니어 선교사들을 진심으로 존중하고, 그들에게서 겸손하게 배울 수 있어야 한다.

그리고 선교본부는 바른 선교 정책을 마련하여 선교 전략과 선교사의 직무와 책임, 현장지부의 조직과 관리 그리고 팀 사역의 원리 등을 교육시켜서 파송해야 할 것이다.

아울러 우리 모두는 선교지에 한국의 어떤 교파나 단체를 세우고 확장하러 온 것이 아니라 주 예수 그리스도의 교회 곧 성경과 진리에 기초한 참 교회를 세우고 하나님의 나라를 건설하라고 부름 받은 종들임을 명심하여야 한다.

실로 섬김의 종으로 오신 예수 그리스도는 우리의 참 목자시며, 또한 온 세상으로 부름 받은 모든 선교사들이 본받아야 할 참다운 리더십의 모범이시다.

'인자가 온 것은 섬김을 받으려 함이 아니라 도리어 섬기려 하고 자기 목숨을 많은 사람의 대속물로 주려 함이니라(막 10:45).'

B. 선교 현장

1992년부터 시작된 한국 교회의 약 20여 년의 중국 선교를 돌아보면, 처음에는 선교지를 순회하고 정탐하는 것으로 시작하여 1996년 이후에서야 동북 지역의 조선족이나 탈북자등을 중심으로 선교 사역이 활발히 전개되었다. 그 후 2000년대에 들어서면서 비로소 한족 선교가 중심에 놓이게 되었으며, 2005년부터는 전국과 소수 민족 선교로 확대되고 있는 실정이다.

지금은 중국 선교도 현대 선교의 흐름을 따라 팀 사역의 시대를 맞이하고 있다. 과거의 영웅주의적 선교 형태가 사라지고, 실로 복잡하고 급변하는 선교 현장 속에서 보다 전문적이고 효율적인 협력 사역이 요구되고 있다.

오늘날 중국 선교사들은 '선교 중국(Mission China) 운동'을 벌이고 있는데, 이제는 중국 교회가 적극적으로 이슬람 국가와 불교 국가 등지의 아시아 지역에 선교사를 보내는 일에 앞장서야 한다고 주장하고 있다. 이 운동은 중국 교회가 향후 반드시 감당해야 할 시대적 사명임에는 분명하다. 그런데 한 가지 중국 선교사들과 중국 교회가 반드시 알고 추진해야 할 전략이 있다. 그 전략이란 바로 범세계적 선교 연합 혹은 범아시아적 선교 전략의 수립을 말한다. 왜냐하면 중국 교회가 나아가야할 아시아의 많은 지역들은 이미 중국 선교보다 앞서서 오랫동안 현대 선교가 진행되어왔기 때문이다.

실례로 동남아의 불교권에는 한국 선교사들이 40여 년이 넘도록 선교를 진행해 왔고, 또한 이슬람 지역에도 많은 선교사들이 지난 30여 년 동안 사역해 오고 있다. 실로 아시아 선교사들은 이미 많은 훈련과 경험을 가진 시니어들이다. 그러므로 중국 교회의 아시아 선교 운동은 독자적인 사역으로 전개될 것이 아니라 그 나라의 선교사들과 전략적인 협력 사역으로 나아가야 한다는 것이다.

한편 선교지의 한인 교회들을 중심으로 일어난 '디아스포라 미션(DIASPORA)' 운동이나 '비즈니스 선교(BAM)'에 대한 바른 이해와 실천이 요구된다고 하겠다.

그동안 한국 교회의 선교 운동의 가장 큰 병폐는 개교회주의 혹은 선교기관들의 독립적인 사역이었다. 그 결과 교회들과 단체들 사이의 지나친 경쟁과 중복 투자로 인해 많은 손실과 부작용을 낳고 말았다.

물론 한인 교회가 전 세계적이며 총체적인 선교 운동에 앞장서는 일도 중요하지만, 현장 선교사와 한인 교회 혹은 비즈니스 사역자가 각자의 전문성에 기초한 전략적인 연합을 이루어야 하며 자신의 위치와 역할을 바로 감당할 때 큰 영향력을 발휘할 수 있다.

향후 중국 교회는 좋은 일꾼들을 발굴하여 파송하고, 그들을 아시아의 다른 국가에 있는 한국 선교사나 현지 선교 단체에 위탁하여 그들의 지도와 협력 하에 선교 훈련을 받고 그들과 함께 현장 사역을 감당하게 하는 일이다. 이를 위해서는 중국 교회가 성숙되어야 한다. 일차적으로 '선교 중국'이나 '아시아 선교'를 주장하기 전에 선교사로서 부족함이 없는 일꾼을 배양하여야 할 책임이 있다.

중국 교회 안에서 신학적으로나 목회적으로 잘 준비되고, 학문적으로나 언어적으로 국제화된 선교사를 파송함으로 아시아에서 일하는 다른 나라의 선교사들과 비교하여 볼 때 조금도 손색없는 그런 선교사들을 보내야 한다.

* 현장1 – 목자의 일생

2007년 여름이었다. 우리 신학교를 졸업하고 S지역에서 사역하고 있는 J목사가 전화가 왔다. 나에게 상의할 일이 있으며, 오늘은 자신이 점심을 사겠다는 것이었다. 그는 본래 성령 사역과 기도에 큰 열심이 있던 목회자였다. 그는 신학교에서 수학하는 기간 중에도 나에게 배운 그대로를 행하고자 노력하는 참으로 진실하고 순종하는 사람이었다.

2005년 초반에 그는 처음에 5명도 안 되는 작은 가정 교회에서 목회를 시작하였는데, 지금은 약 100여 명이 넘는 2개의 교회를 목양하고 있다. 내가 보건대, 그의 목회의 비결은 다름 아닌 지속적인 기도 생활과 꾸준한 전도 생활에 있었다. 특히 그의 목회 현장에서는 성령의 강한 역사와 치유의 은혜가 있었다.

당시 그가 목회하던 곳에는 도움과 위로가 필요한 많은 사회적 약자들과 빈곤계층들이 살고 있었다. 어느 날 그가 강단에 올라서서 찬양을 하거나 말씀을 선포하면 많은 신자들이 울며 회개하였으며, 그가 기도하면 많은 병자들과 약한 자들이 고침을 받는 일이 일어났다.

점차 그의 교회에는 하나님의 특별한 은혜와 큰 부흥이 일어났다. 심지어 그 교회를 해산하러 왔던 경찰이 그의 인상과 그의 말에 감화를 받기도 하였으며, 그의 교회를 정부에 등기하도록 조사하러 왔던 관원들도 은혜를 받고 돌아갔다고 한다. 또한 교회에 다니던 부인을 폭행하던 술주정뱅이 남편이 그의 심방을 받자마자 술을 끊고 교회에 등록하여 열심 있는 신자가 되었다고도 한다.

한편 J목사는 목회에 바쁜 가운데서도 나에게 전화를 걸어, 이러한 현상들에 대한 올바른 가르침을 받고자 하였다.

“오늘날 성령의 나타나심은 바로 흑암과 같은 시대에 절망적인 죄인들과 연약한 생명들을 구원하시고자 하시는 하나님의 특별한 긍휼이요, 하나님이 그의 교회를 세우시고 천국을 확장하기 위한 특별한 사역이라네.”

나는 J목사가 더욱 힘써 목회에 전념할 것을 독려하였다.

“성령 하나님께서 목사님을 통하여 크게 일하시도록 더욱 깨어 생명을 위해 기도하게. 아울러 그 교회의 신자들이 이러한 현상에 대해 성경적인 올바른 이해와 그 교회를 향한 하나님의 뜻을 바로 알고 순종하도록 하기 위해 더욱 힘써서 말씀을 선포하고 말씀으로 무장된 제자들을 양육하는 일에 힘쓰게.”

나는 계속해서 J목사는 격려했다.

그 후 J목사는 기도와 말씀에 균형 있는 목회를 통하여 교회의 발전을 도모하게 되었다. 나는 그 형제의 이러한 겸손과 순종에 큰 감동을 받았으며, 하나님이 직접 그와 동행하고 계심을 목도할 수 있었다.

한편 나는 그 형제의 초대를 받아 약속된 식당으로 가기 전에, 우리 집 근처에서 어렵게 가정 교회를 목회하고 있는 다른 제자인 A목사에게 전화를 걸어 그와 함께 나갔다.

이윽고 점심식사를 마치고, 잠시 A목사가 화장실을 간 사이에 J목사는 나에게 흰 봉투를 건넸다. 그 안에는 제법 많은 돈이 담겨져 보였다.

“제가 그동안 열심히 목양을 했더니 하나님이 교회를 크게 부흥시켜 주셨습니다. 제가 그동안 선생님께 큰 은혜와 가르침을 받았는데, 이제야 철이 들었습니다. ‘가르침을 받는 자는 말씀을 가르치는 자와 모든 좋은 것을 함께 하라(갈 6:6)’는 말씀을 따라 이번 달 헌금 중 일부를 정성껏 구별하여 신학교에 감사헌금으로 드리겠습니다.”

실로 눈시울이 뜨거워졌다. 선교지에서 고난 받으며 믿음으로 목회하는 제자로부터 이렇게 감사헌금을 받으니 마음에 주체할 수 없는 벅찬 감격이 있었다.

나는 진실한 심령으로 무엇보다 J목사와 함께하시고 그의 사역을 통해 많은 복을 허락하사 여기까지 이르게 하신 하나님께 진정한 감사를 드렸다. 잠시 후에 화장실에 갔던 A목사가 돌아오자, 나는 J목사가 건네준 그 흰 봉투를 열어보지도 않은 채 A목사에게 건네주면서 말했다.

"이것은 하나님이 주신 것이니까, 교회를 위해 잘 쓰도록 하게."

실상 가난한 목회자인 A목사는 이번 달에 교회 임대료가 부족하여 집회를 중단할 생각을 할 정도로 심각한 염려에 빠져 있었는데, 하나님께서는 J목사가 나에게 건네준 헌금으로 그 교회를 돕도록 섭리하신 것이었다.

그 날 점심식사를 잘 마치고 A목사가 먼저 인사를 하고 길을 떠나자, J목사는 나에게 물었다.

"선생님은 왜 그 헌금을 A에게 주셨습니까?"

"이 모든 것이 하나님의 은혜라네. 오늘 내가 자네를 만나서 이렇게 큰 은혜를 받을 줄 누가 알았겠는가? 또한 자네 교회가 그렇게 큰 축복을 받을 줄 누가 알았겠는가? 그리고 오늘 A형제가 우리를 만나 교제하면서 하나님의 크신 은혜를 자네와 나를 통해 전달받으리라고 과연 생각했겠는가? 이 모든 것이 하나님의 측량할 수 없는 은혜라네."

그리고 나는 다시 그에게 말했다.

"우리 목회자의 일생이란 이렇게 항상 하나님의 은혜와 축복으로 사는 것이라네. 또한 목회란 우리가 받은 하나님의 모든 은혜를 값없이 기쁨으로 나누어 주는 것일세."

오늘은 나와 그들 모두가 하나님의 은혜를 크게 경험한 하루였다. 그렇다. 우리 모두는 부지불식간에 하나님의 은혜와 축복의 도구로 사용되고 있다.

　나는 참으로 가슴이 뭉클하였다. 가난한 선교지에서 제자에게 감사 헌금을 받게 될 날이 이렇게 빨리 찾아올 줄은 몰랐다. 이 모든 것이 하나님의 크신 은혜요, 그 자녀들을 향한 놀라운 사랑의 열매다.

* 현장2 – 시니어 선교사

　나와 우리 가족은 P선교사를 만날 때마다 행복하다. 그녀가 가끔 개인적인 일로 내가 사역하고 있는 지역을 방문할 때면, 우리 가정은 그녀로 인해 잠시나마 큰 위로와 즐거움을 얻곤 한다.

　그녀는 그동안 사역하는 선교사가 드문 H지역에 들어가 경제적으로 어려운 가정 교회 지도자들의 자녀들을 선발하여 신앙공동체를 만들고, 그들을 친자식처럼 돌보며 신앙으로 교육하는 귀한 사역을 감당해 왔다. 그래서 그녀가 기른 아이들 중에 어떤 사람은 대학 교육을 받고 졸업하여 좋은 사회인이 되기도 하고, 일부는 신학 교육을 받고 다시 가정 교회의 훌륭한 일꾼으로 성장하기도 했다.

　이처럼 그녀는 자신의 사역에도 헌신적일 뿐만 아니라, 자신이 알고 지내는 동료 선교사들의 가정과 자녀들에게 큰 관심이 있다. 그래서 다른 선교사들의 중요한 전출입이나 혹은 가족들의 생일 등을 메모해 두었다가, 때가 되면 잊지 않고 선물이나 카드를 주거나 보내어 격려하는 분이다.

　그런데 그녀의 장점은 이 모든 일들을 즐겁게 행한다는 데에 있다. 어떠한 대가나 이익을 바라는 것이 아니라 남을 행복하게 함으로 자신도 행복해질 수 있다는 단순한 진리를 실천하고 있다.

　실로 그녀는 각박한 선교 현장에서 선교사들에게 시원한 청량제와 같은 인격의 소유자요, 그녀의 작은 섬김으로 선교사들의 화목을 도모한다. 또한 그녀는 우리 가정뿐만 아니라 많은 사역자들이 만나기를 원하는 사람이다.

이와는 반대로 X선교사는 처음부터 공개적이고 가시적인 방식으로 선교 사역을 전개했다. 아직도 선교를 금지하고 교회를 핍박하며 통제하는 나라에서 공개적인 선교 사역이란 불가능한 것이며, 바람직한 선교의 모델이 아니다.

먼저 그는 교회 지도자들을 접촉하여 해외로 초청하거나 종교건물을 세워주는 등 여러 유익을 제공함으로 관계를 맺었다. 그래서 현지 지도자들의 묵인 하에 신학교를 시작하였으며, 해외에서 교수진들을 초빙하여 통역으로 강의를 진행하였다.

결국 그는 자신을 대표로 하는 선교 단체를 세우고 선교 사역을 선전하기 시작하였다. 그리하여 많은 이사진들과 후원자들 그리고 선교 후보생들이 몰려들게 되었으며, 그의 사역 방식은 제한 지역 선교의 성공적인 모델처럼 여겨졌다.

몇 년이 지나자 그와 그의 선교 사역의 실상이 드러나게 되었다. 그것은 그 단체에서 함께 동역했던 여러 선교사들과 그가 세운 신학교를 졸업하고 사역하고 있는 제자들에게서 시작된 것이었다.

당시 X선교사는 이사들의 추천으로 처음에는 이들을 받아들이는 것이 자기사역이나 선교 단체의 발전에 도움이 될 것이라고 생각했을 것이다. 그러나 국내외에서 그 단체에 들어가 정말 헌신적으로 그를 도왔던 많은 선교사들과 사역자들이 그에게서 온갖 상처와 아픔들을 경험하고 떠나게 되었다.

그는 선교지에서 동료 선교사들을 잘 섬겨서 동역자로 만들기보다는 인격적으로나 사역적으로 문제 있는 사람이라고 경멸하고, 본국에 나쁜 평가를 제공함으로 그 단체에서 쫓아내거나 선교사로서의 삶에도 치명적인 상처를 주었다. 실상 그의 사역이 주로 해외 강사진을 초빙하고 통역 강의를 통하여 진행됨으로 다른 선교사들과 특별히 동역하거나 자신의 사역을 분여할 필요가 없었다. 또한 졸업생들이 배출되면서 자신에게 순종하고 충성하는 현지인들로 자신의 선교 사역을 돕게 하는 것이 훨씬 수월했을 것이다.

하지만 그의 제자들도 외골수적이고 부정직한 그에게 실망하고, 또한 그와 함께 하던 여러 선교사들이 떠나는 것을 보면서 회의를 품게 되었다.

특히 해외 강사진들의 통역 강의에 전적으로 의존하는 교육 방식과 화려한 인맥과 물질주의적 선교 방식에 대해 반감을 갖고 떠나게 되었다.

내가 그에게 상처를 입고 나온 여러 선교사들을 만났을 때, 그들은 그동안 당한 설움과 고통으로 인해 가슴에 쌓인 한을 풀어놓았다. 겉으로는 대내외에 알려진 유명한 스타선교사였지만, 실제로는 자신의 권위와 이익을 위해 많은 상처 입은 선교사들을 양산하고 있었다.

훌륭한 시니어 선교사란 그의 삶으로 동료 선교사나 후배들에게 인격과 사역의 본이 되는 선교사를 말한다. 그가 해야 할 일은 자신의 경험과 연단을 통해 배운 것들을 가지고 후배들을 지도하고 격려함으로 그들이 자신보다 더 좋은 일꾼이 되도록 섬기는 것이다.

C. 돌아보기

1980년대에 나의 신앙 생활에 큰 충격과 각성을 던져다 준 베스트셀러 한 권이 있었다. 그 책의 제목은 『예수라면 어떻게 할 것인가』라는 것이었으며, 그 책은 서두는 '당신은 진짜 기독교인입니까(Are you a real christian?)'라는 질문으로 시작한다.

그때 나는 스스로 자문해 보았다.

'나는 정말 그리스도인인가? 참 그리스도인은 어떤 사람을 말하는가? 나는 어떻게 진정한 그리스도인이 될 수 있는가?'

실로 선교지에서 많은 사역자들을 대하고 그들과 함께 부딪치면서 많은 시간을 보냈다. 그래서 상처를 받기도 하그, 때로는 상처를 주기도 하면서 그렇게 보낸 고통의 시간들이 있었다.

그러면서 나는 고민했다.

'어떤 사람이 참 선교사인가? 혹은 어떻게 하나님 마음에 합당한 좋은 선교사가 될 수 있는가?'

그 후 하나님은 나를 변화시키시고, 그분의 귀한 뜻을 깨닫게 하셨다. 그것은 다른 이들에게 향한 비판의 자리에서 돌이켜 바로 나 자신의 연약함과 부끄러움들을 바라볼 수 있게 하신 것이었다.

이제는 더 이상 다른 이들이 아닌 바로 나 자신의 실상을 똑바로 바라보게 된 것이다. 말로는 '예수님을 닮은 선교사가 되어야 한다'라고 외치고 설교하고 있지만, 정작 자신은 주님의 모습에서 멀어지고 있음을 몰랐다.

우리는 서로가 이렇게 부족하고 죄악 된 자들인데, 왜 하나님이 우리같이 연약하고 부끄러운 자들을 사용하시는지 알 수 없다. 그분의 측량할 수 없는 경륜과 사랑을 이해할 수가 없다. 다만 내가 발견한 한 가지 놀라운 사실은 하나님은 먼저 상처받은 나를 통해 상처받은 많은 사역자들과 성도들을 치유하시고 있다는 것이었다.

내가 하나님의 은혜와 긍휼로 그 상처에서 온전히 치유함을 받은 후, 다른 이들을 위로하고 치유하면서 그들에게 그 고통의 이면에 역사하고 계신 하나님의 크신 사랑과 아름다운 뜻을 알려줄 수 있었다.

일전에 S교회를 개척하여 오랫동안 진실하게 목회하시다가 은퇴하신 존경하는 박목사님이 선교사들에게 하신 말씀이 오래도록 기억난다.

"선교란 그저 10년 준비해서 1년 잘 써먹고 나오는 것입니다."

나는 이 말에 큰 위로를 받는다. 사역이 해가 갈수록 더욱 어렵다는 생각을 한다. 처음보다 현재 사역이 더욱 중요하기 때문이기도 하고, 그 일을 수행하는 자로서 인격이나 사역에 많은 한계를 경험하기 때문에도 그렇다.

하나님은 소망 없는 나에게 생명을 주시고, 상처받고 고통 받는 나를 치유하사 또 다른 이들에게 생명과 온전한 회복을 주는 도구로 사용하고 계신다.

'우리의 모든 환난 중에서 우리를 위로하사 우리로 하여금 하나님께 받는 위로로써 모든 환난 중에 있는 자들을 능히 위로하게 하시는 이시로 다(고후 1:4).'

D. 적용하기

1. 참된 리더는 어떤 사람인가?

2. 선교지에서의 팀워크(연합 사역)이란 무엇인가?

3. 선교지에서 일반적으로 성숙하고 효과적인 연합 사역을 하기 위해 필

요한 것들은 무엇인지를 말해 보시오.

4. 오늘날 자신의 선교지에서 선교사들이 팀워크를 이뤄 사역함으로 좋은 열매를 맺었던 현장 선교의 사례가 있다면 말해 보시오.

5. 자신이 시니어 선교사 혹은 후임 선교사로서 선교지에서 좋은 팀워크를 이루기 위해 가장 힘써야 할 것은 무엇인지를 말해 보시오.

*** 시니어 선교사란 그리스도를 닮음에 성숙한 자를 말한다. 선교사로서의 시간이 오래될수록 그의 삶속에서 그리스도를 닮은 거룩한 인격과 겸손한 마음 그리고 진실한 사랑과 희생적인 섬김이 드러나도록 힘쓰자.

선교지의 상황 속에서
참다운 팀 사역을 온전히 이루기 위해서는
먼저 한 기관이나 팀 안에 속한 동료 사역자들이
무엇보다 하나님이 세우신 그 조직의 질서를 존중하고
서로의 은사를 인정함으로 가능하다.
이를 위해
팀 리더와 동료 선교사가
서로 주장하는 자세가 아닌
섬김과 존경으로 대하며,
각자의 은사와 경험들을
서로 밝히 알고 인정하는 것이 우선이다.

제3부
선교사의 삶

오늘날 선교 현장에서 필요한 것은
사변적인 영성이 아닌
죄악과 죽음의 현장에서 생명을 구원하는 영성이요,
침체되고 절망적인 선교 현장에서
생명을 살리고 교회의 부흥을 경험하게 하는 영성이다.
우리 사역자들은
복음과 진리를 확신 있게 증거하는
참된 영성을 지닌 전도자요,
자신의 소명을 위해 충성하는
신앙의 모범이자 삶의 교사가 되도록
힘써야 한다.
이는 선교 사업의 성패나 선교 목적의 조속한 성취보다
선행되어야 할 소중한 가치이다.

01

영성 훈련 : 선교의 정신

@ 말씀 : 빌립보서 3장 7절-9절

그러나 무엇이든지 내게 유익하던 것을 내가 그리스도를 위하여 다해로 여길뿐더러 또한 모든 것을 해로 여김은 내 주 그리스도 예수를 아는 지식이 가장 고상하기 때문이라. 내가 그를 위하여 모든 것을 잃어버리고 배설물로 여김은 그리스도를 얻고 그 안에서 발견되려 함이니

- -

1. 선교와 영성 : 하나님을 아는 지식
2. 선교의 정신 : 죽도록 충성하라

- -

우리가 가져야 할 참다운 영성은 참된 경건에서 나온다. 이는 하나님만을 기쁘시게 하고자 하는 마음과 오직 하나님의 영광만을 구하는 삶이다. 참된 경건은 하나님을 아는 데서 출발하며, 또한 참된 경건이 하나님에 대한 참 지식으로 인도한다. 이 참 지식은 참된 경건의 출발점이며 참된 영성의 근원이다.

기독교의 영성이란 하나님과 진리를 바로 아는 것이다. 즉 하나님과 진리에 대한 앎과 성숙이요, 나아가 오직 하나님과 진리를 위해 목숨을 바쳐 충성하고자 하는 전인적인 헌신과 삶을 말한다.

한편 참된 영성이란 우리가 어떤 지위를 얻고, 무엇을 하는가와는 상관없다. 그것은 하나님과 자신의 관계에서 정의되는 말이며, 하나님께 대한 헌신으로 열매 맺는 실천적 영성이다.

예수 그리스도는 '내가 하늘에서 내려온 것은 내 뜻을 행하려 함이 아니요 나를 보내신 이의 뜻을 행하려 함이니라(요 6:38)'라고 말씀하시고, 자신을 세상에 보내신 아버지의 뜻을 이루기 위해 죽기까지 복종하셨다.

주님의 제자들은 '나를 따라오너라. 내가 너희를 사람을 낚는 어부가 되게 하리라'는 부르심에 모든 생업을 버리고 즉시 순종하였다.

바울은 '내 주 그리스도 예수를 아는 지식이 가장 고상하기 때문이라. 내가 그를 위하여 모든 것을 잃어버리고 배설물로 여김은 그리스도를 얻고 그 안에서 발견되려 함이니(빌 3:8-9)'라고 고백하고 복음을 위해 고난 받기를 자처하였다.

오늘날 선교 현장에서 필요한 것은 사변적인 영성이 아닌 죄악과 죽음의 현장에서 생명을 구원하는 영성이요, 침체되고 절망적인 선교 현장에서 생명을 살리고 교회의 부흥을 경험하게 하는 영성이다.

우리 사역자들은 복음과 진리를 확신 있게 증거하는 참된 영성을 지닌 전도자요, 자신의 소명을 위해 충성하는 신앙의 모범이자 삶의 교사가 되도록 힘써야 한다. 이는 선교 사업의 성패나 선교 목적의 조속한 성취보다 선행되어야 할 소중한 가치이다.

하나님께서 친히 우리를 거룩한 복음 사역자로 부르셨으며, 그 사역에 합당한 자로 세우시고 사용하시기 위해 불같은 시험으로 우리를 연단하신다.

그래서 하나님께서는 우리가 참된 영성을 소유하도록 연단하신다. 특히 십자가의 복음을 들고 나아가는 선교사들에게 많은 고난을 허락하시는데, 그것은 우리로 하여금 그리스도의 십자가와 같은 고통을 체험하게 하심으로 오직 천국의 소망으로 충만하게 하시기 위함이다.

아울러 우리로 하여금 영생의 기쁨과 부활의 능력을 힘입어 온갖 고난 속에서도 믿음으로 승리하게 하시며, 또한 선교지의 영혼들에게 나아가서 그들에게 참된 믿음의 본으로 나타나게 하신다.

'내가 이 복음을 위하여 선포자와 사도와 교사로 세우심을 입었노라. 이를 말미암아 내가 또 이 고난을 받되 부끄러워하지 아니함은 내가 믿는 자를 내가 알고 또한 내가 의탁한 것을 그날까지 그가 능히 지키실 줄을 확신함이라(딤후 1:11-12).'

B. 선교 현장

중국의 선교 현장은 영적 전쟁이 치열하다. 왜냐하면 하나님의 대적하는 악한 세력과 복음과 진리를 거부하는 헛된 사상들과 죄악 된 문화가 있기 때문이다.

그러므로 선교사가 선교지에서 홀로 건강하고 능력 있는 영성을 유지한다는 것은 매우 중요한 과업 중의 하나이다. 그러나 선교지의 열악한 상황에서 지속적으로 깨어 있는 탁월한 영성으로 사역하기란 쉬운 일이 아니다.

중국 선교사는 현지에 들어오기 전부터 영적인 싸움이 치열하다. 일부는 이전에 들었던 중국 내에서의 교회와 선교사들에 대한 핍박에 관한 소식들을 접하면서 심각한 두려움에 사로잡히기도 한다.

실제로 중국 선교사는 입국하면서부터 긴장하게 된다. 혹시 검문이나 검열을 당하여 선교사라는 신분이 노출되거나 자신의 사역이 시작하기도 전에 중단될까 하는 염려 때문이기도 하다.

그리고 매사에 자신의 신분과 이름을 감추고 살아가야 하는 스트레스가 상당히 크다. 또한 고국의 부모나 친구들에게조차도 자신의 신분이나 주소 혹은 소식까지도 은밀하게 전달해야 하는 불편함을 감수해야만 한다.

더욱이 사역이 시작되면 이러한 고통과 긴장감은 한층 고조되어 심지어 각종 심혈관 질환이나 극심한 위장병 등을 앓기도 한다.

선교지의 생활이 장기화되고 점점 현지 사역이 더욱 확장되면 될수록 더 큰 긴장감으로 선교지에서의 외로움과 많은 불면의 시간들을 보내게 될 수도 있다. 이러한 사역적 부담과 스트레스가 심해지면, 우울증이나 각종 질병에 걸리기도 하고, 잘못하면 그릇된 일탈로도 빠져들 수도 있다.

그래서 어떤 이들은 가족 관계가 파괴되어 이혼하거나 별거 상태로 지내기도 하고, 심지어는 선교 사역을 포기하고 사업가나 평범한 신자로 변모하기까지 한다.

하루라도 말씀과 기도 생활을 게을리 하면 금방 찾아오는 것이 두려움과 근심이다. 실로 마귀는 우리의 잠시 방심한 틈을 타서 온갖 걱정과 불안을 심어놓는다.

또한 부부가 영성을 잃으면 일순간 세상적 염려에 빠지게 된다. 그렇게 보면 이 세상에 선교사보다 더 불쌍한 사람이 없다. 머나먼 이국땅에서 오랜 세월 살다보니 아는 이도 없고, 나이는 늙어가고 자식도 커가는데 인간적으로 미래에 대한 준비와 보장이 전혀 되어 있지 않다.

선교사에게는 많은 사역적 위험과 영적인 위기가 있다. 이러한 위기를 극복하는 유일한 방법이 하나님과의 친밀한 교제를 통하여 살아 있는 영성을 유지하는 것이다.

날마다 만유의 주재시며 생명의 주관자요 살아 계신 전능하신 하나님, 나를 사랑하사 나를 위해 죽으시고 부활하신 주님을 묵상할 때에야 비로소 뒤로 물러가 침륜에 빠지지 아니할 수 있다.

오늘도 하나님의 은혜와 측량치 못할 큰 사랑에 감격하면서 생애의 모든 것을 그분께 의탁하고 미천한 나를 부르사 이 땅에 보내신 그 부르심 앞에 충성스럽게 달려갈 수 있는 종들이 되어야 할 것이다.

* 현장1 - 100일간의 참회록

우리 신학교를 졸업한 W전도사는 지난 몇 년 동안 교회로부터 사례비를 받지 못했다. 그 이유는 목양하는 교회의 헌금으로 임대료도 감당하기도 어려운 형편에서 목회자가 사례비를 받는 것은 기대할 수 없었기 때문이다. 단지 그는 개인적으로 국가에서 상이군경에게 주는 보조금과 주변의 형제들이 보내온 연보를 갖고 살아 왔다.

현실적으로 도시 지역의 한 달 생활비는 최저 2000원 이상을 필요로 하는데, 불과 1,000원 미만의 돈으로 생활한다는 것은 정말 어려운 일이었다. 그들은 그 돈으로 집세를 내야 하고, 나머지로 생활과 사역을 감당해야만 했다. 하지만 W전도사는 이런 환경 속에서도 목회에 전념하였다.

그 후 2008년 가을 내가 1년간 안식년을 떠나 있던 그 시기에, W전도사와 그가 섬기는 교회에 사탄의 큰 공격과 시험이 닥쳤다. 그것은 주변에서 신령주의 운동을 하는 몇 몇 지도자들을 접하면서 일어난 일이었다. 그들은 방언을 훈련하여 기도하고, 귀신을 내어 ㅉㅗㅈ는 일을 주로 하며, 때로는 예언 사역을 겸하기도 하였다.

W전도사는 처음에 목회와 생활에 대한 어려움과 영적 무기력감에 빠쳐 호기심으로 그 집회에 참여하였다가, 무언가 신비스런 체험을 한 후 점점 심취하게 되었다.

결국 그는 이 신령주의 집회에 참석하면서 성경을 멀리하고 마치 귀신들린 사람처럼 이상한 방언과 신비스런 체험을 추구하게 되었고, 설교와 목회보다는 그 모임에서 예언 기도를 하고 통변을 한다는 한 지도자의 말과 명령을 그대로 전하고 따르는 심각한 상황에 처하고 말았다.

2009년에 내가 다시 귀국하여 돌아왔을 때, 주변의 여러 제자들이 나에게 와서 W전도사와 그의 교회가 매우 절망적인 상황에 처해 있다는 소식을 전해 주었다. 이제 그는 어느 누구의 말도 듣지 않을 정도로 완고한 상태에 있었고, 그가 섬기는 교회는 사탄의 철저한 농락과 교묘히 들어온 거짓 예언자들의 손에 의해 장악되고, 교인들은 서로 갈라지고 파괴되는 처지에까지 이르게 되었다. 나는 이것이 마귀와의 영적 전투라는 사실을 자각하고, 회개와 금식 기도 외에는 W전도사와 그 교회를 살리는 길이 없다고 판단하였다.

그래서 먼저 P지역에서 사역하는 제자들을 모아놓고, '100일간의 참
회기간'을 선포하였다. 모든 지도자들과 교회가 매일 한 끼를 금식하면
서 100일간 W전도사와 그 교회를 위해 기도하는 시간을 갖도록 지시하
였다. 아울러 나는 W전도사의 집을 방문하여 그의 가족들과 함께 예배
를 드리고 그가 즉시 회개하고 바른 진리로 돌이킬 것을 권면한 후, 그에
게 일체의 목회 사역을 그만두고 근신하며 참회의 시간을 갖도록 명령하
였다.

또한 그 교회에 아직 남아 있는 적은 성도들을 위해 사역자를 세워 다
시 그 교회를 진리 안에서 바로 세우도록 즈치하였으며, 나와 몇 교회가
협력하여 잠시 사역을 쉬고 있는 W전도사의 가정을 위해 생활비를 지속
적으로 부조해주었다.

참으로 감사한 것은 내가 그의 가정을 심방했을 때, 하나님께서 이미
그의 심령을 부드럽게 하셔서 나의 이러한 즉각적인 회개와 근신의 조치
에 그와 그의 가정이 한 마음으로 순종하게 하신 것이다.

나는 우리 형제들과 '100일간의 참회 기도'를 시작되면서, 많은 교훈
과 유익을 얻었다. 특히 지금의 중국 교회 상황에서 어떤 신앙적 도덕적
문제에 대하여 누가 나서서 치리를 하고 문제를 해결한다는 일은 상상할
수도 없는 일이다. 실로 지금도 중국 교회는 목회자의 합법적인 권위나
교회 질서도 없고, 교회법이나 치리회가 성립되지 못하다 보니 실로 무질
서한 상태에 놓여 있다.

그러다 보니 쉽게 이단의 공격을 받거나 각종 불건전한 선교 단체의
이용을 당하기가 일상이고, 지도자와 신자들의 영적인 타락과 윤리적 범
죄에 대해서도 전혀 무감각한 상태이다.

향후 중국 교회는 바른 신학 교육을 통하여 하나님의 교회에 좋은 목
회자들을 배양하고, 그들로 성경적인 교회 질서를 세워서 바로 교회를 목

양하게 하는 것이 급선무이다.

'100일 간의 참회기간'이 끝나고, 하나님의 은혜로 W전도사와 교회는 온전한 회복을 얻게 되었다. 그런데 더욱 감사한 것이 이 W전도사가 스스로 자신의 과오와 죄가 하나님과 교회 앞에 얼마나 큰 것인가를 깊이 반성하고, 다시 반 년 이상의 근신과 참회 시간을 갖겠다고 한 일이다.

그 일이 지난 후 이제 W전도사와 그 교회는 참 진리 안에서 다시 회복되고 하나님의 은혜를 받은 성도들이 진실로 변화되어, 주를 사랑하는 마음으로 교회와 복음 사역을 위해 자신의 시간과 모든 소유를 기꺼이 내놓는 자리까지 성장하게 되었다.

하나님의 일하심은 참으로 기묘하시고, 그 은혜와 지혜는 사람이 측량할 수 없이 크고도 넓다. 나 자신도 놀라고 신학생들도 놀랄만한 결과였다.

우리 모두는 지난 몇 년 동안 우리 속에 하나님이 살아 계시고 우리와 함께 하심을 친히 경험할 수 있었다.

지금 중국 교회는 하나님의 은혜와 능력을 신뢰함으로 영적으로 성숙한 교회의 길로 나아가고 있다. 또한 교회 지도자들의 마음에 우리도 영적으로 자립할 수 있다는 믿음과 신앙적 자신감이 싹터가고 있는 것을 볼 수 있다.

선교 현장에서 이러한 일들을 날마다 목도할 수 있게 하신 전능하신 하나님께 진심으로 감사하며, 이러한 시시각각의 선교행전이 나의 가슴을 설레게 하며 이 나라 교회의 아름다운 미래에 대한 꿈을 꾸게 한다.

* 현장2 - 평강이 있을지어다

2007년 여름, 우리는 어느 산기슭에 있는 한 작은 호텔에서 전체 수련회를 가졌다. 참석 인원은 약 40여 명에 달했다. 지금까지 개최한 수련회 중에 가장 많은 인원이 참석하여 하나님의 큰 은혜를 체험하였다.

우리는 몇 달 전부터 이 수련회를 준비하기 위해 많은 노력과 기도를 해야만 했다. 그동안 우리는 매년 2-3차례의 수련회를 가져왔다. 매번 수련회에는 약 20여 명이 참석하여 신앙 훈련과 공동체 의식을 경험하였다.

이번 수련회는 졸업생과 재학생들이 함께 참여하고, 한국에서 초청한 외부강사들까지 오기로 계획되어 있었다. 그러나 주변의 많은 지역을 답사해 보았지만, 안전하고 적당한 곳을 찾을 수가 없었다.

먼저 그 이유는 호텔이나 공공장소는 반드시 투숙자의 신분증명서를 제시하고 등기를 해야 함으로 신분이 노출될 수 있으며, 감시자들이 있어서 종교 집회인줄 금방 알아차릴 수 있기 때문이다. 다른 한편으로는 외곽의 여관들은 많은 인원을 수용할 만한 시설이 없었기 때문이었다.

그러던 차에 나는 한 형제와 차를 타고 산기슭에 자리 잡은 작은 수련원을 하나 방문하였다. 시내의 한 고급호텔의 수련원으로서 주로 호텔 직원들이나 관련회사들의 연수를 하는 곳이었다. 그래서 직원들은 모두 시내의 호텔에서 훈련받은 사람들이었으며, 대체로 숙박 시설이나 오락 시설들도 고급스런 수준을 유지하고 있었다.

처음에 나는 이 호텔을 계약하는 것이 선뜻 내키지 않았다. 만일 관리 책임자가 너희의 회사나 소속이 어디냐고 묻는다든지 혹은 신분이 무엇이냐, 아니면 무슨 목적으로 집회를 하는 것이냐 등을 묻는다면 대답하기 곤란하다. 또한 2박 3일간 투숙하는 40여 명 모두가 신분증을 제시하고 등기하라고 한다면 난처한 상황이 발생할 수도 있다. 더군다나 5명의 외국인들의 신분이 노출되면, 법적으로 엄청난 대가를 치를 수도 있다.

하지만 나는 믿음으로 이 장소를 예약하였다. 왜냐하면 수련회 날짜는 점점 다가오는데, 지난 3달을 돌아다니며 백방으로 적합한 장소를 찾아보았지만 이보다 좋은 환경과 장소를 찾을 수가 없었다. 시내 외곽의 산기슭이다 보니 아무래도 직원들과 관계만 잘 해결된다면 안전을 보장받는 것이나 3일 간의 집회가 비교적 용이하게 진행될 수 있을 것으로 보였다.

그 후 수련회 날짜가 도래했다. 미리 임대한 세 대의 봉고차와 한 대의 자가용 차량으로 이동을 했다. 도착하자마자, 호텔 숙소의 열쇠를 받아 2인 1조씩 각 방으로 들어가도록 배치하였다.

그리고 나는 도착 예배가 열릴 회의실로 갔다. 그런데 거기에는 이미 3-4명의 형제들이 향후 발생할 문제들에 대처하기 위한 방안을 모색하고 있었다. 그들은 매우 긴장된 분위기로 나에게 말하기를, 만일의 사태를 대비하여 핸드폰을 다 수거하여 호텔 외부의 산기슭에 숨겨 두자고 했다. 또한 신분증을 수거하여 등기 문제나 체포될 상황에 대비하자고 했다.

이때 하나님은 나에게 믿음을 독려하셨다. 그래서 나는 그들에게 말하기를, 이미 우리가 여기까지 왔는데 이제는 모든 것을 하나님께 맡기고 기도하자고 했다.

그래서 나는 그들과 합심하여 기도한 후, 다음과 같이 하나님께 간절히 기도하였다.

"살아 계신 하나님, 우리의 모든 것을 아시는 하나님, 오늘 우리에게 평강을 주소서. 우리와 함께 하시는 임마누엘의 하나님, 우리와 이곳과 삼 일간의 집회 안에 평강으로 임재하시고 인도하소서. 우리는 우리 스스로 우리의 안전을 지킬 수 없는 자들입니다. 주께서 친히 우리의 방패와 안전과 피난처가 되소서. 우리가 안전히 거하는 것도 주께 달려 있고, 우리가 잡히는 것도 주의 손에 달렸나이다. 주께서 허락지 아니하시면, 세상이 결코 우리를 잡을 수 없나이다. 만일 우리가 잡힌다면, 그 고난도 우리의 믿음을 단련하시려는 크신 주님의 뜻인 줄 믿사오니, 우리에게 범사에 감사하는 마음과 주님이 허락하신 고난에 평안히 순복하는 마음을 주소서. 이 모든 일을 주께 맡기오니, 주께서 우리와 우리의 집회를 인도하소서. 우리와 항상 함께 계시는 주 예수 그리스도의 이름으로 기도하옵나이다. 아멘!"

이윽고 기도를 마치자 정말 놀라운 일이 벌어졌다. 나의 심령에 물밀 듯 솟아오르는 평강이 가득하게 넘쳐흘렀다. 그리고 형제들의 얼굴에는 기쁨과 확신이 충만하였다.

조금 전까지만 해도 두려움과 긴장으로 어찌할 줄 모르던 우리에게 변화가 찾아 온 것이다. 그 시기는 여름이었음에도 불구하고, 우리는 집회의 안전을 위해 본래 회의실의 모든 창문을 닫고, 낮에도 커튼을 친 후 회의실에 불을 켜서 조용하게 집회를 하고자 계획했었다. 또한 숙소에서 회의실로 이동할 때도 성경이나 찬송가를 옷 속에 숨기어 이동하고, 모든 집회 때에는 찬송이나 기도를 자제하도록 요구하기로 했었다.

성령이 우리 가운데 역사하신 것이다. 그렇게 소심하고 위축되어 있던 우리가 담대해졌다. 이번 집회는 자칫하면 은혜를 받기보다는 두려움과 긴장감으로 도리어 어색하고 시험 들기 쉬운 상황이었다.

그러나 우리는 회의실의 문과 창문도 열어놓고 커튼도 밖에서 직원들이 공개적으로 볼 수 있도록 열어 젖혔다. 그리고 참석한 모든 형제와 자매들도 우리의 적극적이고 평안한 모습을 보고, 그들도 적극적으로 그 호텔의 직원들과 평안하고 밝은 모습으로 교제하기 시작하였다.

나는 집회를 함께 이끄는 형제들에게 말하기를, 만일 호텔 지배인이나 관리인이 우리의 신분을 묻는다면, 정직하게 우리는 기독교인이라고 대답하라고 말하였다.

사실 나도 내가 이렇게 할 수 있으리라 생각지 못했었다. 다만 성령이 주장하심을 따라, 이미 주께서 내 속에 주신 하나님을 전적으로 신뢰하는 믿음에서 나온 것이었다. 우리가 하나님 앞에 정직하게 대면할 때, 하나님의 크신 인도하심과 보호하심을 기대하는 마음이라고 할 수 있다.

이제 그 날 오후에 개회 예배가 시작되고, 우리 모두는 전혀 이곳의 형편을 아랑곳하지 않고 큰 소리로 찬양하며 기도했다. 다시 저녁 식사를 한 후에는 심령 수련회를 갖고 큰 소리로 합심하여 기도하기도 했다.

그런데 저녁의 심령 수련회를 마치고, 잠시 휴식하는 시간에 일이 생겼다. 회의실 창문 밖에서 우리의 열광적인 집회와 기도를 지켜보고 있던 호텔 관리인이 찾아온 것이다. 그래서 나는 한 형제를 데리고 그에게 갔다.

그가 먼저 우리에게 물었다.

"당신들은 혹은 사이비 종교단체나 최근에 반국가적 조직을 결성하여 물의를 일으켰던 모단체가 아니오?"

그 형제는 준비한대로 대답했다.

"우리는 기독교인입니다."

"아, 기독교인이요? 나도 전에 교회 다니는 친구들이 있었는데, 기독교인들은 좋은 사람들이지요."

할렐루야! 하나님이 그의 입술을 통해 우리의 기도를 응답하심을 체험할 수 있었다. 그 관리자는 직권으로 묻지 않고 바로 경찰서에 우리를 이상한 종교집단으로 신고하거나 체포하도록 요구할 수도 있는 상황이었다. 아니면 우리의 정확한 소속을 밝히도록 하거나 모든 사람의 신분을 등록하도록 명령할 수도 있다. 정말 긴장된 상황이었다.

호텔관리인이 우리에게 정중히 부탁했다.

"내가 지켜보니 당신들은 다른 사람들고 다른 정말 좋은 사람들인 것 같군요. 정말 평안하고 행복한 진실한 기독교인들인 것 같아요. 삼 일 동안 평안하게 잘 사용하도록 협조하지요. 그리고 저녁시간에는 인근 마을에 소리가 들리지 않도록 조용히 활동해 주시기를 바랍니다."

첫 날부터 우리는 참으로 평안한 가운데 은혜로운 집회를 무사히 마칠 수 있었다. 우리 형제자매들은 직원들을 마주할 때마다 먼저 상냥하게 그들에게 인사를 했다. 또한 그곳의 직원들도 최대한 기쁨으로 봉사하였다. 또한 수련회를 마치고 나는 형제자매들에게 모든 숙소를 우리가 들어오기 전의 상태처럼 깨끗이 청소하고 나오도록 하였다. 이런 일은 전혀 보기 힘든 일이었다.

우리가 그 호텔의 정문을 나올 때, 나는 그곳의 관리자를 만나 악수하며 감사의 뜻을 전했다. 그곳의 직원들도 모두가 줄을 서서 우리에게 손을 흔들며 환송했다.

"다음에 또 오세요."

C. 돌아보기

2004년 여름에 현지 교회의 목회자들과 신학교 학생들이 함께 수양회를 가진 적이 있었다. 당시 그들 대부분은 경제적으로나 사역적으로 많은 어려움과 핍박으로 고통 받고 절망적인 상태에 놓여 있었다.

나는 지쳐 있는 제자들을 향해 다음과 같이 권면해주었다.

"우리의 삶 속에 있는 크고 작은 문제와 고난들을 감사함으로 받읍시다. 왜냐하면 우리가 당하는 고난도 하나님이 우리의 유익을 위해 특별히 허락하신 것이기 때문입니다. 고난은 우리를 하나님 곁에 두시려는 하나님의 특별한 사랑입니다. 우리는 문제와 고난이 없으면 금방 세상으로 달려가는 절망적인 죄인들입니다. 우리에게 이러한 고난이 있어서, 우리 심령이 늘 주님과 십자가 앞에 있으니 이것이야말로 참된 축복입니다. 세상에 부하고 영혼이 하나님에게 멀어진다면 이것이야말로 저주가 아니겠습니까. 육적인 축복이 참된 축복이 아닌 것처럼, 우리에게 허락하신 어려움은 고난이 아니라 우리를 그리스도를 닮은 하나님의 사람으로 변화시키시고자 허락하신 하나님의 숨겨진 축복입니다. 이제 우리 삶의 고난을 제거해달라고 기도하지도 맙시다. 다만 주님처럼 하나님의 나라와 죽어가는 생명들을 위해 기도하는 중보자로 살아갑시다. 하나님께서 우리를 도우실 것입니다."

나는 선교 사역을 수행하면서 점점 내가 얼마나 부족하고 형편없는 사역자인지를 절감하게 된다. 그래서 가끔 선교 사역에 대한 회의에 빠진 적이 있었다. 왜냐하면 전혀 변화가 없는 선교지의 상황 때문이었다. 비록 세상적이고 경제적인 변화는 많았지만, 영적 현실은 내가 눈물로 기도하며 선교를 준비하던 때나 지금이나 큰 변화가 없는 것만 같다.

중국 선교의 현장 이곳은 아직도 핍박과 통제가 있으며, 지금도 나의 선교 사역 속에는 많은 위험과 끊임없는 긴장감이 몰려오고 있다. 그러나 오늘도 나는 주의 십자가를 바라보며, 지금 내가 고민하고 염려하는 것이 주님의 십자가 앞에 얼마나 부끄러운 것인지, 정말 아무 것도 아닌 것들로 염려하고 있는 믿음 없는 나를 바라보며 진정한 회개의 기도를 드린다.

하나님이 왜 나와 같이 미천한 자에게 이 일을 맡기시고 이 종의 한없이 부족한 섬김에 넘치는 복을 주시는지 그 사랑을 다 알 길이 없다.

하나님의 부르심이 은혜요 주를 섬김이 곧 축복이다. 지금 내가 주의 부름을 받아 이 길에 서 있는 것이 얼마나 큰 영광이요 자랑인지를 알고, 이제 우리 모두 주를 기쁘시게 하는 종들이 되자.

'이제 내가 사람들에게 좋게 하랴 하나님께 좋게 하랴 사람들에게 기쁨을 구하랴 내가 지금까지 사람들의 기쁨을 구하였다면 그리스도의 종이 아니니라(갈 1:10).'

D. 적용하기

1. 참된 영성이란 무엇인가?

2. 선교지에서 좋은 영성을 유지하기 방법은 무엇인가?

3. 자신의 선교지에서 선교사들이나 현지 교회의 지도자들 이 직면하고 있는 영적 위기들은 어떤 것들이 있는지를 말해 보시오.

4. 오늘날 자신이 현장 사역 가운데 직접 경험했던 영적 위기 상황들을 돌아보고, 그러한 위기들을 어떻게 극복했는지를 구체적인 사례를 들어 말해 보시오.

5. 자신이 선교사로서 앞으로 발생할지도 모르는 영적인 위기들을 어떻
   게 대처하고 극복할 것인지를 말해 보시오.

*** 하나님의 크신 은혜와 축복을 경험하였으면서도, 여전히 믿음 없이
   사는 나를 십자가에 못 박자. 지금 내가 진정으로 간구하는 것은 주
   님의 십자가에서 나오는 뜨거운 첫사랑의 감격과 복음에 대한 불타
   는 충성심이다.

02

인격 훈련 : 선교의 자세

@ 말씀 : 마태복음 11장 29절-30절

나는 마음이 온유하고 겸손하니 나의 멍에를 메고 내게 배우라 그리하면 너희 마음이 쉼을 얻으리니 이는 내 멍에는 쉽고 내 짐은 가벼움이라 하시니라.

----

1. 선교와 인격 : 그리스도를 닮아감
2. 선교와 훈련 : 고난 속에 연단된 정금

A. 이해하기

복음은 선교사라는 한 사람의 인격체를 통해 전달된다. 그의 말과 지식과 인품 그리고 삶의 태도와 생활방식을 포함한 전인을 통해 총체적으로 전달된다.

선교사는 그리스도를 닮은 거룩하고 성숙한 인격자로서 서서 하나님의 생명의 복음을 전달할 은혜와 축복의 통로가 되도록 힘써야 한다.

우리가 본받아야 할 참된 인격자의 모습은 그리스도에게서 발견할 수 있다. 그는 마음이 온유하고 겸손하셔서 고난을 받되 죽기까지 인내하시고 하나님께 순종하셨다.

예수 그리스도는 겸손히 자신을 비우시고 이 땅에 내려오셔서 죄인들의 종이 되셨으며, 마침내 죽음의 고통을 감내하시고 자신의 생명을 내워 주시기까지 사랑하셨다.

하나님은 겸손한 자를 쓰신다. 그는 자신과 자신의 어떤 조건을 더 이상 신뢰하지 않고, 오직 하나님과 그리스도의 의만을 신뢰하여 사는 사람이 되기를 원하신다.

우리는 자기를 부인하고 날마다 자기 십자가를 지고 그리스도를 따르는 삶을 훈련을 해야 한다. 여전히 우리는 무익한 종이요, 긍휼이 필요한 죄인들이다. 아무도 자신의 인격으로는 주 앞에 설 수 없다.

우리의 인격은 근본적으로 냄새나는 누더기요 죄로 인해 부패하여 버려진 걸레와 같다. 지금 이대로의 모습으로는 주를 기쁘시게 할 수가 없다.

성경은 말하기를, 하나님의 집에는 귀히 쓰는 그릇이 있으며 그것 바로 깨끗한 그릇이라고 말씀하신다. 실로 하나님의 축복의 통로인 우리가 불결하다면 온전한 도구로 사용될 수 없다.

선교사는 날마다 말씀과 기도 가운데 이러한 연약함과 죄성을 붙들고 싸움으로 자신의 거룩함과 믿음의 성숙을 위해 노력해야 한다.

그런데 놀라운 사실은 우리의 연약함을 아시는 사랑의 하나님께서 주도적으로 우리의 삶을 인도하시고 훈련하신다는 사실이다.

하나님은 모든 형편과 환경을 통하여 우리의 믿음과 신앙 인격을 연단하시어 오직 주님의 긍휼과 십자가만을 의지하고 살아가는 자도록 인도하신다.

하나님께서는 선교사들에게 고난을 통해 그리스도의 십자가와 부활의 능력을 경험하게 함으로 자기를 부르신 자를 더욱 잘 알도록 하시고, 또한 예수 그리스도를 닮은 성숙한 인격자요 참된 사역자로 예비하신다.

나아가 하나님께서는 우리의 연단된 신앙 인격을 통하여 현지의 교회와 신자들에게 우리가 전하는 말씀과 함께 참 믿음의 증거를 목도하고 그들로 신앙의 본을 삼게 하기 위함이다.

실로 인격이 성숙한 사람은 나보다 남을 낫게 여기고, 나보다는 다른 사람의 유익을 구하는 그리스도의 인격을 소유한 사람이다. 이는 주의 십자가로 거룩해진 참 신앙이며, 자신과 세상의 이익보다 진리와 생명을 사랑하는 인격이다.

사랑의 하나님이 우리 생애를 통해 참으로 연약하고 죄악 된 질그릇과 같이 미천한 자들을 구원하시고 연단하심은 이 시대의 보배그릇으로 쓰기를 원하시기 때문이다.

'나를 능하게 하신 그리스도 예수 우리 주께 내가 감사함은 나를 충성되이 여겨 내게 직분을 맡기심이니…, 죄인 중에 내가 괴수니라. 그러나 내가 긍휼을 입을 까닭은 예수 그리스도께서 내게 일체 오래 참으심을 보이사 후에 주를 믿어 영생 얻는 자들에게 본이 되게 하려 하심이라(딤전1:12-16).'

B. 선교 현장

선교의 현장에서 사역하면서 가장 가슴이 아픈 일은 바로 사람과 사람과의 관계에서 생기는 갈등과 분열이라고 말할 수 있다.

선교사는 사람을 상대로 일하기 때문에 주변의 동료 선교사들이나 협력 사역자들 그리고 현지 교회의 지도자들과 좋은 관계를 유지하는 일은 매우 중요하다. 실제로 선교 사역을 하다 보면 쉽게 그 선교사의 인간됨과 인격이 드러난다. 그가 하나님 앞에 진실하고 사람들을 진심으로 사랑하는 사람인지 아니면 단지 자신의 어떤 이익이나 단지 자기 사역의 목적을 이루기 위해서 사람들을 이용하고자 하는지 알 수 있게 된다.

일전에 내가 속한 현지 지부에서도 선교 본부의 지도자와 현지 선교사와의 인간 관계의 갈등으로 인해 큰 어려움을 겪은 적이 있었다. 이 사건의 발단은 S선교사가 지부나 본부의 허락이 없이 자기가 스스로 결정하여 새로운 사역을 시작한 일 때문이었다.

그런데 S선교사를 파송한 선교 본부의 지도자는 그에게 즉시 그 일을 중단하라고 요구했지만, 그는 그의 말이 부당하다고 여기며 자신의 생각을 내려놓지 않았다.

당시에 나도 그 일이 사역으로 옳은 지에 판단도 없었고 또한 그가 적당한 절차 없이 단독적으로 일을 진행한 것과 지도자에 대해 불순종하는 것이 잘못되었다고 여겨 동료 선교사들과 함께 진심으로 그가 본부의 지도에 순종할 것을 권면하였다. 그러나 S선교사는 자신의 뜻을 굽히지 않았고, 급기야 본국에 소환당하여 문책을 당하기까지 하였다. 이 사건이 점차 정리되면서, 나는 이 문제의 근본적인 원인은 과거에 한 교회에서 사역했었던 Y목사와 그를 파송한 S선교사간의 왜곡된 인간관계에 있었다는 것을 알게 되었다.

만일 Y목사도 본부의 지도자로서 감정적으로 이 일을 처리하거나 명령을 내리기보다는 시간을 두고 대화와 소통을 통해서 처리했으면 좋았을 것이고, S선교사도 비록 사후이기는 하지만 동료 선교사들과 본부 지도자의 말에 경청하고 좀 더 바른 절차와 허락을 거쳐서 다시 진행했다면 좋았을 것이다.

특히 현지 지부의 리더로서 선교사와 본부 사이에서 지혜와 사랑의 인내를 가지고 그들에게 올바른 조언과 효과적인 해결 방안을 제시하지 못한 나 자신을 돌아보며 실로 부끄럽게 생각하였다.

예수 그리스도는 하나님과 죄인을 화목하게 하러 오신 중보자이시다. 또한 그분은 사람과 사람 사이에 진정한 화평과 연합을 주시는 분이시다.

우리가 주님을 닮아 좋은 인격을 지닌 지도자가 된다는 것은 쉽지 않은 일이다. 이는 우리의 뿌리 깊은 죄성과 절제치 못하는 욕망 때문이다.

선교사도 연약한 죄인이다. 그래서 날마다 전능하신 하나님 앞에 서야 한다. 무엇보다 자신의 감춰진 욕망과 죄를 살피고 회개하며, 자신의 무지와 무능을 진실로 고백하고 수시로 도움을 구할 수 있어야 한다.

하나님은 우리로 주님의 겸손과 온유한 형상을 닮은 좋은 인격자로 사람들 앞에 서도록 우리의 죄악들을 징계하시고, 우리를 미혹하고 실족하게 하는 환경들을 효과적으로 다루신다. 또한 때때로 나의 헛된 욕망이나 죄악 된 환경들을 철저히 제거하심으로 나에게서 그것들을 멀리하게 하신다.

참된 영성은 신자가 하나님과의 올바른 관계를 갖는 것에서 출발하며, 또한 그와 관련된 사람들과의 관계 속에서도 빛과 소금으로 증명되어야 한다.

선교사는 하나님의 사랑을 자신의 삶 속에서 이웃들에게 나타내고 증

거하는 사람이다. 그러므로 선교사는 하나님을 아는 참 진리를 얻는 일에
힘써야 하는 동시에 그 진리를 하나님의 사랑으로 전달하는 좋은 도구가
되어야 한다.

* 현장1 – 마른 막대기

2004년 여름, 가만히 서 있어도 얼굴과 등줄기로 땀이 비오듯 흘러
내리는 계절이었다. 그런데 나는 어김없이 H시의 신학교를 향해 새벽길
을 나섰다. 왜냐하면 새벽부터 먼 길을 달려 온 귀한 형제자매들이 기다
리고 있었기 때문이다.

그날은 왜 그런지 강의를 하고 싶지 않았다. 당시 건강이 좋지 않아
서 쉬고 싶기도 했고, 항상 누군가의 감시가 따라다니지는 않는지 조심
하며 의식하는 습관이 들어서였기도 하며 신앙의 자유가 없는 땅에서 늘
긴장하며 일을 하는 사람으로서의 나타나는 푸념과 우울증이 생겨서였을
수도 있다.

때로는 엊그제 동료들과 나눈 경찰에게 붙잡혀 추방당하고 벌금을 당
한 어느 사역자의 이야기가 생각나기도 해서 더욱 나를 힘들게 했다. 혹
시 남에게 일어났던 그런 일들이 나에게 발생하는 것은 아닐까하는 두려
움이 엄습해 오면 내 마음은 그런 상상을 지우기 위한 강한 저항감과 함
께 스트레스로 힘이 들어진다.

순간 주님의 모습이 떠올랐다. 주님이 먼저 가신 이 길, 주님이 나 같
은 죄인을 불러 생명 구하는 이 귀한 사역에 시중들게 하신 크신 은혜와
사랑을 다시금 되새겨졌다. 그리고 결코 뒤로 물러서거나 포기할 수 없는
이 길을 믿음으로 가야 한다고 스스로를 경성하고 길을 떠났다.

여느 때처럼 버스를 타고 아침을 달렸다. 시원한 바람이 마음의 위안을 주고, 이내 눈을 감은 채 맘속에 기도를 시작했다.

"하나님 저는 아무 것도 아닙니다. 그들에게 무엇을 말할지도 모르고, 그들 앞에 설 자격도 없는 죄인입니다. 저는 이렇게 염려도 많고 미련하고 연약한 사람입니다. 오늘 하루를 당신께 맡깁니다."

그날도 먼 길 가에서 내려 빠른 걸음으로 걸어갔다. 동네가 가까워 오면서 다시금 긴장했다. 어느 쪽으로 들어갈까, 주시하고 있는 사람은 없는지 말이다. 그도 그럴 것이 남들이 모두 출근하고 있는 시간에 유독 우리들만이 동네로 들어가고 있었으니 말이다. 어쩌다 경비와 맞부딪치거나 어두운 복도에서 사람들을 만나면 깜짝 놀라기까지 한다. 그 집 앞에 다달라서 문을 두드려 신분을 알린 후 반가운 모습으로 들어섰다.

많은 학생들이 이미 도착하여 수업을 준비하고 있었다. 일부는 미리 준비한 죽과 빵으로 아침을 대신하고 있었고, 다른 사람들은 성경을 읽거나 기도하고 있었다. 이제야 조금 안심이 되고, 등교과정에 아무런 일이 없었던 것처럼 그 곳에서의 하루 일정이 시작되었다.

먼저 경건회를 통해 영적인 삶에서의 믿음과 사역에 대한 결단을 다지며 기도했다. 그리고 과제물 점검을 시작으로 오전 강의가 시작되었다. 하나님은 정말 은혜와 긍휼이 풍성하시다. 나의 영성과 강의 준비는 보잘 것이 없는 데, 매번 하나님은 나와 우리 모두에게 풍성한 은혜와 감동을 주셨다. 나는 안다. 이것이 선교 현장에서 얻는 특별한 은총이라는 것을.

그리고 이렇게 오전 강의가 끝난 후 기도회를 가졌다. 서로의 기도 제목을 나누고 합심하여 기도했다. 그날따라 각자의 삶과 교회를 위해 기도하는데 눈물이 펑펑 쏟아졌다. 그들의 모습을 보면, 삶과 사역 속에서 지치고 힘든 모습이 역력하고 정말 위로와 도움이 필요한 얼굴들이다.

나는 그럴수록 오직 믿음, 오직 예수를 강조하며, 죽기까지 주를 위해 헌신하자고 권면하며 간절히 그들과 현지 교회들을 위해 간절히 기도한다.

점심시간이 되자 당번을 맡은 학생들이 부지런히 음식을 준비하고, 나머지 학생들은 선생과 자신의 신학에 대한 이해와 사역에 대한 고민들을 상담하는 시간을 갖았다. 그리고 일부 학생들은 둘셋이 모여 서로의 필요들을 나누기도 하고, 각자의 사역에 필요한 도움을 요청하기도 했다.

식사를 마친 후, 일부는 피곤한 몸에 지쳐 오수를 청했다. 그러나 한쪽에서는 신학토론이 한창이었다. 나름대로의 신앙 관점의 차이와 목회에서 터져 나온 문제들, 그리고 주변의 이단들에 대한 열띤 토론이 진행되기도 했다. 어쩌다 해답이 얻지 못하면 내게 찾아와 의견을 묻기도 했다. 그럴 때마다 이제 현지 교회가 한 계단씩 성장하고 있음을 바라보면서, 내심 큰 감사와 기쁨을 얻기도 한다.

오후시간이었다. 비록 잠이 쏟아져 내리고, 등줄기에 땀이 비처럼 흘러내리는 한 여름 낮에도 강의는 계속되었다. 때로는 건강이 나빠져 머리가 지끈지끈 아프고 지칠 때에도, 하나님의 도우심을 구하며 강의를 진행하기도 한다.

어느 날에는 강의 도중에 누군가 문을 두드리면 순간 모두가 쥐죽은 듯 조용해진다. 그러나 한 학생이 아무 일이 아니라고 하면서, 문을 열고 나가서 동정을 살핀다. 항상 경험한 것이지만 그날도 역시 아무 일없이 지나갔다.

이제 저녁 5시 30분이 넘어가고 있었다. 마무리를 해야 할 시간인데, 아직 남은 강의가 많았다. 그래서 나는 좀 더 무리를 하면서 강의를 하다 보니 6시가 넘어버렸다. 이날도 할 수 없이 얼른 찬양과 기도로 마무리하기로 했다.

나와 학생들은 항상 기도하는 가운데 중국 복음화와 현지인 선교사가 세계를 향해 나아가는 그 날을 꿈꾼다. 이 일을 위해 오늘도 우리가 힘써 울며 씨를 뿌리자고 결심하면서 때로는 과거를 잊고 푯대를 향해 달려 가자고 외치며 기도한다.

어느 도시의 방 한 가운데에서 결의와 사명에 찬 찬양과 헌신의 기도 소리가 방안에 조용히 울려 퍼지면서 어둠이 내려앉고 있었다.

이윽고 저녁 7시가 훌쩍 지난 시간이다. 이제 나와 학생들은 다시 두 세 시간을 자전거나 버스를 갈아타고 가야만 집에서 저녁식사를 먹을 수 있다.

그 날도 하루의 일과를 마무리하면서, 조용하지만 마음의 헌신과 열정을 담아 '선교 중국'이란 찬양을 부르며 현장으로 달려갔다.

한 사랑이 여름 벌레가 목 놓아 노래 부르듯
누에가 실을 끊임없이 내뿜듯이
성령이 내 마음을 인도하네
나는 주의 이름을 전하리
나는 복음 들고 전진하리
복음이 세계 끝까지 이르도록

* 현장2 - 사랑은 오래 참고

중국에서 오랫동안 하나님이 내게 은혜주신 말씀이 바로 '사랑은 오래 참고(고전 13:4)'라는 말씀이다. 이 말씀은 나로 하여금 하나님의 참 사랑을 깊이 체득하게 하였고, 내 가슴을 심히 아프게 하기도 한 은혜의 말씀이었다. 이 말씀을 실제적 아픔으로 간직하고 사역하게 된 것은 다름 아닌 우리 신학교의 졸업생들의 생활과 사역을 바라보면서 그 속에서 나 자신의 연약함과 부족함을 함께 발견할 수 있었기 때문이었다.

'사랑은 오래 참고'란 'Love is patient' 혹은 'Love is long suffering'이란 말이다. 즉 사랑은 오랜 고통이요, 아픔이라는 것이다. 그것은 마치 병자의 고통을 곁에서 함께 아파하며 지켜보는 것과 같다.

하나님의 나를 향한 가슴 아픈 사랑이 있다. 그것은 사역자로서 한없이 부족한 나를 향한 하나님의 지극히 풍성하시고 측량할 수 없는 궁휼이다. 현장 선교사로서 가장 고통스럽고 안타까운 일은 바로 우리 신학교를 졸업한 제자들과 그들이 목회하는 교회에서 들려오는 소식들이다.

2007년 여름, 모처에서 졸업생들을 위한 여름 수련회를 가졌다. 우리의 순서는 말씀 집회를 마친 후 교제와 기도 시간을 갖는데, 대개는 참석한 가정 교회의 목회자들이 앞에 나와서 그동안 자신의 목회 현장에서 체험한 하나님의 은혜와 사랑을 간증하고 기도 제목을 나누게 된다.

그 날 밤에 S성에 내려가 사역하는 K형제는 자신의 연약함과 목회적 실패를 부끄럼 없이 모두들에게 나누었다. 그는 그동안 자신이 믿음과 소명을 잃고 목회보다는 생계를 위해 이곳저곳을 다니며 많은 일을 도모하느라 시간을 허비했으며, 자신의 아내도 설교할 자격이나 능력도 없는 무능한 목회자라고 비판한 적이 있다고 말했다.

또한 R지역에서 홀로 대학생들을 전도하여 교회를 개척하여 목양하던 C자매는 통곡하면서 그동안 사역하면서 힘들었던 일들을 모두에게 나누었다.

나는 그 자매의 간증을 들으면서 자매의 사역 가운데 하나님의 많은 은혜가 있었지만, 그녀가 광야 같은 그곳에서 처절하게 외롭고 아프고 힘든 시간들을 오랫동안 보냈음을 느낄 수 있었다.

나와 그 자리에 참석한 지도자들이 K형제와 C자매의 간증을 들으면서 한없이 눈물을 흘렸다. 그곳에는 우리가 서로 말하지 않아도 가슴으로 알 수 있는 뜨거운 그 무엇들이 있었다.

이윽고 나는 강대상에 서서 이 두 사람을 향한 사랑의 위로와 진심어린 축복의 말을 전하고, 모두가 능력주시는 하나님을 의지하여 다시금 일어나 맡기신 소명에 충성할 것을 다짐하며 간절히 기도하였다.

하나님은 우리를 구원하시기까지 오래 참으시는 사랑의 하나님이시며, 이 땅에 오신 예수 그리스도는 우리를 죄와 사망에서 구원하시기 위해 죽기까지 충성하셨다.

주의 십자가는 사랑은 바로 이와 같은 사랑의 승리였다. "모든 것을 참으며, 모든 것을 믿으며, 모든 것을 바라며, 모든 것을 견디느니라(고전 13:7)."

C. 돌아보기

중국 선교의 현장에는 많은 고통과 아픔들이 있다. 먼저 중국 교회의 외적인 상황으로는 해마다 여러 교회가 정부의 핍박을 받아 해산되거나 지도자들이 잡혀가 심문을 받게 되는 일들이 일어나기도 한다.

또한 내적인 면을 살펴보면 경제적으로 가난한 지도자가 목회를 중단하고 돈을 벌기 위해 세상일에 종사하기도 하고, 때로는 이단 문제 등으로 교회가 혼란에 빠지는 경우들도 비일비재하다.

나는 제자들과 그들의 교회가 겪고 있는 현실적인 여러 문제점들과 실패들을 접하면서 실로 가슴이 아파오기 시작했다. 그럴 수밖에 없는 현실을 이해하면서도, 결국 이 모든 일이 내가 좀 더 바르고 온전하게 교육하지 못해서 생긴 결과라고 생각하며 큰 자책감에 빠지기도 했다. 그래서 우리가 어떤 경우에는 신속히 대처하고 해결하게도 되지만, 많은 경우에 그들의 연약함과 실패를 지켜보면서도 나 자신도 더 이상 어찌할 수 없는 절망스런 고통을 경험하기도 하였다.

2008년 1월 하나님의 은혜로 모처에서 신학교의 제3회 졸업식을 가졌다. 그 당시는 몇 달 후로 다가온 올림픽을 앞두고 매우 통제가 심한 때라 여간 긴장스럽고 염려스러운 것이 아니었다.

우리 식구들과 졸업생들을 비롯하여 국외에서 오신 손님들 그리고 졸업식에 참석하는 현지인 하객들을 안전하게 식당으로 데려오는 것과 그 식당에서의 안전을 보장할 수도 없는 형편이었다.

하나님의 은혜로 졸업식은 모든 것이 순적하게 진행되었다. 특히 졸업생들이 그간에 받은 하나님의 은혜를 간증하고 감사의 말을 전할 때, 순간 우리 부부의 눈가에는 뜨거운 눈물과 감사의 고백이 저절로 나왔다.

이윽고 내게 답사를 할 시간을 주었다. 나는 졸업하는 학생들에게 다음과 같은 말로 대답하였다.

"제가 여러분을 섬기거나 가르친 것이 아닙니다. 저는 단지 하나님께서 주신 은혜와 진리를 여러분에게 전달하러 온 종이요, 마른 막대기에 불과합니다. 특히 여러분이 여러 궁핍과 핍박 속에서도 모든 역경을 이기고 이와 같이 학업을 잘 마치고, 또한 어떤 고난에도 불구하고 훌륭하게 교회를 잘 목양해 왔습니다. 여러분의 주를 향한 사랑과 진실한 믿음에 대해 존경을 표하며, 진심으로 감사드립니다."

그리고 나의 마음을 고백하였다.

"사실은 제가 이곳에 와서 사역하면서 여러분을 통해 제가 더 많이 성장했습니다. 제가 하나님의 크신 은혜와 축복을 가장 많이 받은 사람입니다. 여러분은 저의 스승이요, 좋은 동역자들입니다. 진심으로 감사드립니다.”

하나님은 나의 일보다 나에게 목적을 갖고 계신다. 그래서 하나님은 나의 사역을 통해 나를 주님을 닮은 성숙한 믿음의 인격자로 단련하고 계신다. 하나님은 나보다 항상 앞서 행하시는 분이시다. 내가 생각하거나 예기치 못한 상황으로 인도하시며, 또한 전혀 기대할 수 없는 방법으로 나의 모든 삶을 이끌어주셨다.

나는 날마다 이 큰 사랑 앞에 엎드러지기를 바란다. 그리고 이 사랑의 감격으로 하루하루를 살기를 소망한다. 또한 그 사랑으로 주님의 일에 수종들기를 기도한다.

주님의 십자가의 사랑을 잊은 목자, 영혼을 향한 가슴 아픈 사랑이 식은 목자는 참 목자가 아니다. 나는 매순간 사랑의 주께서 나를 사랑과 긍휼의 십자가에 매어주시기를 바란다. 나의 부족함과 죄성이 못 박힌 십자가에서 내 생명이 다시 새로워진다.

하나님의 신실하신 사랑이 우리를 기가 막힐 웅덩이와 수렁에서 건지신다. 그러므로 언제나 나의 피난처요 산성이시며 피할 바위가 되시는 살아 계신 하나님을 의지하기를 원한다.

하나님의 사랑은 바울의 고백처럼 마치 우리가 청동거울을 보는 것처럼 희미하나, 천국에서는 얼굴과 얼굴을 맞대고 보는 것처럼 온전히 알게 되리라고 확신한다.

‘그런즉 믿음, 소망, 사랑 이 세 가지는 항상 있을 것인데, 그 중에 제일은 사랑이라(고전 13:13).’

D. 적용하기

1. 성숙한 인격이란 무엇인가?

2. 선교사로서 좋은 인격자가 되는 길은 무엇인가?

3. 자신의 선교지에서 선교사들이나 현지 교회의 지도자들에게 모범이
   될 만한 성숙한 인격을 지닌 선교사나 사람이 있다면 말해 보시오.

4. 오늘날 자신이 현장 사역 가운데 자신의 미성숙한 인격과 부족함으로
   인해 경험했던 사역의 어려움들이 있었다면, 그 사례를 설명하고 그
   러한 어려움을 어떻게 극복했는지를 말해 보시오.

5. 자신이 선교사로서 하나님과 사람 앞에 성숙하고 좋은 인격자로 서기
   위해 어떻게 해야 할 지를 말해 보시오.

*** 오직 나의 의는 그리스도 안에 있다. 실로 참된 인격의 척도는 하나
   님께만 있으며, 이는 하나님 앞에서 평가되는 인격이다. 선교사는
   먼저 하나님과 진리 앞에 부끄럽지 않은 사람이 되기를 부단히 힘써
   야 한다.

03

생활 훈련 : 선교사의 삶

@ 말씀 : 마태복음 6장 33절

그런즉 너희는 먼저 그의 나라와 의를 구하라. 그리하면 이 모든 것을 너희에게 더하시리라.

---

1. 선교의 공급 : 광야의 만나와 반석의 물
2. 선교사의 삶 : 하나님의 신실하심

A. 이해하기

하나님은 우리의 최고선이시며, 우리의 최고 상급이시다. 그분은 생명의 원천이시요 만물의 섭리자이시며 또한 삶의 공급자요 능력이시다.

우리 인생은 하나님의 전능하신 손아래 있다. 그분이 허락하시면 지상의 삶을 유지하기도 하고, 혹은 우리가 이 세상의 삶을 마감하고 이곳을 순식간에 떠나게도 된다.

모든 만물은 지금도 하나님만을 의지하여 호흡하며, 그의 은혜로 살고 있다. 하나님은 오늘 지었다 피는 들풀도 입히시고, 공중에 나는 새들도 먹이시는 생명의 주권자요 존재하는 모든 피조물의 생명 근원이 되신다.

'온갖 좋은 은사와 온전한 선물이 다 위로부터 빛들의 아버지께로부터 내려오나니 그는 변함도 없으시고 회전하는 그림자도 없으시니라(약 1:17).'

우리는 우리의 모든 필요를 그리스도의 이름으로 간구함으로 만복의 근원이신 하나님께로부터 얻는다. 그러므로 하나님과 관계없는 자들처럼 우리의 삶과 미래를 염려하지 말아야 한다. 그것은 하나님의 살아 계심을 부인하고 하나님의 신실하신 은총과 사랑을 믿지 않는 불신앙이다.

지상에서 진심으로 염려해야 할 것은 바로 우리의 믿음 없음이다. 하나님을 바로 알지도 믿지도 못하고 늘 생활의 염려와 이생의 자랑과 욕심으로 사는 삶이다.

주님은 천국의 제자 된 우리를 향해 '내일 일을 위해 염려하지 말라. 한 날의 괴로움은 그 날에 족하다(마 6:34)'라고 기록하고 있다. 이 말씀은 내일은 하나님의 날이요 하나님께 속하였으니, 오늘이라는 한 날에 오직 하나님의 나라와 의를 위해 살라고 교훈하시는 것이다.

그리스도인들은 범사에 하나님의 주권을 인정하고, 모든 것을 주사 누리게 하시는 그분께만 소망을 두고 살아가는 사람이다.

하나님은 우리의 소유가 얼마인가를 보시는 것이 아니라 우리가 큰 은혜를 받은 자로서 지혜롭고 선한 청지기인지 아니면 무지하여 악하고 게으른 종인지를 보신다.

하나님은 우리를 축복하심으로 우리를 통해 다른 이들을 축복하시길 기뻐하신다. 이제는 우리가 마땅히 주인 되신 하나님께서 우리에게 맡기신 모든 것들을 감사와 기쁨으로 베풀고 나누는 선한 청지기가 되어야 할 것이다.

전능하신 하나님을 믿는 것이 우리의 일이며, 그의 성실하심이 우리의 생명과 일용할 양식이다.

'여호와를 의뢰하여 선을 행하라. 땅에 머무는 동안 그의 성실로 먹을 거리로 삼을 지어다(시 37:3).'

B. 선교 현장

21세기의 중국은 이제 강대국 미국과 마주할 정도의 제2의 경제대국으로 떠오르고 있다. 그래서 중국의 경제 성장과 물가의 급격한 상승들은 현장 선교사들에게 큰 부담이 되어가고 있다.

오늘날 중국 선교와 중국 교회는 외부적인 정치적 핍박과 아울러 심각한 경제적 위기에 직면해 있다. 실제로 대도시의 집세와 물가가 급상승하고 있으며, 현지 생활비와 교육비 등의 경제적 부담이 선교 현장을 바꾸고 있다.

일부 선교사들은 선교 전략이 필요보다는 생활의 방편을 위해 대도시가 아닌 지방과 농촌으로 이주하고 있으며, 심지어 어떤 이들은 비자 문제나 생존을 위한 영리 사업을 하기도 한다.

한편 나는 우리가 운영하는 광야 신학교의 입학 예배에서 언제나 다음과 같은 설교로 시작한다.

“광야로 가십시오. 거기서 하늘에서 내리는 만나를 먹어 보십시오. 반석에서 나오는 물을 마셔 보십시오. 또한 거기서 하나님의 은혜로 사는 법, 오직 믿음으로 사는 법을 훈련하십시오. 살아 계신 하나님, 즉 아브라함의 하나님, 이삭의 하나님, 곧 당신의 하나님을 경험하십시오. 그리고 이 산 믿음과 삶의 증거들을 가지고 하나님과 그 말씀의 신실하심을 다른 영혼들에게 전하십시오.”

그런데 어느 정도 시간이 지나면, 적지 않은 학생들이 우리 신학교에서 떨어져 나간다. 어떤 학생들은 자질 부족으로 인해 포기하거나, 다른 학생들은 물질적 도움을 주는 다른 학교를 찾아 떠난 것이다.

다시 한 학기가 끝날 무렵, 나는 다시 이렇게 그들을 격려하며 엄하게 교훈한다.

“여러분 이 길은 주님이 가신 길이요 십자가의 길입니다. 만일 이 길이 너무 힘들다면 당장 그만 두시고 세상 일을 하십시오. 복음을 전파하고 교회를 목양하는 일은 더 나은 삶이나 미래의 생활을 보장해 주지 않습니다. 도리어 세상일을 하는 것이 먹고 사는 데 훨씬 나을 것입니다. 그러나 소명을 받은 자는 약속의 땅 가나안을 바라보며 오직 믿음으로 이 광야의 길을 힘차게 걸어갈 수 있습니다.”

마지막으로 신학교를 졸업하고 떠나가는 학생들에게 다음과 같이 말하곤 한다.

“여러분은 신학교를 마친 것이 아니라, 내가 여러분을 이제야 지상에서 가장 완전하고 참된 신학교에 입학시키는 것입니다. 그곳은 바로 광야신학원입니다. 이곳은 인간을 통해 가르침을 받는 부족함이 많은 신학원이었지만, 저곳이야말로 참된 신앙 훈련과 살아 있는 신학 교육이 이루어지는 최고의 신학교입니다. 이 광야신학원의 교수님은 성령님이시고, 교과서는 그분이 직접 쓰신 성경이며, 교실은 바로 광야입니다. 이 광야는 여러분의 신앙과 삶을 훈련하는 최고의 장스입니다. 그곳의 커리큘럼에는 많은 시험이 있으며, 온갖 유혹과 핍박, 삶의 연단과 고난, 만나와 반석의 물이란 과목들도 있습니다. 하지만 이곳은 은혜와 긍휼 그리고 놀라운 인도하심과 사랑을 배우고 얻을 수 있는 소중한 곳입니다. 여러분 모두가 그 신앙 훈련에서 승리하시길 바랍니다. 그리고 그 광야에서 하나님과 동행하는 삶을 배우며, 여러분의 변화된 삶으로 하나님을 영화롭게 하시길 바랍니다."

* 현장1 – 만 원의 행복

지난 나의 선교 사역 속에서 지금도 잊혀지지 않은 귀한 동역자들이 있다. 그 중에 K목사님은 한국의 C지역 농촌에서 묵묵히 시골 목회를 하고 계시는 분이시다.

2001년 겨울, 나는 한국에 방문한 기간에 K목사님이 시무하는 교회를 방문하여 선교 부흥회를 인도한 적이 있었다. 목사님은 오래전에 이곳에 와서 고난스런 농촌목회를 성실하게 감당해 오신 훌륭한 분이셨다. 그 교회의 성도는 주로 연세가 높으신 할아버지와 할머니들과 젊은 아줌마와 아이들이 대부분이었다. 그런데 목사님은 그 시골 교회의 선교 부흥회 시간에 특별 순서로 찬양 특송과 선교 헌금을 하는 시간을 가졌다.

이윽고 예배가 끝나자 나는 눈 쌓인 교회 마당에서 성도들에게 감사의 인사를 하게 되었는데, 정말 큰 은혜를 받았다.

어느 할머니는 떡과 옥수수를 가지고 와서 말씀하셨다.

"참 고생이 많지요. 이것 드시고 힘내셔요."

다른 분은 참기름을 주시면서 격려해 주셨다.

"나는 선교지에 못가지만 선교사님 위해 기억하고 기도할께요."

그리고 K목사님의 집으로 들어와 떠날 채비를 하는데, 목사님이 오늘 성도들이 바친 선교 헌금이라면서 흰 봉투를 건네주었다.

그래서 나는 목사님께 말씀드렸다.

"목사님, 저는 이 헌금 받으러 온 것이 아니에요. 목사님도 어려우신데 교회를 위해 써 주세요. 다음에는 선교 부흥회 시간에 선교 헌금 순서를 갖지 않으셔도 됩니다."

그러자 K목사님은 내게 흥분된 어조로 말씀하셨다.

"김 선교사님, 우리 농촌 교회는 선교도 하지 말라는 말입니까. 우리 교회의 성도들도 선교사님과 선교지의 영혼들을 위해 기도하고 사랑을 나눔으로 세계 복음화에 헌신하고자 하는 것입니다. 그러니 자 받으십시오."

나는 K목사님과 성도들의 뜨거운 사랑을 받고 다시 시외버스를 타고 서울로 올라왔다.

그리고 시골길을 달려오는 동안 나는 하나님의 크고도 넓은 은혜에 감사하며, 언제나 동일한 주님의 사랑으로 살아가는 목사님과 성도들을 위해 간절한 기도를 올렸다.

한편 지금은 멀리 타국에서 이민 목회를 하고 있는 C목사를 잊을 수 없다. 그는 나와 함께 신학교를 졸업한 동기생으로서 학창 시절에 기도의 동지였다.

내가 선교사로 헌신하여 선교지를 떠난 후, 그도 A국에 유학을 떠나 작은 개척 교회를 어렵게 목회하고 있었다. 그러던 어느 날, 나는 내 선교비 내역서를 확인하다가 큰 감동을 받았다. 그것은 C목사가 그 먼 땅에서도 나와 선교 사역을 위해 매달 정기적으로 1만 원씩 헌금해 온 것이었다. 그 순간 나는 눈시울이 뜨거워졌다. 졸업하고 헤어진 동료를 위해 잊지 않고 사랑과 관심을 보여 준 것이 고마웠다. 그래서 나는 여러 경로를 통해 그의 메일주소를 알아내어 그에게 감사의 편지를 보냈다.

며칠 후 나는 그에게서 답장의 편지를 받게 되었는데, 나는 더욱 감격하지 않을 수 없다.

"김 선교사님, 선교비가 적어서 죄송합니다. 하지만 이곳에서 매일 새벽 시간에 선교사님을 잊지 않고 기도하고 있습니다. 힘내십시오."

* 현장2 – 나그네의 딸

우리가 안식년을 맞아 한국에 나왔을 때, 나는 무엇보다 외국에서 오랜 시간을 보낸 우리 딸아이 유니스에게 한국에서의 좋은 경험과 추억을 만들어 주고 싶었다. 그러나 그러한 생각이 쉽게 이루어지지만은 않았다.

한국에 처음 도착했을 때, 우리를 맞아주는 교회나 사람들도 없었다. 더욱 심각한 것은 우리가 머물 선교관이 준비되어 있지 않았던 것이다. 그래서 거의 열흘을 안식년 동안 사용할 무거운 짐들을 들고 여러 집과 교회를 돌아다니면서 그야말로 유랑 생활을 했다.

그러나 하나님의 은혜와 귀한 S교회의 사랑을 통해서 그 교회의 선교관에 짐을 풀게 되었다. 그리고는 제일 먼저 선교관에 근처에 있는 유니스의 학교를 알아보았는데, 모든 일이 순적하게 이루어져 유니스가 한국에서 처음으로 학교를 다니게 되었다.

한편 장모님이 우리 선교관에 오셔서 함께 지내게 되었다. 그러던 어느 날, 장모님이 점심 식사 후 설거지를 하다가 실수로 그릇을 바닥에 떨어뜨린 일이 있었다.

그때 딸아이가 장모님에게 말했다.

"할머니, 남의 그릇을 함부로 떨어뜨리면 어떡해요. 조심하셔야지요. 이거 우리 그릇이 아니란 말이예요."

그리고는 유니스가 익살스럽게 덧붙였다.

"사실 우리도 남의 집에 사는 거예요. 이 집도 우리 집이 아니예요."

이 말을 듣고 있던 나와 장모님 그리고 온 가족이 한참을 웃었다. 딸아이의 말이 재밌어서도 그러하고 실상 우리가 나그네로 이 집에 잠시 사는 것이기에 더욱 그러했다.

시간이 흘러서 우리는 다시 그 선교관을 나와 다른 곳으로 이사를 가게 되었고, 유니스도 잠시 다니던 학교를 떠나 다른 곳으로 가게 되었다.

우리가 떠날 때, 주변 사람들이나 유니스의 친구들이 염려석인 말로 질문을 했다.

"유니스, 너 이렇게 떠나가면 섭섭해서 어떡하니? 그곳에 가면 더 고생스러울 텐데, 이제는 어디로 가냐?"

그런 질문을 들을 때마다 유니스는 늘 같은 대답을 한다.

"우리 인생은 나그네예요. 괜찮아요."

아마도 딸아이가 내가 교회에서 설교할 때마다 자주 '선교사는 나그네 인생을 사는 사람'이라고 말한 것을 기억하고 있기 때문에 은연중에 그런 대답을 하게 된 것이라고 여겨진다.

사실 이따금 유니스에게 미안한 생각이 든다. 늘 긴장하고 살았던 선교지에서 한국으로, 한국에서 다시 다른 나라로 그리고 거기서 또 다시 선교지로 돌아다니면서 너무 고생시키는 것은 아닌지. 그리고 좀 더 나은 교육 환경에서 공부할 수 있도록 해야 하는데.

무엇보다 유니스가 잠시 만났던 좋은 선생님과 함께 마음을 나누었던 소중한 친구들을 자주 잃게 되어서 가슴이 아프다.

"하나님, 지금까지 우리 유니스가 밝고 건강하게 자라게 해 주셔서 감사합니다. 또한 앞으로 유니스의 생애를 신실하시고 긍휼이 풍성하신 하나님께 의탁합니다. 주께서 친히 유니스의 믿음을 지켜 주시고, 지혜를 더하여 주옵소서. 예수 그리스도의 이름으로 기도합니다. 아멘!"

C. 돌아보기

내가 선교사로 사역하는 동안, 허드슨 테일러가 강조했던 '믿음 선교(Faith Mission)'는 언제나 큰 힘이 되었다. 이는 '하나님이 우리를 이 일에 합당한 자로 부르셨다면, 우리의 모든 필요들을 공급하시리라'는 믿음이다. 이 말은 성경에서 '너희는 먼저 그의 나라와 의를 구하라 그리하면 이 모든 것을 너희에게 더하시리라(마 6:33)'의 말씀과 함께 선교지에서 매번 생활과 사역에 큰 장애물을 만날 때마다 내게 큰 힘을 준다.

그리고 선교사로서 사역을 해 나가면서 오직 '주님과 동행하는 법(與主同行, 여주동행)'을 철저히 훈련하고 있다. 임마누엘의 하나님이 항상 우리와 함께 하신다는 것과, 낮에는 구름기둥으로 밤에는 불기둥으로 함께 하사 우리를 인도하시고 보호하시는 그분을 전적으로 의지하며 사역하는 법을 삶으로 배우고 있다. 그것은 사역에 있어서 항상 주님보다 앞서지 않고 주님의 인도하심에 순종하는 삶이며, 나의 계획과 주장을 버리고, 오직 하나님의 계획과 뜻에 순종하고자 하는 자세라고 할 수 있다.

또한 선교지의 절망적인 환경 속에서 오직 내 생의 주인이신 주님께 순종하는 법을 배웠다. 진심으로 나는 나의 모든 삶과 사역을 전적으로 그분께 맡긴다.

그동안 선교 사역에 헌신하면서 받은 가장 큰 훈련은 생활의 염려나 미래로부터 자유함을 배우는 것이다. 그것은 하나님의 종 된 일꾼이 오직 하나님과 그의 은혜만을 의지하여 살아가는 법을 배우는 과정이라고 할 수 있다.

현장 선교사는 자신이 먼저 그러한 믿음으로 살아가면서 선교지의 지도자와 영혼들에게 동일한 믿음으로 살아갈 것을 교육할 수 있어야 한다. 실로 지금까지 하나님의 특별한 축복과 크신 보호하심이 없었다면 나는 이미 선교지에 존재하지도 못했을 것이며, 또한 나의 선교 사역에 있어서 어떠한 열매도 결코 기대할 수 없었을 것이다.

'내가 나 된 것은 하나님의 은혜로 된 것이니, 내게 주신 그의 은혜가 헛되지 아니하여 내가 모든 사도보다 더 많이 수고하였으나 내가 한 것이 아니요 오직 나와 함께 하신 하나님의 은혜로라(고전 15:10).'

이 거룩하고 영광스런 복음 사역의 주인은 우리가 아니다. 주님이 우리를 부르시고 보내시어 성취하신다.

지금 우리에게 다가오는 모든 고난과 염려스런 상황 속에서 우리는 오직 주되신 그리스도를 향하여 감사와 인내로 긍휼과 비상한 도우심만을 간구하자.

D. 적용하기

1. 선교사의 삶의 원천은 누구신가?

2. 믿음 선교란 무엇인가?

3. 오늘날 선교사들이 선교지에서 생활하면서 겪게 되는 어려움들이나 문제점들은 무엇이라고 생각하는지를 말해 보시오.

4. 자신이 선교지의 생활 속에서 경험했던 큰 어려움들이 있었다면, 그 사례를 설명하고 그러한 어려움을 어떻게 극복했는지를 말해 보시오.

5. 자신이 선교사로서 앞으로 다가올 생활의 어려움들을 어떻게 극복하면서 지속적인 선교 사역을 감당해 나갈 것인지를 말해 보시오.

*** 광야신학교는 자신과 세상에 대하여 절망하고 오직 살아 계신 하나님께만 소망을 두게 하기 위해 설립되었다. 여기는 생명의 근원이신 하나님만을 의지하여 사는 법, 은혜로 사는 법을 훈련하는 살아 있는 참 믿음의 제련소이다.

04

가정 사역 : 선교의 기지

@ 말씀 : 히브리서 4장 15-16절

우리에게 있는 대제사장은 우리의 연약함을 동정하지 못하실 이가 아니요 모든 일에 우리와 똑같이 시험을 받으신 이로되 죄는 없으시니라. 그러므로 우리가 긍휼하심을 받고 때를 따라 돕는 은혜를 얻기 위하여 은혜의 보좌 앞에 담대히 나아갈 것이니라.

---

1. 선교와 가정 : 하나님께서 허락하신 천국
2. 선교와 사역 : 가정은 영적 충전소

A. 이해하기

가정은 천국의 축소판이다. 또한 가정은 하나님이 처음부터 세우신 지상의 삶과 선교 사역의 터전이다. 신앙 생활이란 바로 가정에서 시작되고 교회를 통해 수행되며 세상 속에서 완성되어진다.

성경은 결혼을 그리스도와의 교회의 신비스런 연합에 근거하여 설명한다. 그래서 부부는 남녀가 각각 실체로서는 둘이지만 영적으로 연합된 한 몸이라고 말한다.

또한 그리스도가 교회를 위해 몸을 버리신 것처럼 서로 사랑하고, 교회가 그리스도를 섬기고 따르듯이 서로 섬기며 살아갈 것을 권면하고 있다.

가정은 실로 하나님이 세우신 신비스런 공동체요, 부부가 그리스도 안에서 영적으로 하나 되어 주인이신 하나님을 알아가고 섬기는 작은 교회이기도 하다.

오늘날 선교사들에게도 가정은 영적 생활과 사역의 기초가 된다. 그래서 가정이 바로 서지 못하면 생명력 있는 사역을 지속적으로 수행할 수 없다. 그러므로 경제적이나 외적인 부유함보다 소중한 것이 영적으로 사랑과 신뢰가 충만한 가정이다.

선교사 가정의 이상적인 모습은 하나님을 경외하는 가정 곧 하나님 제일주의로 사는 가정이다. 이를 위해 선교사 부부는 무엇보다 경건 생활에 힘써야 한다.

날마다 부부 각자가 경건 생활에 힘써야 할 것이며, 가족이 모여 가정 예배를 드림으로 말씀 생활과 기도 생활이 풍성하게 이루어져야 한다.

"너희는 먼저 하나님의 나라와 그의 의를 구하라. 그리하면 이 모든 것을 너희에게 더하시리라"(마 6:33).

만일 부부가 참다운 경건 생활을 잃게 되면 어느새 세상 사람들처럼 그 심령에 물질과 탐욕이 자라게 된다. 또한 서로의 신뢰와 사랑에 금이 가면, 타락과 침체와 절망이 남는다.

선교사들의 가정은 선교 사역의 발전소와 같다. 성령 안에서의 기도와 말씀의 풍성한 교제와 사랑과 신뢰가 충만한 가정일 때, 열매 맺는 선교가 이루어진다. 때때로 현장 사역에 있어서 간혹 메마른 영성과 온전하지 못한 섬김에도 열매가 맺히고 있다면, 그것은 오로지 그 영혼들을 사랑하시는 하나님의 긍휼과 크신 은혜와 능력의 열매인 것이다.

선교의 목표와 열매는 현지인을 중심으로 하는 현지 교회를 세우는 일이지만, 동시에 교회 지도자들과 성도들의 가정들이 바로 세워지도록 힘써야 한다.

가정이 무너진 교회는 항상 위태롭다. 그러므로 우리는 경성하여 자신의 가정을 바로 세우기 위해 기도하며 경건한 삶으로 부부간에 서로가 선한 영향력을 주도록 노력해야 할 것이다.

가장 좋은 교회는 가정 같은 교회다. 그리고 가장 좋은 가정은 교회 같은 가정이다. 예수가 주인 되고 성령이 다스리는 사랑과 신뢰가 넘치는 행복한 가정이어야 한다. 피차간에 진리와 기도로 서로를 세워 주며, 나아가 하나님의 영광을 위해 가정을 바로 세워야 한다.

사도 바울은 목회서신에서 목회자의 자격 중에 중요한 항목으로서, 그가 '한 아내의 남편이요, 그 가정과 자녀들을 잘 다스리는 자라야 할 것이라(딤전 3:12)'고 말하고 있다.

하나님은 이 마지막 시대 곧 온갖 미혹과 환난이 많은 세대에 하나님의 종으로 부름 받은 우리를 향해 다음과 같이 권면하신다.

'너는 진리의 말씀을 옳게 분별하며 부끄러울 것이 없는 일꾼으로 인정된 자로 자신을 하나님 앞에 드리기를 힘쓰라(딤후 2:15).'

B. 선교 현장

중국의 전통사상인 유가 철학을 보면, '수신제가치국평천하(修身齊家治國平天下, 자신을 수양하고 집을 세우는 자가 나라를 다스릴 수 있으며 천하를 태평하게 만든다)'라는 말이 있다. 이 말처럼 선교사가 먼저 자신과 가정을 바로 다스리지 못한다면 결코 좋은 목회자나 사역자가 될 수 없다는 것은 자명한 일이다.

한편 선교사의 삶에 있어서 가장 큰 위기와 불행은 바로 가정의 위기에서 찾아온다. 마귀는 온갖 방법을 통해 선교사의 가정을 파괴하려고 공격한다. 왜냐하면 선교사의 가정은 사역의 원천이며 영적 능력을 공급받는 발전소와 같기 때문이다.

우리는 종종 매체를 통해서 선교지나 목회 현장에서 물질 문제와 이성 문제로 교계와 사회에 큰 물의를 일으키는 사건들을 목도하고 있다.

중국에서도 예외가 아니다. 지난 20여 년 동안 한국에서 들어온 중국 선교사들 중에서는 일찍이 선교지에 들어와 훌륭하게 사역하다가 종국에는 이러한 불행한 길로 들어선 사람들이 적지 않다. 이들은 대부분 초창기에 들어와 모든 선교사가 존경할 만한 탁월한 사역과 언어 능력으로 훌륭하게 선교 사역을 감당했었던 실로 일지전적인 인물이었다.

그러나 어떤 이는 시간이 지나면서 선교지의 신학 교육이나 교회 개척 사역이 확장되자 많은 선교 후원과 물질이 들어오면서 본래 선교사로서의 소명을 버리고 세상 직업에 종사하는 사람도 있으며, 다른 이는 심지어 온갖 동고동락을 함께한 가족과 가정을 버리고 현지인과 결혼하여 살아가는 사람도 있다.

오늘날 중국 사회와 중국 교회의 가장 큰 문제는 도덕과 윤리의 문제이다. 그 중 가장 심각한 것이 바로 혼인과 가정 문제이다. 중국 사회와 문화가 윤리적으로 심각한 지경에 빠져 있다 보니 중국 교회의 성도들도 자연스럽게 그러한 세태의 영향을 받아 그렇게 살아가고 있는 것이다. 그래서 중국 교회의 목회자들이나 성도들이 쉽게 이혼하고, 대도시의 젊은 이들과 노동자들은 경제적인 이유를 들어 동거와 파혼을 합리화하면서 여전히 교회에 출입하고 있기도 하다.

중국 교회 안에는 여전히 삶을 전인적이고 총체적으로 보지 못하고 신앙과 생활, 교회와 가정 혹은 복음과 세상 등의 대립적인 구조로 보는 신앙관이 자리 잡고 있다. 그 결과 많은 지도자들과 성도들이 이러한 극단적인 종교 생활로 인해 가정이 파괴되고, 도덕적으로 파멸의 길을 간 사람들이 많이 있다.

이제는 성경으로 목회자의 바른 자질과 구원받은 성도들의 마땅히 지킬 거룩한 삶의 규례와 실제적인 하나님 나라의 윤리를 엄하게 가르쳐야 할 때다.

* 현장1 – 신앙훈련소

1990년대 초에 사랑하는 아내와 결혼을 했다. 내가 전도사인 연고로 아내는 그때부터 사모라는 이름을 달고 생활하게 되었다. 아직 사모가 무엇을 의미하는 지도 모르는 상황에서 사모가 되었으니, 말하자면 그때부터 사모가 되어가는 길을 걷게 된 것이다. 하지만 이렇게 시작된 사모의 길은 결코 쉽지만은 않았다.

하나님은 그분의 선하신 뜻을 위하여 택하신 종들을 부르신다. 또한 그들을 하나님의 목적에 합당한 일꾼들로 세우기 위해 훈련하신다. 때로는 사랑하는 종들을 불속이나 광야와 같은 고통 가운데 두시고 연단하시는 것이다.

우리 가정도 예외가 아니었다. 당시 신학생으로서 개척교회에서 사역하던 나는 사례비로 월세도 내지 못하는 실정이었으며, 아내는 모 선교기관에 출근하면서 받은 사례로 생활비를 보태고 있었다.

그러나 아내는 결혼 후 4년 동안 3번이나 큰 수술을 했다. 실로 하나님의 은혜로 아이를 출산하게 되었는데, 출산하는 날에도 6시간에 걸친 대수술을 받기도 하였다.

그 후 나는 한 교회에서 사역하게 되었는데, 평소 말이 없고 내성적인 아내는 목사의 사모이자 한 아이의 엄마로서 언제나 성실히 내조하였다.

우리 부부는 결혼 전부터 세계 선교에 헌신하였다. 나는 중국 선교에 부르심을 받아 준비해 왔고, 아내는 대학 시절에 B국 선교에 대한 소명을 받아 기도해 왔다. 그래서 한국에서 신학 공부를 하고 목양 사역을 하면서도 늘 마음은 선교지에 나갈 날만을 기다리고 있었다.

드디어 주님의 때가 되어서 우리는 선교지에 발을 디디게 되었다. 하지만 선교사들이나 외국인들이 자유롭게 출입하거나 거주할 수 없는 환경이었으며, 정부에서는 외국인들이 고급아파트나 호텔에서 살도록 제한하고 있었다.

당시 경제적으로 몹시 어려웠던 우리 가정은 은밀하게 서민들이 사는 지역에 거주하게 되었다. 만약 발각이 된다면 많은 벌금을 내야 하고 심지어는 추방을 당할 수도 있는 일이었다. 이때부터 큰 고난이 시작되었다.

그리고 경찰들은 6개월이 멀다하고 불법 지역에 사는 외국인이나 외지인들이 자진하여 이사를 가도록 명령하는 벽보를 곳곳에 게시하고, 주민위원회의 도움 하에 색출 작업을 벌이기도 하였다. 그래서 우리는 이국

땅에서 정처 없는 유랑 생활을 해야만 했다.

지금도 가슴 아픈 사실은 우리 아이가 자유로운 환경에서 행복한 어린 시절을 보내지 못한 일이다. 현지인 아파트에 살면서 현지인들에게 발각되지 않기 위해, 집을 나서면 아이에게 한국말은 물론 부모를 부르지도 못하게 하고, 한국에서 가져온 예쁜 옷들도 입지 못하게 하였다.

어느 날에 우리 가족이 외출을 하게 되었다. 내가 먼저 계단에서 내려와 보니 아파트 주민들과 완장을 찬 감시원들이 여기저기 모여서 대화를 나누고 있었다. 그때 뒤에서 내려온 딸아이가 큰 소리로 '아빠'하고 나를 부르는 것이었다. 그것은 우리가 바로 한국사람 혹은 외국 사람이라는 것을 드러내는 순간이었다.

나는 천진난만한 딸아이의 외침을 마다하고, 황급히 뒤를 돌아보며 딸아이를 아주 화난 모습으로 쳐다보았다. 아마도 딸아이에게는 자신이 큰 잘못을 저지른 것처럼 여겨졌을 것이다. 이윽고 나는 아파트 정문을 나서자, 아내와 딸아이를 호되게 나무랐다. 만일 우리가 외국인이라는 사실이 발각되면, 바로 살던 지역에서 쫓겨나거나 다른 곳으로 정처 없이 이사를 해야 할 상황이었다. 아니면 불법거주자로 추방당할지도 모르는 일이다. 그러나 도대체 세 살짜리 딸아이가 무슨 잘못을 했다는 말인가?

한편 우리 아이가 네 살이 되던 해에 현지 유치원에 입학시킨 적이 있다. 많은 현지아이들 속에 홀로 서 있던 아이가 자지러지듯 큰 충격을 받고 며칠을 바지에 용변을 보며 울던 일도 있었다.

아내는 선교지의 다급한 여러 상황 속에서도 잘 참고 인내해 주었다. 처음 선교지에 들어올 때에도 현지어를 한 글자도 모르고 온 그녀였지만, 현지인들만이 사는 동네에서도 늘 기쁨과 감사로 생활하는 좋은 아내였다.

하지만 이러한 예상하지 못한 고난의 시간이 계속되어지면서 서로의 영성은 떨어지고 육체의 건강도 점점 약해지기 시작하였으며, 특히 부족한 생활비 문제로 인해 부부 관계도 몹시 악화되게 되었다.

나는 오래전부터 선교에 소명을 갖고 온 터라 이러한 선교 현지에서의 고생을 힘들지만 아주 당연한 것으로 여기고 있었는데, 실상 가정에서는 참으로 형편없는 남편이었다. 곁에서 힘들어 하는 아내를 위로하기보다는 오히려 그녀를 믿음 없는 혹은 소명 없는 사람으로 정죄하고 판단한 적도 있었다.

그 후 나는 앞으로의 삶에 대한 심각한 좌절과 절망에 빠지고 말았다. 우리 가정이 더 이상 이곳의 생활을 지속하고 선교 사역을 시작할 희망이 보이지 않았다. 그래서 우리 부부는 우리의 부족함을 인정하고, 귀국하여 재훈련을 받고 처음부터 다시 시작하기로 결단했다. 당시 기도 제목은 아내와 우리 아이가 선교지에서 행복하게 살 수 있는 방법을 얻는 것이었다. 사실 내가 장거리 출장이라도 떠나는 날이면, 나는 물론 아내도 서로를 염려하느라 잠을 못 이루는 날이 많았다. 현지인들만이 사는 동네에 아내는 외로이 사역을 떠난 남편을 위해 기도하며 집을 지켜야만 했다.

그 후 한국에 잠시 귀국할 기회가 있었다. 그리고 나는 어느 집회에서 설교하던 중, 과거에 '아빠'라고 부르며 달려오던 딸아이에게 화를 냈던 일을 언급하면서 눈시울이 뜨거워진 적이 있었다.

그때 나는 공식적으로 우리 딸아이에게 나의 잘못과 실수의 용서를 구했고, 딸아이는 기쁜 마음으로 용서하고 받아줌으로 상처를 치유하는 시간을 가졌다. 정말 성령께서 과거의 상처와 아픔들을 치유해 주심으로 더욱 견고한 신앙아래서 우리 가족을 세워 주셨다.

이 모든 것이 부족한 우리의 신앙을 연단시키시고, 아울러 선교지의 생명들을 사랑하기 전에 가지고 있어야 할 주님의 십자가로부터 나온 참

된 사랑과 그리스도로 인한 충만한 기쁨과 행복을 갖도록 섭리하신 하나
님의 크신 은혜였다.

* 현장2 - 지상에서 가장 아름다운 이름

우리는 선교지에 들어가서 2년 정도의 적응과 언어 훈련을 마치고 돌
아와서 다시 반 년 정도의 선교 훈련을 받으며, 개인과 가정의 영적인 회
복의 시간을 가졌다.

지난 선교지에서의 삶을 돌아보며, 장기 사역을 준비하는 유익한 시
간이었다. 또한 그 기간에 아내는 모 대학에서 한국어 교사를 배양하는
과정을 마치게 되었다.

몇 개월 후, 우리는 다시 선교지로 왔다. 감사한 것은 현지 정부가 임
시적으로 외국인들이 비교적 값싼 아파트 지역에 살 수 있도록 허락한 것
이다. 그래서 우리는 한국인들이 모여 사는 지역으로 이사를 왔다. 무엇
보다 기뻤던 것은 우리 아이가 자유롭게 뛰놀 수 있게 된 일이었다.

한편 하나님은 아내가 한글학교 교사로 일할 수 있는 길을 열어 주셨
다. 아내는 교사로 일하면서 점점 더 가정 생활과 현지 생활에 즐거움을
얻게 되었다. 나도 이 무렵에 신학교 사역을 본격적으로 시작하게 되었는
데, 비록 현장 사역에서의 위험으로 인한 긴장은 더해 갔지만 가족들이
안전한 지역에서 기쁘게 사는 것으로 인해 많은 염려를 덜 수 있었다.

그 후 아내는 무료로 한국어를 가르치는 한국어교육원을 세워 몇 년
동안 현지인들에게 한국어를 가르치는 일을 했다. 또한 자원 봉사자들과
함께 바자회를 열어 주변의 고아들을 돕는 일을 하기도 했다.

하지만 아내는 여전히 직접 선교에 대한 미련이 남아 있었다. 나도

선교사인데 전도나 제자 양육 혹은 신학 교육과 같은 선교 사역을 해야 한다는 부담이 있었던 것이었다.

그러던 어느 날 아침, 아내가 갑자기 통곡을 하듯 눈물로 기도하며 방에서 나왔다. 그리고 나를 붙잡고는 고백할 것이 있다고 말하는 것이었다. 하나님께서 로마서를 묵상하던 중에 그녀에게 자신이 얼마나 큰 죄인인가를 알게 하신 것과 사모가 얼마나 소중한 직분인가를 깨닫게 하셨다는 것이었다.

그녀는 다음과 같이 고백하였다.

"이 세상에서 목회자 사모가 정말 소중한 직분인지를 오늘에야 깨달았어요, 특히 선교사 사모가 얼마나 귀한 직분인지를 알았어요. 만일 나의 기도와 사랑이 없으면, 당신과 당신의 사역도 없고, 신학교와 현지 교회 그리고 많은 열매들도 맺을 수 없다는 것을 알았어요. 나의 작은 기도와 우리 가정에 대한 섬김들이 얼마나 소중한 한 지를 이제야 알게 되었어요."

그녀의 말을 듣던 나도 큰 깨달음이 있었다. 사실 선교 현장에서 여러 차례의 어려움들이 있었고, 지금도 신학교를 드나들면서 언제나 많은 긴장들을 안고 있지만, 이러한 나의 삶과 사역 뒤에 아내의 간절한 기도와 사랑의 수고가 있었음을 잘 알고 있기 때문이었다. 그 날로부터 아내는 현장에서 사모학을 전파하는 전도자가 되었다. 어느 모임이나 집회에서도 당당하고 기쁜 마음으로 사모됨의 소중함을 간증한다. 또한 주변에 사는 사모들과 함께 기도회를 만들고 선교지에서 가정과 교회와 선교 사역을 지원하기 위한 영적 전투를 벌이고 있다.

우리 아내는 더 이상 선교사의 아내가 아니라 소중한 동반자이자 자랑스러운 사모 선교사이다. 그래서 나는 그녀에게 말하고 싶다. 당신은 지상에서 가장 아름다운 이름을 가진 사모 선교사입니다.

나는 현지 목회자들과 신학생들에게 부부 생활에 대한 세미나와 특강을 할 때가 있다. 그때마다 예수 그리스도만이 우리의 신앙 생활에 있어서 주인이자 참된 본이 되시며, 우리 삶의 근본적인 해결자가 되심을 강조한다.

오늘날 우리는 정말 결혼 윤리와 가정 생활이 심각하게 훼손되고 파괴된 상태에 살고 있다. 이는 사상 교육은 실시했지만 도덕과 윤리가 무너진 이 나라의 실상을 그대로 보여 주는 사실이다.

이제는 혼전 동거나 이혼 혹은 재혼이라는 단어들이 그들의 삶의 일부가 되어버린 것 같다. 또한 많은 부부가 무책임하게 헤어짐으로 평생에 큰 상처와 아픔을 안고 살아가는 자녀들이 매우 많다. 그래서 점점 부모가 자식을 버리고, 자식도 부모를 배반하는 사회가 되어가고 있다.

현대 교회와 성도들도 예외가 아니다. 목회자들 가운데서도 이미 여러 사람들이 불륜으로 성직을 박탈당하기도 하며, 많은 교회의 신자들이 이혼하고 있다. 실상 이러한 현상은 비단 이 나라만의 특이한 문제가 아니라 한국이나 미국을 비롯한 세계 모든 나라의 추세가 되어가고 있다.

종말의 때임을 알려 주듯이 세상 사람들은 극도로 탐욕적이고 이기적이며 물질적인 사람들이 되어가고 있다. 자신의 이익과 육적인 만족을 위하여서 인간 삶의 기본적인 윤리마저 버리고 있다.

한편 그리스도인의 부부 생활에도 위기가 있다. 그러나 우리에게는 가정의 위기에 처했을 때마다 진정 의지하고 나아가야 할 분이 있다. 그분은 예수 그리스도이시다.

나 자신도 10여 년 이상 척박한 선교지에서 살면서 재정 문제나 자녀 교육 그리고 건강 문제들로 인하여 가정 생활에 많은 어려움과 위기들이 있었다.

결국 깨달은 사실은 매순간마다 우리의 연약함과 부족함을 그대로 주님 앞에 가지고 나아갈 때에만 참된 해결과 화목이 있다는 것이었다. 그래서 내가 먼저 하나님 앞에서 자신의 죄와 이기심을 회개하고, 다시 상대방에게 하나님의 긍휼과 도우심을 구하며 용서와 화해의 십자가를 질 때서야만 문제가 해결되곤 하였다.

예수님은 우리에게 참된 하나 됨과 화평을 주시는 구주이시다. 우리는 언제나 그를 의지하여 죄와 어려움 속에서 승리하며, 나아가 하나님께 영광을 돌리는 가정이 되도록 힘써야 할 것이다.

하나님이 우리를 한 몸이 되어 가정을 이루게 하심은 이 땅의 행복만을 추구하도록 하심이 아니라, 지상에서 우리를 통해 아름다운 계획을 이루시기 위함이시다.

D. 적용하기

1. 가정이란 어떤 곳인가?

2. 선교사의 가정 생활은 왜 중요한가?

3. 자신이 사역하는 선교지의 현지 교회나 신자들의 혼인 문화나 부부 관계의 현실 혹은 가정 생활의 위기 등에 대해 말해 보시오.

4. 오늘날 자신의 선교지에서 실제로 경험했던 혼인과 가정 생활의 위기
   나 문제점들이 있었다면, 그 원인은 무엇이었으며 그러한 어려움을
   어떻게 극복했는지를 말해 보시오.

5. 자신이 선교사로서 현지 교회가 직면하고 있는 가정 문제에 대하여 어
   떻게 그들이 잘 극복할 수 있도록 도와줄 수 있는지를 말해 보시오.

*** 우리 가정의 참 의지할 분은 오직 예수 그리스도이시다. 가정의 행
   복과 참된 안식을 주시는 분도 주님이시다. 그러므로 우리는 자신의
   연약함과 있는 모습 그대로 그분 앞에 나아가 때를 따라 도우시는
   은혜와 긍휼을 구하자.

05

연구 사역 : 선교의 토양

@ 말씀 : 히브리서 5장 14절

단단한 음식은 장성한 자의 것이니 그들은 지각을 사용함으로 연단을 받아 선악을 분별하는 자들이니라.

---

1. 선교와 연구 : 성경은 모든 학문의 표준
2. 선교와 학문 : 하나님의 영광을 드러냄

A. 이해하기

선교는 하나님과 성경의 토대 위에서 이루어져야 한다. 그리고 선교사는 선교 현장에서 날마다 하나님의 말씀과 기도로 얻은 지혜와 능력을 힘입어 일해야 한다. 그래야 다양하고 급변하는 선교지에서 견고하고 지속적인 사역을 감당해갈 수 있다.

오늘날 일상에서 현지 교회가 당면한 실제적인 필요들과 문제들에 대하여서 연구하고, 적절한 대책과 해답을 제공함으로 현지 교회의 발전과 성숙을 도와야 한다. 이를 위해서 선교사는 먼저 성경의 시각으로 선교지에 대한 연구를 수행해야 하며, 그 지역과 민족의 역사와 문화 그리고 교회와 신학에 대한 전반적이고 학문적인 연구를 진행해야 한다. 왜냐하면 선교는 바로 이러한 든든한 토대위에 건설되는 집과 같기 때문이다.

선교 현장에서 연구해야 할 대상들은 일반적으로 현지인들의 전통 사상과 세계관, 정치와 종교, 경제와 사회, 교회와 가정 등을 포함한 모든 문화 영역에 대한 것들이다. 실제로 선교지의 영혼들은 선교사가 전한 복음을 받고 성령 하나님의 크신 은혜와 능력으로 구원을 얻게 되지만, 그들은 이제 복음을 가지고 그들이 속한 문화와 역사의 토대 위에서 신앙 생활을 해 나가야 하며, 또한 성경과 진리로 이 왜곡되고 죄악 된 문화와 가치관들과 싸워 나가야 한다.

일반적으로 선교지에서 현지인이 교회의 지도자가 되어 전도의 일을 하며 교회를 세워 나가는 일을 수행함에 있어서도 가장 어려운 과업은 그 지역의 전통적인 문화와 가치들과 싸워서 이기며, 복음으로 이러한 문화를 정복하고 그 속에 거하는 죄인들을 진리로 돌이키는 일이다.

아울러 현장 선교사는 기독교가 그 나라와 미래 사회에 대안이 되도록 지향하고 사역에 임해야 한다. 오늘날 중국 선교사들도 중국 복음화와 아시아 복음화를 위해 중국 교회의 지도자들을 지속적으로 배양하는 한편 향후 국가와 사회를 이끌어 나갈 영적 지도력을 가진 기독 인재들을 배양하는 일에 힘써야 한다.

그래서 성경에 기초한 참된 신앙과 기독교 세계관으로 준비된 기독

인재들이 가까운 장래에 중국 공산당과 공산주의 사상이 무너지고 등장할 새로운 시대와 새 사회의 국가지도자들로 바로 설 수 있어야 한다.

21세기의 선교 리더십은 자신의 선교 현장을 정확히 파악하고 그 지역의 필요와 문제들을 적절히 해결함으로 하나님의 일을 효과적으로 성취하는 자질을 구비한 사람이라고 말한다.

현대 선교는 실로 신앙과 삶 혹은 교회와 세상에 대한 균형적인 시각과 안목이 필요하며, 전문적인 연구와 훈련이 절실히 요구된다. 그래서 현대 선교의 현장에서는 복음과 문화, 천국과 세상, 가정과 교회, 선교와 교회, 교회와 국가, 경건과 실천 등에 대한 총체적 연구와 학문적인 정립 그리고 성숙한 실천이 요구된다고 하겠다.

예수 그리스도는 역사와 세계의 창조자-시며, 주인이시다. 그분의 말씀과 삶은 생명과 구원의 능력이며, 또한 인류의 모든 사상과 세계관 그리고 학문과 문화의 참된 기초이다.

이 세상 속에 예수 그리스도와 그의 말씀이 사고와 삶의 중심으로 우뚝 세워져야 하며, 이러한 안목이 체계적인 학문으로 정립되어 모든 사람에게 모든 영역에서 참된 표준과 해답으로 주어져야 한다.

'네게 명령한 그 율법을 다 지켜 행하고 우로나 좌로나 치우치지 말라. 그리하면 어디로 가든지 형통하리니 이 율법 책을 네 입에서 떠나지 말게 하며 주야로 그것을 묵상하여 그 안에 기록된 대로 다 지켜 행하라. 그리하면 네 길이 평탄하게 될 것이며 네가 형통하리라(수 1:7-9).'

B. 선교 현장

중국 선교의 현장을 돌아볼 때, 지금도 선교지에 대한 이해나 사역에 대한 철저한 준비와 이해 그리고 사역에 대한 평가와 점검이 없이 선교지에 머물러 선교지의 영혼들과 교회의 혼란을 가중시키는 사람들이 있다.

더욱이 몇몇 선교 단체나 선교사들이 선교 현장에 대한 실제적인 경험과 통찰력이 부족한 채로 선교지에 대한 각종 편협한 정보와 부정확한 통계 자료들을 제시함으로 선교 사역의 혼란을 가중시키고 있기도 하다. 그 실례로 세계에서 규모가 비교적 큰 300개의 국제 기독교 단체들 중 250여 개 단체들은 매년 잘못된 통계들을 발표함으로써 세계 교회와 선교사들에게 그릇된 선교 정보를 주고 있다고 한다.

최근 한 국제선교 단체에서 발행하고 있는 중국 교회의 통계 자료집(Operation China)은 실로 크나큰 잘못을 저지르고 있다. 이 중국 교회통계의 책임자는 중국 교회의 이단인 중생파와 연합하여 '백 투 예루살렘 운동'을 벌이고 있으며, 또한 몇 해 전에 『하늘에 속한 사람(HEAVENLY MAN)』이라는 책을 발간하여 세계 교회를 기만한 적이 있었던 뉴질랜드인 폴 헤터웨이(Paul Hattaway)라는 사람이다.

또한 중국에서 사역하는 어떤 선교 지도자들과 선교 단체는 자신들이 번역한 일부 책자와 설익은 프로그램들을 가지고 들어와 그것들이 전 세계적인 선교의 흐름이며 마지막 시대의 최고의 선교 도구라고 선전하며 선교사들을 현혹하고 있기도 하다.

중국은 200여 년이 넘는 기독교 역사를 가지고 있기 때문에 곳곳에 많은 기독교 유적들이 있을 것이라고 생각한다. 그러나 국가가 종교를 통제하고 핍박하다 보니 대부분이 소실되거나 아무도 모르는 곳에 임의로 방치되어 크게 훼손되어 있다. 이는 우리 기독교인들에게 참으로 안타까운 현실이 아닐 수 없다. 과거에 사역했던 초기 선교사들이나 초창기 교회의 교회지들과 순교자들의 역사적 유물들이나 흔적이 잘 보존되어 있었다면, 후대의 기독교인들과 이 나라의 역사에 큰 영적인 유산이 되었을 것이다.

우리는 현장에서 사역하면서 그 나라의 문화와 역사를 이해하고 연구해야 한다. 또한 그 지역의 기독교적 뿌리와 신앙 정신을 되찾아 현지 교회와 성도들의 소중한 영적 지침으로 삼아야 할 것이다.

아울러 현대 정치 사상과 통치 철학으로 왜곡된 기독교에 대한 인식과 역사를 바로 잡도록 연구하며, 또한 우리의 작은 노력을 통해 향후 이 나라의 미래를 이끌어갈 좋은 기독 인재들이 배출되어지기를 간절히 기도한다.

종말로 이 시대는 균형 잡힌 영성과 선교의 자세가 필요한 때이다. 어떤 이들은 오직 초월적 영성과 신비적 종건의식 그리고 극단적인 선교적 열정만을 추구하고, 다른 이들은 사회 참여와 지역 개발에만 주력하고 있다.

향후 선교는 총체적이고 균형을 가진 사역으로 전개되어야 할 것이며, 현장의 필요들을 적절하고도 알맞게 채워 줄 수 있는 보다 전문화되고 준비된 선교가 되어야 한다.

* 현장1 – 노부부와 무덤

중국 교회사 속의 인물 중에는 바울과 같이 복음을 위해 생을 바쳐 헌신하며 달려간 신앙의 위인들이 적지 않다. 그 중에 한 사람에 대한 관련된 아름다운 간증을 소개하고자 한다.

이 사람은 전도자요 부흥사였던 송상절(1901-1944)이다. 그는 1901년 B지역에서 목사인 아버지 송학연의 아들로 태어났다. 한편 그의 아버지는 B신학교에 입학하여 신학을 공부하고, 1905년에는 흥화복음

서원의 부교장을 역임하며 교회 지도자들을 기르는 일을 하였다. 이러한 환경에서 자란 송상절은 어릴 때부터 주일학교를 도왔으며, 동네에서는 작은 목사라고 불렸다.

한편 송상절은 중학교를 우등으로 졸업한 후 N시의 K신학대학에 진학하고자 준비하였으나, 당시 물리교사의 추천으로 1920년에 미국으로 가서 대학공부를 하였는데, 천재적인 머리와 노력으로 모두 6년 만에 박사학위(오하이오 주립대학, 화학 분야)를 취득하였다.

1926년에 그는 P시 의과대학의 요청과 미국의 대학에서 일할 많은 세상적인 기회들을 마다하고 뉴욕협화신학원에 진학하여 신학을 공부하게 되었다. 그 후 겨울방학을 맞아 기도하던 중, 1927년 2월 11일 누가복음 23장을 읽다가 십자가상의 예수를 만나는 하나님의 신기한 인도하심으로 중생을 체험하게 되었다. 이 체험은 그로 하여금 놀라운 영적 세계를 보게 하였고, 신앙이 성장을 가져다 주었다. 그러나 당시의 신학원과 교장은 그를 이상한 정신병자로 몰아 정신병원에 입원시켰는데, 오히려 정신병원에서의 193일은 송상절에게 하나님의 은혜를 깊이 체험하는 소중한 시간이 되었다.

1927년 10월 4일, 그는 고국으로 돌아오면서 자신이 공부한 학교가 신신학을 주장하는 신학교임을 후회하고, 그동안 자신이 미국에서 받은 박사학위증과 각종 장학증서와 상장들을 바다에 던져버리고 전도자로의 삶을 살겠다고 결심하였다.

고국에 돌아온 송상절은 전도단을 세워 복음 사역을 시작하였으며 (1927-1930), 후에 '3인 전도단'을 세워 전국을 순회하며 부흥회를 개최하기도 하였다. 그리고 계지문(计志文)등과 함께 '베들레헴 전도단'을 세워 그들과 함께 전국을 순회하면서 적극적인 복음 사역(1931-1933)을 실시하기도 하였다.

그 후 송상절은 베들레헴 전도단에서 나와 점차 독자적으로(1934-1940) 전국과 동남아시아에서 전도부흥회를 열어 복음 사역을 활발히 전개하였다.

한편 그의 부흥회 형식은 매우 독특하여 큰 감동과 회개를 불러일으켰는데, 그는 자신의 본국 및 대만, 동남아 지역의 말레이시아와 태국, 싱가포르, 필리핀 등지에까지 순회하며 복음을 전파하였으며, 가는 곳곳마다 전도단을 조직하는 등 당시 동남아시아와 현지 복음화에 아주 깊은 영향을 미쳤다. 그의 설교는 죄, 회개, 성령 충만의 능력을 주요 내용으로 하였는데, 당시 사람들로 하여금 성령님의 깊은 감동을 체험하게 하였으며 생명의 변화가 일어나게 하였다. 하지만 아쉽게도 그는 짧은 15년간의 복음 사역을 마치고, 1944년 지병인 심장병으로 인해 향년 43세의 나이로 별세하였다.

2003년 여름, 나는 우리 신학교에 재학하는 N전도사의 소개로 송상절의 무덤이 있다는 곳을 방문할 기회가 있었다. 그 형제는 당시 그 지역에서 목회를 하고 있어서 그 묘비가 있는 장소를 발견하고는 나에게 알려준 것이었다.

내가 가 본 그의 무덤은 어느 지역의 외진 산골짝 쓰레기 더미에 외롭게 버려져 있었고, 그곳에 거지가 움막을 치고 살고 있었다. 하지만 묘비만은 잘 보존된 상태였다. 그의 묘비 앞면에는 그의 이름이 새겨져 있었고, 측면에는 '주 예수여, 어서 다시 오소서'라고 말씀이 새겨져 있었다.

나는 그의 무덤을 바라보면서 많은 생각을 했다.

'한국과 같이 신앙의 자유가 있는 나라라면, 그의 사적들과 묘비가 잘 보존되어 후세들에게 좋은 신앙 교육의 유산으로 전수되고 있을 것인데……'

정말 안타까운 생각이 들었다.

　　그 후 2005년 여름에 다시 손님을 모시고 그곳을 찾을 기회가 있어서 다시 방문하게 되었다. 그런데 그곳 주변에 새로운 많은 건물들이 들어서고 원래의 자리에 있던 묘지를 찾을 수가 없게 되었다. 우리 일행은 당황한 나머지 이리저리 찾아 헤매다가 건물들 사이에 설치된 작은 문 하나를 발견했다. 그곳에는 철문이 설치되었고, 자물쇠가 채워져 있었다. 그러나 문틈으로 살펴보니, 다행히도 그곳에 송상절 선생의 묘비가 있었다.

　　우리는 문에 자물쇠가 채워져 있어서 이제 더 이상 이 묘비를 가까이 볼 수 없구나 하면서도 그냥 발길을 돌리기가 아쉬워 들어가 보려고 자물쇠의 주인을 찾기로 하였다. 그래서 이웃집 문을 두드리고 있는데, 지나온 골목길 뒤의 허름한 집에서 쇠약해 보이는 노인이 나와서 우리에게 손짓을 하였다. 그 노인은 우리를 부르고 나서 집으로 들어가 버렸다. 그리고 곧이어 약 80세쯤 보이는 할머니가 열쇠를 가지고 나와 그 철문을 열고 우리를 그 무덤으로 친절하게 안내해 주었다.

　　나는 그의 무덤이 사라지지 않고 거기 그대로 있음에 정말 하나님께 감사를 드렸다. 그러면서 문뜩 의문이 생겼다. ‘이 노부부는 누구시길래 이 열쇠를 가지고 있는 것일까’ 라고 말이다. 그래서 그 할머니에게 물었다.

“할머니 당신도 예수를 믿으십니까?”

그러자 할머니는 곧 바로 말씀하셨다.

“만일 내가 믿음이 없으면 이 무덤은 벌써 사라졌을 것이라네.”

다시 나는 그 할머니에게 물었다.

“국가에서 이 주변도시를 정리하여 여러 건물을 짓고 있는데 어떻게 이것을 지키셨습니까?”

그랬더니 그 할머니는 다시 대답하셨다.

"정부에서 운영하는 건설회사의 업자가 불도저를 가지고 와서 여기를 밀어내려고 하는데, 나와 우리 집 양반이 무덤 앞에 드러누워서 이 무덤은 내가 아주 존경하는 중요한 사람의 무덤인데 이 무덤을 밀려면 우리부터 죽여라고 해서 이렇게 사라지지 않고 남았다네."

나는 다시 물었다.

"도대체 할머니와 이 무덤의 주인공는 어떤 관계이시기에 이렇게 목숨을 걸고 무덤을 지키십니까?"

"이분은 60여 년 전에 이 지역 교회를 목회하던 분이신데, 그때 갓 결혼한 우리 부부가 그 교회에서 예수를 믿고 그분으로부터 세례를 받았다네."

"할머니! 이제 연세가 많으셔서 죽으시면 이제 어떡해요?"내가 질문을 하자마자 할머니는 열쇠를 흔들면서 대답하셨다.

"내 아들이 이 지역에 살면서 근처의 가정 교회에 출석하고 있는데, 그에게 물려줄 것이라네."

그날 나와 우리 일행은 정말 큰 은혜를 받았다. 비록 핍박과 시련이 있는 역경의 시기를 살고 있지만, 십자가를 뒤따르는 순수한 신앙은 지금도 계속되고 있었음을 볼 수 있었다.

1944년에 순교자 송상절 선생은 천국으로 갔지만, 그의 순교 열정과 고귀한 믿음은 이와 같이 후세대들에게 전수되고 있었던 것이다. 그리고 하나님은 무덤을 지키고 있는 이 노부부를 통해 동일한 믿음을 교훈하고 계셨다.

"내가 진실로 진실로 너희에게 이르노니, 한 알의 밀이 땅에 떨어져 죽지 아니하면 한 알 그대로 있고 죽으면 많은 열매를 맺느니라(요 12:24)."

나는 돌아오는 길에 이 노부부에게 임하신 하나님의 은총을 생각하며 간절한 마음으로 축복 기도를 드렸다.

"하나님 이들을 지켜주소서, 이들의 여생을 축복하시고 이곳을 찾는 모든 이들에게 담대한 믿음과 신앙의 교훈을 주소서. 그리고 하루 속히 이 땅에 신앙의 자유를 허락하소서. 아멘!"

* 현장2 - 나는 그리스도인이다

2007년에 E시에 있는 한인 교회의 초청으로 세미나를 인도하려 내려갔다. 그곳은 중국의 기독교 선교가 시작된 곳이기도 하며, 역사적으로 현대 정치가 시작된 아주 중요한 지역이었다. 나는 그곳에 살고 있는 한국인들에게 그곳의 중요성을 강조하고, 먼저 그들이 이러한 역사적 유산들을 잘 이해함으로 이 나라의 정치와 교회의 발전을 위해 기도하고, 나아가 여러 모양으로 헌신할 것을 부탁하였다.

그리고 그곳에서 나는 200년 전에 이곳에서 사역했던 여러 선교사들의 흔적을 찾고자 부단히 노력하였다. 왜냐하면 그곳은 최초의 중국 선교사였던 로버트 모리슨이 사역했던 곳이기도 하며, 최초의 기독교의료병원이었던 박제의원이 세워졌던 곳이었기 때문이다.

현재는 이전에 선교사들이 살았던 집들이나 그들이 사역했던 장소들은 이미 사라지고 말았으며, 초창기 선교사들이 세웠던 병원이나 교회들도 이미 소실되거나 다른 장소로 사용되고 있어서 도무지 그 역사적 기록이나 유산들을 알아낼 수가 없었다.

한편 중국 근대사에 있어서 지난 4000여 년 동안 지속되어 온 암흑 같은 전제 정치의 역사를 바꾸었던 기독교인 대통령인 손중산(孫中山) 선생의 사적지와 근현대사의 유적지를 방문하고 돌아왔다.

그는 오랜 세월에 걸친 여러 차례의 민주혁명에서 실패하였지만, 마침내 신해혁명을 통하여 역사상 최초의 민주공화국을 건설하였다.

1912년 1월 아시아 최초의 민주공화국인 '중화민국'을 세운 손중산은 말하기를 '이 모든 것이 하나님의 은혜와 교회의 공이다'라고 했다. 실상 그가 자신의 추구한 민주와 평등 그리고 박애의 3대 이념과 '삼민주의(민족주의, 민권주의, 민생주의)' 사상은 바로 성경에 기초한 기독교 신앙에서 기초한 것이며, 기독교 정신을 바탕으로 한 서구 민주주의 사상과 미국의 16대 대통령 링컨(Abraham Lincoln)의 민주정신을 더욱 발전시킨 것이었다. 그는 임종 시에도 기독교식 장례를 원하였으며, '나는 그리스도인이다'라는 말을 남겼다. 또한 그는 '나와 나의 가족 그리고 모두는 그리스도를 믿으며, 모두가 그리스도를 알게 되기를 바란다'라고 유언하였다.

바라기는 선교사 모리슨(Robert Morrison)이나 기독교 대통령 손중산과 같은 귀한 신앙인들의 사적들과 믿음의 발자취들이 기독교학자들의 역사적인 연구와 발굴들을 통하여 세상에 널리 소개되어지기를 바란다.

나아가 중국 교회는 이러한 고귀한 신앙적 유산들을 후세에 계승함으로 이 나라와 교회의 미래를 이끌어 나갈 젊은 기독 인재들에게 참된 비전과 소망을 제시해 줄 수 있어야 한다.

C. 돌아보기

오늘날의 선교도 현지에서 복음과 진리로 한 영혼을 구원하여 그리스도의 교회를 세우는 일에서 출발하여 기독교가 이 나라의 미래 사회의 대안으로 제시되도록 목표하고 전개되어야 할 것이다.

또한 현장 선교사는 신학 교육을 통하여 교회 지도자나 교회의 성도들에게 성경에 기초한 올바른 기독교 세계관을 가르쳐서 장차 기독교회 안에서 이 시대와 역사를 이끌어나갈 좋은 기독 인재들을 배출할 수 있도록 도와야 한다.

1980년대 후반에 나는 법과대학에 재학 중인 기독학생들과 함께 '서울지역법대기독학생연합회'를 창립하여 공동회장을 한 적이 있었다.

당시에 나는 연합모임의 방향과 목적을 담은 회지를 창간하게 되었는데, 나는 이 회지이름을 「생명의 법학」이라고 정하였다.

우리가 이렇게 이름을 정한 것은 일차적으로 기독법대생들이 장차 법조계에 들어가서 당시 권력과 물질의 시녀로 전락하고 비리로 얼룩진 법조 문화를 개선하고, 오직 법률과 정직한 신앙 양심에 따라 재판함으로 정의롭고 행복한 사회를 만들기를 바랐던 것이다.

그러나 근본적인 취지는 우리 모두가 법을 전공하는 학생들로서 하나님을 경외하고 생명을 사랑하는 사람들이 되기를 바라며, 장래에 사람 앞에서 군림하거나 심판하는 자가 아니라, 각자의 삶으로 생명의 성령의 법 곧 진리를 증거함으로 사람들에게 참 생명과 자유를 줄 수 있는 지도자가 되기를 바라는데 있었다.

그 후 하나님이 이 작은 겨자씨에게 복을 주셔서 사법연수원신우회나 기독변호사회와 같은 모임들이 생겨났으며, 현재 많은 기독법조인들이 하나님의 정의를 실현하고 생명을 살리는 귀한 사역을 감당하고 있음에 감사드린다.

한편 하나님은 내게 중국 내지의 여러 지방을 순회하면서 현지의 선교사들에게 현대 중국의 흐름과 함께 중국 교회와 중국 선교의 전망에 대해 강의할 기회가 있었다.

당시 중국의 내지에 들어가서 사역하던 선교사들은 생활과 현장 사역에 많은 고통을 겪고 있었다. 그래서 나는 그곳에서 생활 형편이 너무 어렵거나 선교 열매가 없음으로 인해 낙심해 있는 동료 선교사들을 향하여 다음과 같이 당부하기도 했다.

"이제는 여러분이 일하는 선교지의 사람과 문화를 적극적으로 연구하며 기도하고, 또한 기도하며 연구하고 토론함으로 사역의 지혜와 안목을 얻고 사역의 길을 열어나가야 합니다."

지금도 나는 선교 현장에서 사역하면서 기회가 되는 대로 전국에 흩어진 기독교 유산들과 잊혀져간 고귀한 순교자들의 흔적을 발굴하여 책이나 문서로 기록하고자 노력하고 있다. 이는 중국 교회를 섬기는 선교사로서 현지 교회와 신자들에게 선진들의 숭그한 신앙 정신과 선교 열정을 전해 주고자 하는 간절한 마음에서 나온 것이다.

D. 적용하기

1. 선교지 연구의 표준은 무엇인가?

2. 선교지 연구는 왜 필요한가?

3. 자신이 사역하는 선교지의 역사와 전통 문화 그리고 현재 일어나고 있는 많은 정치적 경제적 사회적 문제들이 어떻게 선교 사역에 영향을 주고 있는지를 말해 보시오.

4. 오늘날 자신이 선교지에서 현장 사역을 하면서 점차 선교지와 현지인
   들에 대해 이해하게 되면서 깨달은 교훈은 무엇인지 말해 보시오.

5. 자신이 선교사로서 앞으로의 효과적인 사역을 위해 좀 더 힘쓰고 연구
   해야 할 분야나 항목들은 무엇인지를 말해 보시오.

*** 하나님은 지혜의 원천이시다. 하나님을 알고 경외하는 것이 지혜의
   근본이며, 거룩하신 하나님을 온전히 사랑하는 것이 참된 지혜다.
   또한 이 지혜는 하나님이 세계를 바라보시는 시각으로 우리도 자신
   과 세상을 바로 보게 한다.

06

천국 일꾼 : 선교의 소망

@ 말씀 : 베드로후서 3장 8절-13절

사랑하는 자들아 주께는 하루가 천년 같고 천 년이 하루 같다는 이 한 가지를 잊지 말라. …… 하나님의 날이 임하기를 바라보고 간절히 사모하라. 그 날에 하늘이 불에 타서 풀어지고 물질이 뜨거운 불에 녹아지려니와 우리는 그의 약속대로 의가 있는 곳인 새 하늘과 새 땅을 바라보도다.

----

1. 선교와 천국 : 참된 안식은 오직 예수 그리스도/ 영원한 안식의 처소인 천국
2. 선교와 소명 : 지상에서 가장 아름다운 발걸음/ 천국을 향한 영광의 길

A. 이해하기

성경은 역사가 하나님의 창조하심으로 시작되었으며, 또한 궁극적으로 이 세계와 그 역사가 그리스도의 재림과 함께 종결된다고 가르친다.

역사의 주인이신 하나님은 창세전에 영원한 계획을 두셨으며, 또한 우리를 향한 그 선하고 아름다운 뜻을 성취하시기 위해 역사를 운행하고 계신다.

사랑의 하나님은 이 큰 뜻을 역사 가운데 인류에게 알려 주셨는데, 먼저는 그 말씀의 능력으로 천지를 창조하심과 은혜의 언약을 선포하심으로 시작되었고, 마침내 예수 그리스도를 이 세상에 보내심으로 그의 택하신 백성들을 그 죄와 사망의 형벌로부터 구원하심으로 확증되었으며, 장차 그리스도가 재림하셔서 이 세상을 심판하시고 신자들을 영원한 천국에 들이심으로 완성된다.

하나님께서 우리를 창조하신 것은 이 지상에서 영원히 살게 하려는 것이 아니며, 또한 우리를 구원하신 것도 이 땅 위에 목적을 두고 있지 않다. 하나님의 자녀 된 우리가 올바른 역사관을 가지고 있지 못한다면, 이 땅에서 여전히 세속의 바벨탑을 쌓으려는 어리석고 허망한 인생을 살게 될 것이다.

말세의 때를 살고 있는 그리스도인들은 그리스도의 재림을 대망하면서 이 땅에서 하나님을 아는 일과 그의 일을 성취하는 일에 헌신해야 한다. 우리의 본향은 천국이다. 그러므로 천국을 대망하며 그리고 이 땅을 시시하게 바라보며 나아가자. 비록 가난하더라도, 천국의 일꾼된 것을 감사하며 허락하신 소중한 하루하루를 값있게 살아가자.

천국의 나그네 된 우리가 전하는 복음은 이 세상 복음이 아니라 천국 복음이다. 하나님의 구원은 소망 있는 구원이며, 영원한 생명이 주어진 구원이다.

'우리에게 구름같이 둘러싼 허다한 증인들이 있으니, 모든 무거운 것과 얽매이기 쉬운 죄를 벗어 버리고 인내로써 우리 앞에 당한 경주를 하며, 믿음의 주요 또 온전하게 하시는 이인 예수를 바라보자(히 12:1-2).'

B. 선교 현장

중국에서 선교 사역을 하면서 내가 지치고 힘들 때마다, 한국에서 여러 신학교를 설립하시고 많은 목회자를 길러낸 박윤선 목사님의 일화를 기억한다. 그분은 20세기 초반의 일제 강점기에 예수를 믿고 평양신학교를 졸업하셨으며, 다시 미국의 웨스트민스터신학교에 유학하셨다가 돌아오셔서 신학 교육과 집필에 전념하셨다. 특히 박 목사님은 1940년대에 잠시 일제의 핍박을 피해 중국의 동북지역으로 건너와서 만주의 봉천신학교에서 신학교수를 하신 적이 있었다.

나는 비록 아쉽게도 그분에게 직접 배움을 받은 적은 없지만, 그의 전기와 남기신 설교 테이프와 저서들을 통하여 그에 대하여 많이 알게 되었다.

1978년 C신학원 대강당에서 거행된 '성경주석'의 완간기념예배 중에 박윤선 목사님은 고개를 떨구며 고백했다.

"나는 73년 묵은 죄인입니다."

나는 이 말씀을 기억할 때마다 그분의 그리스도를 닮은 겸손한 믿음과 하나님을 향한 참된 경외감을 새롭게 경험하곤 한다.

또한 1980년대 중반 박윤선 목사님이 어느 겨울 신학교 졸업식에서 부르짖던 말씀은 내가 이따금 선교 사역에 대한 회의가 들 때마다 큰 격려가 되고 있다.

"사랑하는 학부모님과 졸업생 여러분, 죄송합니다. 오늘은 졸업식을 치르는 기쁜 날이 아니라 장례식을 치르는 슬픈 날입니다. 지금 세상이 죄악에 깊이 빠져 있고, 교회가 빛을 잃어가는 때에 여러분이 나가서 한 알의 밀알처럼 썩어짐으로 교회와 세상을 살려야 할 것입니다. 제가 이제 주님 뵈올 날이 가까운데, 만일 여러분이 죽기를 거부한다면, 제가 어떻게 주님의 얼굴을 볼 수 있겠습니까? 여러분이 나가서 모두 복음과 진리를 위해 죽으십시오. 한국 교회를 살리십시오".

지금도 복음을 핍박하는 선교 현장에서 신변과 사역의 안전 문제와 씨름하며 사역을 해야 하고, 사역 중에도 많은 위험과 스트레스가 엄습해 와서 갑자기 건강이 악화되어 어려움을 겪기도 한다. 그러나 하나님의 영광스런 부름을 받아 복음을 전파하는 선교사 된 우리는 생명과 삶을 전능하신 하나님께 맡기고 복음 전파에 전념할 수 있어야만 한다.

지금 우리의 형편이 어떠하든지 하나님의 부름의 상을 바라보며, 세상의 핍박과 극심한 가난 속에서도 오직 믿음으로 하루하루를 살아가는 현지 교회와 성도들과 함께 동고동락하며, 진리와 성령으로 그들과 함께 교회를 세워나가야 한다.

우리가 얻을 생명과 영광의 면류관을 생각할 때, 우리는 눈을 들어 하늘을 바라보아야 한다. 우리는 천국의 일꾼이다. 이 땅은 진정한 쉼터나 피난처가 아니라 진리를 위해 땀 흘려 일해야 할 곳이다.

지금 하나님이 주신 이 땅 위의 삶을 소중하게 여기며, 천국 복음과 진리로 영혼들을 사랑하고 그들을 구원하는 가장 고상하고 가치 있는 삶에 최선을 다해 헌신하자. 장차 천국에서 그들과 함께 영광의 주님을 찬송할 그 날을 바라보면서.

* 현장1 - 천국 나그네

2008년에 나는 선교 현지를 떠나 안식년을 갖게 되었다. 현지 신학교의 졸업식을 마치고, 한국으로 떠날 짐을 꾸리면서 많은 상념에 잠기게 되었다.

어느 날 아침, 말씀을 묵상하면서 지난 10년간의 사역을 돌아보고 있었다. 그때에 내게 '갈 바를 알지 못하고'란 말이 다시 떠올랐다. 그렇다! 10년 전 한국의 삶을 정리하고 선교지를 향하던 때의 심정과 같았다. 이제는 선교지에서 잠시 한국으로 돌아가는데, 여전히 동일한 마음뿐이었다.

'우리가 한국에 가면, 누가 우리를 마중 나오겠는가? 아니 어디에 우리가 거주할 처소가 있단 말인가?'

아무리 생각해봐도 갈 곳이 없었다. 그저 믿음으로 도착해서 여러 교회와 이곳저곳 연락해서 머물 거처를 찾아야 할 형편이었다. 또 다시 정처 없는 길을 떠나는 나그네와 같았다. 그동안 우리는 결혼한 이후로 무려 20여 차례나 이사를 했다. 그리고 현지의 신학교도 여러 상황으로 12번 이상이나 이사를 해야 했다.

이제는 이사를 하는 일에 익숙해져 있었지만, 나는 이러한 나그네의 삶에 지칠 대로 지쳐 있었다. 실로 쉼이 필요한 시기였다고 할 수 있다.

우리가 공항으로 떠나는 날이 되었다. 그날 아침, 주변에 사는 동료 선교사들이 우리 집으로 찾아와 환송예배를 드리게 되었는데, 우리는 다 같이 찬송과 말씀 그리고 감사의 시간을 가졌다.

그리고 참석한 동료 선교사들이 우리에게 격려와 축복의 말을 전하였다. 특히 한국에 들어가는 일에 염려하지 말고 믿음으로 행할 것과 '여호와 이레'의 하나님이 친히 모든 것을 예비하시리라는 약속의 말씀들을 통해 우리를 위로해주었다.

이윽고 그들이 나에게 한 마디 답사를 하라고 하였다. 그때, 나는 그들에게 이렇게 말했다.

"나는 주님이 빨리 오셨으면 좋겠습니다. 한국에서 다시 이곳으로, 그리고 이곳에서 다시 한국으로 가는 일이 없이, 여기서 바로 천국에 갈 수 있었으면 좋겠습니다."

우리는 천국의 나그네이다. 우리는 예수 그리스도께 속한 천국의 자녀요, 이 세상에 속한 어느 나라의 사람이 아니라 하늘의 시민권을 갖고 사는 천국 사람이다.

이제는 더 이상 구원받은 죄인이 아니라 그리스도 안에서 새 사람으로 살아가야 한다. 하나님을 영화롭게 하기 위하여 하나님을 알아가며 옛 사람의 옷을 벗어버리고 거룩한 삶을 추구하며 살아가야 한다.

우리는 이 광야와 같은 세상 속에서 계속 전진해야만 한다. 출애굽을 했다면, 주께서 주신 믿음으로 홍해를 향해 나아가야 한다. 그리고 홍해를 건넜다면 이제 전능하신 하나님의 은혜만을 의지하여 광야를 향해 힘차게 걸어가야 한다. 거기서 주님과 동행하는 법, 하나님의 은혜로 사는 법을 배워야 한다. 그리고 그곳에서도 약속의 땅 가나안을 향해 힘차게 전진해야 한다.

* 현장2 – 미션 소나타

2007년 겨울, 밤새 많은 폭설이 내려 도로가 매우 혼잡하고 미끄럽던 어느 날이었다. 그날은 내가 가정 교회 지도자들에게 마침 '목회학'에 대한 강의를 하기로 되어있던 날이었다. 그래서 아침 일찍 시내버스를 타고 신학교를 향해 가고 있었다. 그 날 나는 만원버스의 차창 밖을 내려다 보다가 잊을 수 없는 큰 감동을 얻었다. 그것은 내가 탄 시내버스가 내리막 도로가 있는 다리를 지나서 이제 오르막길을 올라가고 있을 때에 일어난 장면이었다.

이 추운 겨울 아침에, 한 아버지가 갓난아이를 그의 자전거 뒤에 태우고 힘들게 눈이 내린 오르막길을 올라가는 장면이었다. 그 아버지는 오른 손으로 자전거 핸들을 붙잡고, 왼손으로는 눈에 앉은 아이를 꼭 붙잡은 채, 지나가는 차량들을 피해 오르막길의 갓길에서 앞을 향해 페달을 열심히 밟고 있었다. 내가 자세히 살펴보니, 그 아버지는 자전거 뒤에 바구니를 만들어 아이를 태우고 아이가 춥지 않도록 손장갑과 귀마개 그리고 목도리를 해 주었지만, 정작 자신은 그야말로 이런 것을 하나도 입지 않은 채 열심히 어딘가를 향해 운전하고 있었다. 그런데 더욱 놀라운 사실은 자전거 뒤에 앉은 아기가 금방이라도 떨어질 듯이 위험스럽게만 보이는데도, 이 아기는 흔들리는 자전거에도 아랑곳하지 않고 새근새근 단잠을 자고 있었다.

실로 나는 목회자로서의 참 모습을 그려보게 되었다. 또한 시편 23편의 말씀과 같이 참 목자 되신 하나님 아버지와 그 돌보시는 양떼의 무리 가운데 한 마리 연약한 어린양이면서도 양떼들을 이끄는 어미 양과 같은 나 자신을 돌아보게 되었다.

또한 나와 내가 섬기는 중국 교회의 제자들을 돌아보면서, 앞에서 자전거 페달을 열심히 밟는 그 아버지가 바로 목자 된 나의 모습이라면 그 뒤에 앉아서 평안히 잠을 자는 그 아기는 바로 하나님이 내게 맡기신 나의 양떼와 같음을 묵상해 보았다.

그 날 나는 '목회학'을 가르치면서 제자들에게 말했다.

"목회는 목사가 되는 것이며, 선교란 선교사가 되는 것입니다."

하나님은 목회와 선교를 통하여 우리를 주님과 같은 참 목자로 빚으시고 계신다. 실로 참 목자는 하나님의 교회를 섬기는 종으로서 하나님의 양떼들을 사랑과 진리로 굳게 묶어서 그들과 함께 천국에 들어가기까지 기쁨으로 그들을 위해 인내와 희생을 다하는 삶을 사는 사람이다.

C. 돌아보기

중국 교회는 이 어두운 세상을 밝히는 복음의 빛이요 생명의 등대와 같다. 또한 중국 복음화와 아시아 복음화를 성취할 마지막 주자다.

나의 간절한 기도와 소원은 현지인 지도자를 양성하여 그들로 하여금 자립 교회를 세우고 자립 신학교를 운영하도록 하는 일이며, 언제가 그들 스스로 아시아와 세계 복음화를 위해 선교사를 파송하게 되는 일이다.

21세기 선교 현장에는 오직 주님만을 바라보고 주님의 인격과 삶을 닮아가기를 소원하며 현지인들을 주님께로 인도하는 좋은 선교사가 절대적으로 필요하다.

선교사는 임마누엘의 예수님처럼 천국 복음을 전파하는 동시에 주님을 모르는 이들의 십자가를 지고 함께 걸어가야 한다. 그래서 때로는 부모처럼 자식을 낳아 길러야 하고, 형제처럼 배고픔과 아픔과 눈물을 함께 흘리며 지내야 하며, 스승처럼 그들을 엄히 가르치고 앞길을 지도하고, 때로는 의사와 유모처럼 그들의 상처입고 지친 심령을 치유하며 사역해가야 한다.

하지만 선교 사역이 오래되면서 처음에 받은 선교의 열정과 사랑이 식어지기도 한다. 또한 다른 선교사들이나 현지인들과의 관계 속에서 상처를 받거나 현장 사역으로 인해 많은 어려움들을 겪으면서 큰 낙심에 빠지기도 한다.

때로는 선교사의 가정도 그들의 나이가 들어가면서 점점 은퇴 후의 생활이나 자녀들의 교육 그리고 장래에 대한 고민들을 하게 된다.

그러므로 우리는 하나님 앞에서 자신이 누구인지를 분명히 알아야 하며, 또한 오늘날 하나님께서 의탁하신 영광의 복음을 위해 '천국의 나그네' 된 이 사실을 날마다 확인해야 한다.

칼빈이 『기독교인 생활수첩(The Golden Booklet of the True Christian Walk)』이라는 책에서 말한 것처럼, 먼저 우리는 나 자신의 것이 아니라 나를 위해 목숨 버리사 나를 구원하신 주께 속한 자 곧 새 사람이 되었다는 것을 확신해야 한다.

그리고 우리는 오직 하나님의 영광을 위해 지속적으로 자기를 부인하고 십자가를 지고자 힘써야 하며, 날마다 내세를 묵상함으로 그 소망 가운데 주께서 허락하신 이 땅의 하루하루를 선용할 수 있어야 한다.

19세기말 중국 선교사로서 동북 지역에서 한국인들에게 복음을 전하고, 최초로 한국어 성경을 번역하여 한국 선교의 길을 열었던 스코틀랜드인 존 로스(John Ross, 1842-1915)는 말한다.

"나는 오늘 눈보라치는 어둠을 뚫고 몇 마일을 더 가야만 한다."

D. 적용하기

1. 선교의 소망은 무엇인가?

2. 선교사는 이 세상에서 어떤 모습으로 살아가야 하는가?

3. 자신이 선교사로서 살아오면서 천국의 나그네라는 사실을 언제 어떻게 경험하게 되었는지 말해 보시오.

4. 오늘날 자신의 선교 사역 속에서 이 세상에 절망하고 오직 천국의 참된 소망만을 바라보도록 교훈한 사건들이 있다면, 그 실제 사례를 들어 말해 보시오.

5. 자신이 천국의 나그네이자 천국의 증인인 선교사로서 앞으로 버려야 할 것은 무엇이며 진정 추구해야 할 것은 무엇이어야 하는지를 말해 보시오.

*** 참된 안식은 오직 그리스도 예수 안에만 있다. 그리고 영원한 안식은 천국에 있다. 이 땅은 우리의 안식처나 피난처가 아니라 땀 흘려 일해야 할 곳이다. 지금 최선을 다해 주께서 내게 맡기신 천국의 밭을 일구자.

07

오직 예수 : 선교의 본질

@ 말씀 : 요한복음 14장 6절

예수께서 이르시되 내가 곧 길이요 진리요 생명이니 나로 말미암지 않고는 아버지께로 올 자가 없느니라.

---

1. 선교의 본질 : 예수만이 참 길이요 진리요 생명
2. 선교와 역사 : 인류와 역사의 유일한 해답인 그리스도

A. 이해하기

예수 그리스도는 선교의 주인이시며 주제가 되신다. 실상 그분은 역사와 만물의 창조자요 인류의 참 구주시며 또한 세상의 심판자이시다.

선교는 예수만이 유일한 진리요 생명과 길이심을 확신하고 선포하는 것이다. 우리는 예수만이 인생과 세상의 모든 문제의 답이라고 분명하게 선포하고 가르쳐야 한다. 이 진리에 대한 확신과 선포는 선교사 자신의 삶 즉 전 생애와 전 인격으로 증거되어야 하며, 또한 실제적인 사역 현장에서 날마다 고백되고 체험되어야 한다.

은혜의 하나님께서는 우리를 향하여 항상 기뻐하고 쉬지 말고 기도하며 범사에 감사할 것을 명령하시고, 이것이 바로 그리스도 예수 안에서 우리를 향한 하나님의 뜻이라고 가르치신다(살전 5:16-18).

우리는 모든 상황에서 항상 기뻐하고 감사할 수 있는가? 그리고 신자로서 생의 절망들과 죄악의 수렁들 속에서 어떻게 거룩하고 의로운 삶을 살아갈 수 있는가?

그 해답은 바로 예수 그리스도이시다. 예수 그리스도는 우리의 생명이시며, 빼앗길 수 없는 기쁨이요 영원한 감사의 원천이시다. 또한 그분은 우리를 위해 친히 간구하시는 중보자시며, 우리의 모든 삶의 어려움에서 우리를 구원하시는 분이시다.

하나님께서는 우리를 만세전에 그리스도 안에서 택하시고, 또한 우리를 죄와 사망에서 구원하사 그리스도와 온전히 연합하게 하셨다. 실로 우리의 생명과 모든 축복이 머리이신 그리스도로부터 나온다.

예수 그리스도는 계시록에서 자신을 다음과 같이 소개하고 계신다.

'나는 알파와 오메가라 이제도 있고 전에도 있었고 장차 올 자요 전능한 자라(계 1:8)'.

주님은 처음과 나중이 되신다는 것은 그분에게서 만물이 창조되었고 그분으로 말미암아 존재하고 있으며 그분께서 궁극적으로 모든 목적을 완성하신다는 말이다.

만유의 주재된 주님의 전능하신 손아래 모든 만물과 역사의 종국이 놓여 있다. 또한 예수 그리스도는 우리의 믿음의 창조자요 완성자이시다. 이 종말의 때에 이 세상과 인류의 영원하고도 참된 비전은 무엇인가? 예수 그리스도가 비전이다. 그분은 나와 온 인류와 역사의 유일한 소망이시다.

지금도 주님은 우리에게 말씀하신다.

'영생은 곧 유일하신 참 하나님과 그의 보내신 자 예수 그리스도를 아는 것이니이다(요 17:3).'

B. 선교 현장

중국 선교사로서 사랑의 하나님께 받은 가장 큰 은혜는 바로 선교 현장에서 찾아오는 많은 고난과 시련을 통해 나의 인격과 믿음을 연단하심으로 이 세상 가운데 속한 나의 심령이 늘 하나님 앞에 있는 거룩함과 은혜의 자리에 머물도록 인도하신 것이다.

21세기 초반을 지나는 전 세계에서 처절한 고통의 소리가 들려오고 있다. 이는 단지 정치적 경제적인 위기에서 들려오는 세상의 소리가 아니라 종말의 시대를 사는 죄악과 탐욕에 갇힌 절망적인 죄인들의 탄식소리이다. 이 시대는 양식이 없어 주림도 아니요 물이 없어 갈함도 아니다. 실로 참 양식이요 생명의 음료가 되신 그리스도를 만나지 못한 기근이요 절망이다.

오늘날과 같이 교회가 세상의 빛과 소금이 되지 못하고 도리어 불신자들의 지탄과 원망의 대상이 되어버린 현실 앞에서 우리 신자들은 자기 민족의 죄를 짊어지고 재를 뒤집어쓰고 을부짖는 선지자처럼 통곡해야 할 것이다.

특히 하나님의 종이요 목자요 교사된 우리들은 누구보다 먼저 이 시대의 죄악을 안고 보다 철저하고 근본적인 회개로 나아가야만 할 것이다.

마치 선지자 이사야가 하나님의 성전에 들어가서 하나님의 거룩한 임재 앞에 이 타락한 세대에 살고 있는 자신의 부정함을 발견하고 탄식하는 소리와 같다.

'화로다 나여 망하게 되었도다. 나는 입술이 부정한 사람이요 나는 입술이 부정한 백성 중에 거주하면서 만군의 여호와이신 왕을 뵈었음이로다(사 6:5)'.

지금은 선지자 하박국의 간절한 고백을 듣고 심령의 참된 부흥이 일어나도록 기도해야 할 때다. '여호와여 주는 주의 일을 이 수년 내에 부흥하게 하옵소서. 진노 중에라도 긍휼을 잊지 마옵소서(합 3:2).'

이 세대는 예수 그리스도께로 돌아가야 한다. 주님의 재림과 심판이 눈앞에 이르렀다. 이제는 우리가 세속의 깊은 잠에서 깨어나 스스로 겸비하고 종말로 하늘의 은총과 크신 능력을 간구해야 할 것이다.

골고다 십자가를 앞에 두고 겟세마네 동산에서 땀이 피가 되도록 간절히 기도하셨던 주님의 기도를 실천해야 할 때이다. 실로 그가 찔림은 우리의 허물 때문이요 그가 상함은 우리의 죄악 때문이었다. 또한 그가 이 땅에서 심한 통곡과 눈물로 기도하심은 자신을 위함이 아니라 바로 나와 우리 같은 죄인들을 구원하시기 위함이었다.

과거 종교개혁자들의 선교 개념은 바로 교회의 갱신과 부흥이었다. 그것은 바로 나 자신의 철저한 회개로부터 시작되어 그 시대의 신자들과 교회가 하나님과 성경으로 돌아가는 영적인 회복이었다.

오늘날에도 우리 신자 한 사람 한 사람의 영적 회복이 일어나지 않고는 참된 선교의 부흥과 열매는 기대하기 힘든 것이다.

* 현장1 - 캠퍼스의 마리아

2005년 여름, 한 대학의 캠퍼스에서 경험한 일이다. Y전도사가 인도하는 가정 교회에 한 성도가 있었다. 그녀는 50대 중반의 자매로 과거에 세상에서 크게 성공한 사람이었으나 지금은 사업에 어려움을 겪고 있었다.

얼마 전 그녀는 한 자매의 전도로 예수를 믿고 우리 신학생이 인도하는 한 가정 교회에 출석하게 되었다. 그러던 어느 날 그녀가 모 대학 안에 있는 학생식당을 인수하여 개업하게 되었다. 그녀는 비록 예수를 믿은 지 얼마 되지 않았지만, 새로운 사업장을 개업하기에 앞서서 목회자를 불러 예배를 드리고 하나님의 축복을 빌고자 하는 믿음이 있었다.

그래서 그녀는 여전도사를 통해 내게 설교를 요청하였다. 비록 현지 상황에서 공개적인 장소에서 예배를 드리는 것이 불가능한 일이기는 하나, 자신의 사무실에서라도 조용하게 예배를 드리고 싶은 간절한 마음을 전해 왔다.

그리고 Y전도사보다는 신학교의 교수님이나 목사님을 초청하여 예배를 드리는 것이 좋겠다고 생각한 것이었다. 그래서 나도 기꺼이 초청에 응하였고, 몇몇 형제자매들을 데리고 약속된 시간에 개업 예배에 참석하게 되었다.

우리가 도착한 그 대학은 학생 수가 3,000여 명이 되는 학교였으며, 식당은 규모가 일시에 약 500여 명을 수용할 수 있는 큰 식당이었다.

우리는 그녀의 안내로 사무실에 들어갔다. 그런데 참으로 이상한 일이 벌어졌다. 그녀는 나와 우리 형제자매들을 보자마자 눈물을 흘리는 것이었다.

나는 그녀의 사무실에서 준비한 순서대로 조용하고도 엄숙하게 개업

예배를 인도했다. 나는 그녀에게 그 날 마태복음 14장에 나오는 오병이
어의 사건을 소개하면서 '너희가 먹을 것을 주어라'는 제목으로 말씀을 전
하였다. 그 날에 전한 말씀은 대체로 다음과 같다.

"하나님이 당신에게 대학식당을 경영하도록 하신 것은 단지 돈을 벌
라는 것이 아니라 저 3,000여 명의 영혼들과 60여 명의 종업원들에게
생명의 만나이신 예수를 전하라고 보내신 것입니다. 저들은 당신의 고객
이 아니라 정말 참 목자이신 예수, 생명의 구주이신 예수가 필요한 길을
잃은 양떼들입니다. 하나님은 당신에게 이 어린 양떼들을 맡기셨습니다.
당신은 이 대학의 목자입니다. 가난한 학생들에게 무료식권을 준비해 주
며, 아르바이트생을 써서 그들에게 생활에 도움이 되게 하고, 또한 이익
의 얼마를 장학금으로 내놓아 그들을 섬기십시오. 그리고 그들에게 주의
복음을 증거하십시오. 이 땅의 재물로 하늘에 복을 쌓으십시오. 당신이
주의 사랑과 복음으로 영혼들을 섬기며 나아갈 때, 하나님이 새로운 사업
에도 큰 복을 주실 것입니다."

내 설교는 1시간 30분에 걸쳐서 계속되었는데, 정말 믿기지 못할 일
이 눈앞에 벌어졌다. 그것은 그녀가 설교를 듣는 시간 내내 눈물을 흘리
며 간절한 마음으로 말씀을 경청하는 것이었다. 마치 값비싼 향유를 예수
님의 머리에 부은 마리아처럼 그렇게 울고 있었다.

이윽고 예배가 끝나자 나는 그녀에게 그 사연을 물어보았다.

"도대체 무슨 연유로 그렇게 간절하게 우셨습니까?"

그러자 그녀는 다음과 같이 자신의 솔직한 마음을 토로해놓았다.

"실은 제가 10여 년 전에 사업을 크게 해서 많은 돈을 벌었는데, 그
돈을 여기 저기 투자한다고 허랑방탕하게 사용하다가 모두 잃었습니다.
지금 이 식당은 저와 잘 아는 친구의 돈을 빌려 투자하게 되었는데, 정식
개업을 앞두고 이 사업의 성패에 대한 염려와 두려움으로 며칠 밤을 뜬

눈으로 지새웠답니다. 그런데 오늘 말씀을 듣고 정말 많은 회개가 되었습니다. 또한 남은 인생을 믿음과 사랑으로 가치 있는 고귀한 일에 사용하고자 결단하게 되었습니다."

우리는 개업 예배를 마치고 다시금 그녀와 사업장을 위해 간절히 축복하며 기도한 후에 그곳을 떠났다. 나는 그 날 집으로 돌아오면서 많은 생각을 하게 되었다.

우리 하나님은 한 사람의 진실 된 눈물의 회개와 헌신을 열납하시고, 그녀를 이 캠퍼스에 복음과 참 사랑을 전할 통로로 쓰실 것을 기대하게 되었다.

지금 우리가 이 땅에서 자유로이 천국 복음을 전할 수는 없어도 하나님은 전혀 다른 방법으로 예비하시고 일하신다는 사실을 깨닫게 되었다.

지난 복음 사역을 돌이켜 볼 때, 이렇게 눈물로 사모하며 말씀을 받는 이를 본 적이 없었다. 이 일은 나와 그 날 예배에 참석한 우리 모두에게 큰 힘과 위로가 되었다.

"오늘 이 땅에 하나님의 크신 긍휼이 임하였네. 주께서 친히 일하시네. 주여! 이 수년 내에 부흥을 허락하소서."

나의 입에서 이런 고백과 기도가 절로 나왔다.

실로 감사한 것은 이 땅에서 세상의 높은 직위와 부를 소유하여 부족한 것이 전혀 없을 것만 같은 이 여인을 통해 주님의 장래를 위해 값비싼 향유를 붓고 눈물과 머리털로 닦아 내리던 마리아를 보게 된 일은 큰 감동이었다.

* 현장2 - 천국 가이드(天國嚮導)

나는 중국에서 하늘 여행객들을 안내하는 가이드다. 어느덧 나의 천국 가이드 생활은 25년이 되었다. 처음에는 열정만 가득 찬 가이드였고, 다음에는 이론으로 가득 찬 가이드가 되었고, 이제는 경험을 겸비한 현장 가이드가 되어가고 있다. 하지만 나의 스승이자 천국 여행의 참 가이드이신 예수 그리스도를 따라가기에는 한없이 부족하다.

2006년 겨울에 한 교회의 주일 집회에서 외교관으로 오랫동안 일하시는 K장로님을 만난 적이 있다. 그 날 주일 집회 시간에 설교가 끝난 후, 잠시 K장로님이 단상에 올라 자신의 신앙 간증을 성도들에게 들려주었다. 그분은 예수 그리스도를 만나 진정으로 변화를 받은 후, 이제는 자신을 천국의 심부름꾼으로 여기고 살아가고 있음을 고백하면서, 그동안 하나님께서 자신의 기도를 통하여 받은 많은 축복과 열매들에 대해 간증하였다.

특히 그는 종종 중국에 와서 사업하면서 현지인들로부터 많은 상처와 어려움을 당한 한국 기업인들을 향하여 다음과 같이 권면한다고 말했다.

"여러분, 이 나라에 와서 성공하시길 원하시면 먼저 이 나라 사람들을 사랑하는 법을 배우십시오. 여러분이 먼저 사랑하고 섬기면 그들도 여러분이 대접하는 대로 대접해 주실 것입니다."

나는 그의 간증을 들으면서 선교사인 나 자신의 삶을 다시 돌이켜볼 수 있었다. 그 장로님과 신도들이 하늘나라의 대사라면 우리는 그들과 함께 다른 이들을 천국으로 인도하는 하늘 나라의 가이드인 것이다.

나는 참된 기독교 지도자상이란 좋은 여행 가이드와 같다고 생각한다. 먼저 가이드는 자신이 이 천국 여행의 주인이 아니라는 사실을 알아야 한다. 그에게는 그를 고용하고 그의 삶을 책임지는 주인이 따로 있으며, 또한 그가 섬기고 인솔해야 할 여행객들이 있다.

한편 그의 여행사의 주인은 여행 일정에 필요한 모든 것을 공급하고 책임진다. 아울러 좋은 가이드는 주인이 정한 여행 일정표와 행선지를 바로 알고 있어야 하며, 그가 안내해야 할 여행 목적지와 여러 관광지에 대한 모든 정보와 지식을 분명히 숙지하고 있어야 한다. 또한 여행객들이 안전하고 즐거운 여행을 하도록 사전에 만반의 준비를 해 놓아야 한다.

일단 여행이 시작되면, 그는 여행객들의 종이요 손과 발이 되어야 한다. 여행지의 모든 과정을 인솔하고 안내함에 있어서 모든 여행객들을 왕처럼 그리고 귀한 손님처럼 대하여야 한다. 그리고 여행 일정 속에서 즐겁고 안전한 여행이 되기 위해 수시로 여행객들이 지켜야 할 것과 주의해야 할 것들을 반드시 가르치고 주지시켜야 한다.

또한 항상 여행객들의 인원을 점검하여야 하고, 그들의 모든 필요와 요구에 대해 즉각적으로 도움을 주어야 하며, 만일 갑작스런 질병이나 사고가 발생하면 자신보다 여행객들의 안전을 최우선으로 하여 그들을 희생적으로 섬겨야 한다.

모든 일정이 무사히 끝나고, 여행객들이 안전하게 목적지에 도착하면 가이드의 임무가 끝나게 된다. 비로소 그때에 그에게도 쉼과 보상이 주어진다.

오늘날 세상에서도 훌륭한 여행 가이드가 되려면 국가가 정한 시험을 통과하여 일정한 자격을 부여받아야만 한다. 일반적으로 가이드의 자격을 얻으려면 이론 교육, 예절 훈련, 언어 습득 그리고 현장 실습을 거쳐야만 한다. 나아가 최고의 가이드가 되기 우해서는 기본적인 이론과 실습을 토대로 하여 많은 현장 경험을 통해서 성숙한 인격과 실력을 갖추어야만 한다.

우리 그리스도인들은 천국의 대사요, 그리스도의 편지다. 이는 머릿 속에서나 말로만이 아니라 전인적인 삶으로 그리스도를 증거해야 한다는 말이다.

모든 그리스도인들은 창조주 하나님을 알고 그를 믿을 뿐 아니라 다른 이들에게 하나님을 알게 하여야 할 천국의 가이드들이다.

주 앞에 좋은 하늘 여행 가이드가 되기 위해서 우리의 참된 모범이 되시는 예수 그리스도께 배우고 그를 알아가며 그의 삶을 닮아가도록 힘써야 한다. 그래서 복음과 사랑으로 많은 천국의 순례객들을 섬기고 돌보며 인도함으로 천국의 주인 되신 하나님 앞에 착하고 충성된 종들이 되어야 할 것이다.

나는 아직도 한없이 부족한 천국의 가이드다. 다만 나의 전 생애를 통하여 그리스도를 더욱 알기를 소원하며, 내 삶 속에 그리스도와 그의 십자가만이 온전히 드러나게 되기를 간구한다.

하나님의 크신 은혜와 풍성하신 긍휼이 나의 생을 통하여 귀한 영혼들에게 바로 전달되기를 기도하며, 그들 모두가 천국의 영광스런 가족이 되기를 바란다.

C. 돌아보기

나는 주 예수 그리스도를 닮은 참 그리스도인이 되기를 소망하며 기도하던 1980년대 초반의 꿈 많은 대학 시절에 세계 선교의 소명을 받고 장차 허드슨 테일러와 같은 복음 전도자가 되기로 결단하였다. 그리하여 현장 선교사가 되기 위한 언어와 신학 훈련을 받으며, 중국을 사랑하는 사람들과 중국 영혼들을 위해 간절히 기도하며 선교 사역을 준비해 왔다.

그 후 하나님의 은혜로 중국 선교의 문이 열리게 되었고, 1990년대 초반 중국에 첫 발걸음을 딛게 되었으며, 1998년에 파송을 받아 지금까지 천국 가이드로 선교 사역에 참여하고 있다.

현재는 R지역에 세운 현지 신학교를 통해 현지인 목회자들을 배양함으로 지속적으로 현지 교회를 세우는 일에 힘쓰고 있다.

21세기 중국의 어둠이 걷히고 기독교가 향후 미래 사회의 대안으로 우뚝 세워지며, 나아가 중국 교회가 진리 위에 굳게 서며 천국 복음의 마지막 주자로서 아시아와 세계 복음화를 완성하여 하나님 나라를 건설하는 여호와의 강한 군대로 일어서기를 간절히 기도한다.

한편 선교지에서 사역하던 어느 날, 성령께서 말씀을 묵상하던 중에 내게 소중한 깨달음을 주셨다. 그것은 사도 바울이 기록한 그 많은 서신서들이 담임목사의 화려한 당회장실이나 신학교수의 안락한 교수 연구실에서 연구를 통해 기록된 것이 아니라 복음 전도의 현장에서 기록된 것이라는 사실이었다.

바울은 선교 현장과 복음을 위한 고난 속에서 그가 만나고, 새롭게 경험하며, 알게 된 하나님을 고백적으로 기록한 것이다.

그러나 실은 살아 계신 하나님이 그의 생애 가운데 개입하심으로 그에게 나타나시고 그를 만나 주시며, 그를 통하여 말씀하시고 역사하심으로 자신을 계시하신 것이다.

16세기의 종교개혁 운동은 하나님께서 그 택하신 종들을 통해 역사하신 신앙과 신학의 회복 운동이었으며, 개혁자들은 진리와 정통 교리로 죽은 교회와 암흑 같은 세상을 갱신하기 위해 헌신한 목회자요 선교사들이었다.

오늘날의 신학도 역사적인 참된 신앙을 회복하는 일을 최우선하여야 할 것이며, 나아가 표준과 갈 길을 잃고 세속화된 이 시대의 교회들을 진리로 일깨우는 본질적인 사명을 올바로 수행하도록 해야 할 것이다.

선교사는 예수 그리스도와 참된 진리를 알고 확신하는 일에 힘써야 하며, 이 마지막 시대를 사는 절망적인 인류를 향하여 성령의 권능을 힘입고 그리스도만이 인류의 참된 해답이요 진리요 생명이심을 담대히 선포하여야 할 것이다.

D. 적용하기

1. 선교의 본질은 무엇인가?

2. 역사와 인류의 유일한 해답은 누구신가?

3. 오늘날 자신이 사역하는 선교지의 현지인들과 현지 교회의 신자들은 기독교나 교회 혹은 예수 그리스도에 대해 어떻게 이해하고 있는지를 말해 보시오.

4. 오늘날 자신이 선교지에서 예수 그리스도만이 유일한 구원의 길이요 참 구주이심을 선포하고 가르치는 데에 가장 큰 걸림돌은 무엇이었으며, 그것을 어떻게 극복해 왔는지를 말해 보시오.

5. 자신이 한 신자로서 예수가 누구신지를 고백하고, 또한 선교사로서

나의 생애에 예수 그리스도는 어떠한 분이신지를 말해 보시오.

*** 예수 그리스도는 유일한 길이요 진리요 생명이다. 이 진리를 확신
있게 고백하고 선포하는 것이 곧 선교이다. 예수 그리스도만이 우리
와 이 시대의 참 소망이다.

소 명

하나님이 우리를 구원하사 거룩하신 부르심으로 부르심은
우리의 행위대로 하심이 아니요
오직 자기 뜻과 영원한 때 전부터
그리스도 예수 안에서 우리에게 주신 은혜대로 하심이라

이제는 우리 구주 그리스도 예수의 나타나심으로 말미암아 나타났으니
저는 사망을 폐하시고
복음으로써 생명과 썩지 아니할 것을 드러내신지라

내가 이 복음을 위하여 반포자와 사도와 교사로 세우심을 입었노라

이를 인하여 내가 또 이 고난을 받되 부끄러워하지 아니함은
나의 의뢰한 자를 내가 알고
또한 나의 의탁한 것을 그날까지
저가 능히 지키실 줄을 확신함이라

디모데후서 1장 9절－12절

데이비드 보쉬. 변화하고 있는 선교, 장훈태 역. CLC, 2000.

로저 헤들런드. 성경적 선교신학. 송용조 역. 고려서원, 1990.

박윤선. 성경과 나의 생애. 영음사, 1992.

월터 카이저. 구약성경과 선교. 임윤택 역. CLC, 2005.

조지 피터스. 선교 성경 신학. 김성욱 역. 크리스천출판사, 2004.

존 칼빈. 그리스도인의 삶. 장수민 역. 칼빈아카데미, 2007.

찰스 반엥겐. 미래의 선교신학. 박영환 역. 도서출판 바울, 2006.

코넬리우스 반틸. 개혁 신앙과 현대 사상. 이승구 역. SFC, 2009.

피터 바이어하우스. 성경적 선교신학. 손주철 역. 성광문화사, 2004.

허버트 케인. 선교의 성서적 기초. 고환규 역. 성광문화사, 1997.

허버트 케인. 선교 신학의 성서적 기초. 이재범 역. 나단, 2002.

헤르만 바빙크. 선교학 개론. 전호진 역. 성광문화사, 2005.

김상근. 선교학의 구성 요건과 인접 학문. 연세대학교출판부, 2006.

김성태. 선교와 문화 : 선교 인류학. 이레서원, 2000.

김성태. 세계 선교 전략사. 생명의 말씀사, 2003.

김성태. 현대 선교학 총론. 이레서원, 1999.

김연진. 선교 신학 총론. 성광문화사, 2005.

김영규. 엄밀한 개혁주의와 그 신학. 하나, 1998.

김영규. 조직신학 편람. 개혁주의성경연구소, 1999.

김영한. 21C 한국 기독교 문화와 개혁신앙. 예영커뮤니케이션, 2008.

김은수. 칼빈과 개혁 신앙. SFC 출판부, 2011.

김재성. 개혁 신학의 전망. 이레서원, 2004.

신복윤. 개혁주의 신학의 특성들. 합동신학대학원출판부, 2007.

신현수. 선교적 교회론. 기독교문서선교회, 2011.

이광호. 개혁주의선교 원리에 대한 논의. 한국성경신학회, 2002.

이광호. 교회를 위한 신학적 관심들. 조에성경신학연구원, 2002.

이광호. 교회와 신앙. 도서출판 실로암, 1998.

이광호. 세계 선교의 새로운 과제들. 예영커뮤니케이션, 1998.

이재환. 미션 파서블. 두란노, 2003.

이태웅. 현대 선교학의 동향. 한국해외선교부, 1997.

전호진. 선교학. 개혁주의신행협회, 2007.

최정만. 비전 선교-선교학 개론. 크리스챤출판사, 2006.

최정만. 칼빈의 선교 사상. 기독교문서선교회, 1999.

한정건. 개혁주의 신학 전통의 역사적 고찰. 월간고신사, 1999.